U0615426

海南自贸港金融开放研究

王方宏◎著

中国金融出版社

责任编辑：黄海清
责任校对：孙　蕊
责任印制：王效端

图书在版编目（CIP）数据

海南自贸港金融开放研究/王方宏著．—北京：中国金融出版社，2022.8
ISBN 978 - 7 - 5220 - 1656 - 6

Ⅰ.①海…　Ⅱ.①王…　Ⅲ.①自由贸易区—金融开放—研究—海南
Ⅳ.①F832.766

中国版本图书馆 CIP 数据核字（2022）第 102647 号

海南自贸港金融开放研究
HAINAN ZIMAOGANG JINRONG KAIFANG YANJIU

出版
发行　**中国金融出版社**

社址　北京市丰台区益泽路 2 号
市场开发部　（010)66024766，63805472，63439533（传真）
网 上 书 店　www. cfph. cn
　　　　　　（010)66024766，63372837（传真）
读者服务部　（010)66070833，62568380
邮编　100071
经销　新华书店
印刷　涿州市般润文化传播有限公司
尺寸　169 毫米×239 毫米
印张　15.75
字数　255 千
版次　2022 年 8 月第 1 版
印次　2025 年 4 月第 2 次印刷
定价　60.00 元
ISBN 978 - 7 - 5220 - 1656 - 6
如出现印装错误本社负责调换　联系电话（010)63263947

积极推动自贸港金融制度集成创新

（代序）

历史再次把海南推到改革开放最前沿

海南始终站在历史的潮头，其本身就是改革开放的产物。曾经的海南还是隶属于广东省的一个边陲之地，改革开放使海南不仅成为一个省，而且成为中国最大的经济特区，为社会主义市场经济建设探索新鲜经验。建省 34 年来，海南在引领风气之先、加快自身发展的同时，见证了中国经济社会现代化的巨大进展。目前，中国已是全球第二大经济体，最大的货物贸易国和最大的外资投资目的地。更为重要的是，随着经济的发展，中国正在跨越中等收入陷阱，在2020 年人均 GDP 突破 1 万美元后，2021 年进一步提高到 1.25 万美元，按世界银行 2022 年 7 月发布的 1.3 万美元的高收入国家新标准，中国即将迈入高收入国家，中华民族的历史夙愿正在实现中。

以全面建成小康社会、即将迈入高收入国家为标志，中国经济社会发展进入新的历史时期。社会主要矛盾转变为人民日益增长的美好生活需要和不平衡不充分的发展之间的矛盾，经济也由高速增长转向高质量发展，发展方式、经济结构以及增长动力都在转换中。立足新发展阶段的新发展要求，构建以国内大循环为主体、国内国际双循环相互促进的新发展格局已成为历史的必然。这构成在海南建设中国特色自由贸易港的新的历史背景。

与此同时，在世界百年未有之大变局下，建设海南自贸港既是新的历史时期中国经济社会发展的需要，也具有世界意义。自 2008 年国际金融危机后，经济全球化就遭遇逆风，而美国特朗普政府的上台，又使这一去全球化的思潮转变成为美国优先的建制化安排。通过发动中美经贸摩擦，随之延伸到金融、科技及产业链供应链，致使全球两个最大的经济体"脱钩"的现象日趋明显，令人担忧。特别是当前仍在持续着的俄乌冲突及其相关的以国际规则和惯例为武器的制裁，冲击着第二次世界大战后建立的以规则为基础的国际多边治理体系，以价值观来画线的"小院高墙"式地缘政治经济安排大行其道，正伤害着经济全球化的发展，在我们所处的区域，其典型代表就是"区域全面经济伙伴关系"（RCEP）和"印度太平洋经济框架"（IPEF）的分野。于是，在"团团伙伙"动摇经济全球化的时候，以鲜明的态度主张经济全球化、以务实的行动巩固经济全球化成果就具有特别重要的意义。海南地处 RCEP 和 IPEF 的核心圈，以自贸港形式进行规则等制度性开放，通过创立新的更高的开放标准来捍卫经济全球化的制度根基，就成为中国的必然选择。因此，在新的历史时期，面对世界政治经济格局的深刻调整，提出建设中国特色的海南自贸港是一个历史性的重大战略决策。这是海南继建省办特区，国际旅游岛上升为国家战略之后，以"引领我国新时代对外开放的鲜明旗帜"的历史新定位，再次站到了我国改革开放的最前沿。

海南之所以获得这个新的历史使命，在于习近平总书记在庆祝海南建省办特区 30 周年大会上重要讲话中所指出的"海南在我国改革开放和社会主义现代化建设大局中具有特殊的地位和重要作用"。中国人常讲"天时地利人和"，海南自贸港建设，"天时"在于：人民对美好生活向往成为新时代的主流，推动着中国经济结构由工业主导转向服务业主导；中国日益走近世界舞台的中央，推动着中国向高水平开放迈进；绿色发展成为世界的主题，要求缔造生态文明新体制。"地利"则体现在：海南属离岛经济，有利于从全域的角度进行体制机制的改革试验，探索均衡推进现代化的经验；海南陆地面积虽小，但却是中国最大的海洋省，处于全球经济最活跃的东南亚核心圈，有利于实现更高层次的开放，建设面向未来的更高开放标准。在"人和"方面，海南自建省以来，反贫困一直走在全国前列，其中服务业，尤其是旅游业功不可没。海南是全国两个全域旅游省区之一，具有世界性的口碑。2010 年后，服务业已成为海南的第一大产业，在此基础上深化拓展，有利于在高起点上建设生态文明新体制的同时，形成以医疗康养、教育及生命工程为代表的服务产业新优势。特别地，海南是中国唯一的行政区、经济特区、自由贸易试验区"三区"合一的省份，有利于整体规划、统筹安排、调动资源、滚动实施，使"自贸港"这张蓝图可以持续画到底。由上可知，正是站在中国未来发展和全球经济格局的高度，《海南自由贸易港建设总体方案》明确了建设目标，即"打造我国深度融入全球经济体系的前沿地带"，其中，建设更高水平开放型经济新体制又是核心。以此，海南直面世界经济格局的深刻调整，在打造改革开放新标杆的同时，给出中国答案。

海南历史机遇的核心是制度集成创新

国际经验表明，自贸港是最高的开放标准，由一整套的规则制度组成，各自相互支撑，形成体系。在海南建设中国特色自贸港，虽然没有先例可循，需要立足中国国情、海南特色，"大胆试，大胆闯，自主改"，但就其本质而言，仍然是制度体系建设，只不过需要更加突出制度创新。尤其是在以规则为基础的国际多边治理体系受冲击，经济全球化制度根基受到动摇的当下，涉及金融、税收、法治等基础性、深层次领域的制度集成创新就更为重要。因此，习近平总书记多次强调，海南自贸港建设"要把制度集成创新摆在突出位置"。

从全国的情况看，经过四十多年的改革开放，中国的工业化已经进入中后期，许多工业产品的产量位于世界前列，正面临从制造业向服务化的转型。与此同时，随着居民收入的持续增长，居民恩格尔系数大幅下降到30%左右，相应地，服务性消费快速增长。由此，无论生产性还是生活性服务业都既是经济发展的趋势所在，也是瓶颈所在。这集中体现在设计、研发、品牌建设能力不足，全球物流配送服务、金融服务等集成性世界营销网络薄弱，以及教育、医疗等涉及人力资本的高品质服务业难以满足需要，其结果表现在中国的对外贸易中，便是虽然货物贸易常年顺差，但服务贸易却常年逆差，并持续扩大。

因服务业既是产业升级的方向，又是瓶颈所在，所以其便是改革开放的重点领域和重要环节。2018年中共中央、国务院《关于支持海南全面深化改革开放的指导意见》就明确提出，海南自贸港建设"不以转口贸易和加工制造为重点，而以发展旅游业、现代服务业和高新技术产业为主导"。《海南自由贸易港建设总体方案》更加明确了其开放指向，即"减少跨境服务贸易限制。在重点领域率先规范影响服务贸易自由便利的国内规制"。

毋庸置疑，与过去以实体开放为主相比较，服务业是新的开放领域，需要建立新的开放标准。例如，在进行实业开放时，因其产业的物理性质，通常在现行国家政策中做"豁免"就可以起到作用，比如税收"三减两免"，土地批租优惠，以及基础设施政府投入或补助等，但这些帮助实业开放的"豁免"措施对服务业却作用甚微。服务业营业收入大，但利润较薄，产业链条短，因而税收优惠吸引力小，并且对土地和水电气等设施要求相对不高，使相关的"硬"基础设施优惠政策效应不佳。与此相对照，服务业需要的是高标准的"软"基础设施。这不仅包括高质量的政策法规体系，也包括有力的执行体系和规范的监督体系。简言之，这一"软"基础设施是符合国际惯例的，是高标准的，从而形成以法治为中心的良好的社会治理环境。

国际经验表明，建立适宜服务业发展要求的高标准的"软"基础设施是高难度的。这也是全球仅有几个自贸港的原因。然而，通过开放促改革、通过改革创新体制机制是过去四十多年中国经济成功的经验所在。用通俗的语言表达就是，哪里有短板，哪里就需要开放，哪里就需要改革。深圳开放的目的之一是"引进技术，引进管理经验"。开放推动了深圳改革的不断深化和制度的持续创新，使深圳成为中国工业尤其是高新技术企业的聚集地，引领着中国工业的升级。后来的上海浦东也是如此。20 世纪 90 年代，随着沿海经济，尤其是长三角的发展，外贸外资体制成为制约，而航运物流又是短板。上海浦东的开放，带动了外贸外资体制的改革，促进了外向型经济的发展。以洋山港为代表的上海港口群一跃成为全球最大的物流枢纽，占全球货物吞吐量的 3.2%。从这个意义上讲，今天的海南也应如此，传承深圳和上海浦东的精神，在它们的经验基础上再上一层楼，率先实现服务业领域制度性开放，在对标最高标准开放的过程中，推动"软"基础设施建设的制度集成创新。我们认为，这是海南全面深化改革开放试验区战略含义所指，也是进行高水平开放压力测试的要义所在。换言之，海南自贸港只有以服务业开放为引领，成为新时代全面深化改革开放的新标杆，才能建立面向未来的新体制，实现经济社会高质量发展；只有形成更高层次改革开放新格局，才能与国际接轨，成为我国深度融入全球经济体系的前沿地带。

海南自贸港金融开放的使命

金融开放是服务业开放的重点和难点。金融开放涉及两个相辅相成、互相依存的方面：其一是金融服务的开放，意味着外资金融机构可以被视为本地金融机构，经营本币业务并公平地在本地金融市场上竞争；其二是国际收支资本项目开放，实现本币与外币可以不受特别管制地自由兑换。如果资本项目不开放，本币与外币不可自由兑换，外资金融机构将难以获得本币资源，无力在本地开展业务，也就没有意愿或能力进入本地金融市场，金融服务开放也因之落空，反之亦然。

基于同样的原因，金融开放也是服务业开放的难点。对于发展中国家而言尤其如此，它是一个艰巨的两难选择：不开放金融，发展中国家难以高效地融入世界经济，产业不能升级并被困在产业链和价值链的低端；开放金融，则要求资本项目自由流动并可兑换，从而难以防范因资本频繁而大幅的跨境流动所引起的宏观经济不稳定。中国作为最大的发展中国家，对于这一两难选择有着深刻的体会。早在1996年，中国实现了国际收支经常项目可兑换后，曾经提出2000年实现人民币全面可兑换。但因1997年亚洲金融危机，这一时间表大大延迟了，而2008年国际金融危机又使这一路线图发生了变化。正是在这个意义上，克服这一两难问题就成为海南作为全面深化改革开放试验区的题中应有之义，稳步推进金融开放就成为海南自贸港建设的重要任务。

需要指出的是，自1997年亚洲金融危机后，中国金融深刻反思，认真总结，在加入世界贸易组织的基础上，深化金融体制改革，重塑金融体系，突出体现在以下三个方面：一是通过包括政府注资在内的多种手段，不仅使金融机构的资产负债表健康化，而且建立了政府作为出资人、以出资额为限的有限责任机制，从而在制度上断绝了"父爱主义"的预算软约束；二是进行了公司化改造，建立以股东会、董事会、管理层为代表的现代企业制度，并且为使这一法人治理机制长期有效，采用在资本市场，尤其是海外上市的方式强化市场纪律约束；三是建立第三方监管机制，银保监会以国际通行的巴塞尔协议为基础的专业监管取代传统的行政干预，使监管规范化、法治化。这一改革自2004年中国银行和建设银行始，到2012年光大银行终，前后历时八年，使中国金融业有了脱胎换骨的改造，不仅顶住了2008年国际金融危机的冲击，而且在金融开放上创造了独特的经验，为海南自贸港建设提供经验的同时，奠定了新的起点。

总结这一独特经验，可以看到其要点有两个方面：其一，反映在资本项目开放上，首先是资本项目本币开放，其后在人民币跨境自由流动的基础上，分产品、分类型地逐项、逐科目探索资本项目的可兑换，即本币先流动，后开放；其二，反映在金融服务业开放上，与资本项目本币开放进程相一致，开放外资金融业人民币服务，并视所提供的产品及服务的类型，先易后难，不断扩大准入、扩大准营。过去十年中国金融开放的进展表明，宜从经常项目货物贸易入手，进而服务贸易，再拓展到资本项目。换言之，这表明资本项目先实现本币的流动，然后再考虑逐项、逐科目可兑换的路线图是稳妥有效的。这一金融渐进式开放实际上也是中国改革开放的基本经验的再现——摸着石头过河，它使海南自贸港可以在过去十年中国金融开放的基础之上，沿着这一路径进一步深化。事实上，正是因为有了过去十年循序渐进的金融开放实践，目标已更加聚焦，"石头"也更加坚实。清晰的目标，坚实的"石头"，会使海南自贸港金融开放呈现出围绕着人民币国际化"小步快跑"的状态。这一状态可以这样描述。人民币国际化始于2009年7月2日跨境货物贸易结算，当时仅涉及五个城市

365 家企业，结算范围面向东盟及我国港澳台地区。到 2012 年已扩展到中国所有的省份及所有的企业，不仅用于货物贸易，而且用于服务贸易结算。更为重要的是，自 2012 年起人民币跨境使用开始涉及外商对华的直接投资。人民币跨境使用范围和领域的不断扩大，催生了境外离岸人民币市场并呈现出蓬勃发展的局面。多种多样的跨境人民币金融产品竞相涌现于市场。最为突出的是跨境人民币的债券产品，相继出现了香港市场的"点心债"，新加坡市场"狮城债"，以及台湾市场的"宝岛债"。目前，人民币债券已遍布全球各大金融市场，发行人不仅有国内外企业，还有国内外政府机构和中央银行。国际金融市场人民币债券品种的增多，规模的扩大，使交投日益增长，反过来又推动了人民币债券跨境流动的自由化和便利化。而随着中国经济持续向好，境外资金投资人民币债券市场的热情高涨，其自由化和便利化也使其成为海南金融深化的重点产品与领域。《海南自由贸易港建设总体方案》明确了其时间表：2035 年前，"允许符合一定条件的非金融企业，根据实际融资需要自主借用外债，最终实现海南自由贸易港非金融企业外债项下完全可兑换"。这意味着，海南将成为联结离岸人民币市场和在岸人民币市场的桥梁和枢纽。

需要指出的是，在 2035 年海南非金融企业外债项下完全可兑换的目标下，通过海南自贸港发展区域性的人民币债券市场具有重要的指向意义。第一，它是跨期安排的主要品种，由此使利率和汇率成为平价关系，而因债券的期限逻辑上可以无限延长，故利率引领着汇率变化。以利率为锚可以实现金融市场的深化和货币可兑换之间的协调。第二，它具有可兑换性。目前在 RCEP 中，东盟成员国的货币与人民币的兑换是通过美元进行的。如果人民币债券市场恢复了可兑换性，意味着其直兑机制在逐步实现，这样既降低了成本，也避免了非成员国货币对 RCEP 的干扰。第三，它是人民币债券。在 RCEP 中，中国是其成员国的主要出口目的地，是最重要的资金来源地，形成中国对 RCEP 的逆差以及人民币支付的需要。如果人民币债券具有可兑换性，人民币就能更好地发挥清迈机制多边化倡议中成员国集体金融稳定及促进各自经济发展的作用。

综上所述，可以认为海南自贸港金融开放试验的基本路径应是在过去十多年所创的人民币国际化经验基础上，在防范金融风险的同时，以金融产品创新为抓手，逐步推进资本项目可兑换，进而推进人民币全面可兑换。

推动形成中国特色自贸港金融开放理论

党的十九届六中全会通过的《中共中央关于党的百年奋斗重大成就和历史

经验的决议》，精辟总结了党的百年奋斗的十条历史经验，其中"坚持理论的创新"是重要一条。理论的创新指导了实践的深入，而实践的深入又为理论的创新贡献着新鲜经验，两者相互促进，推进着中国的现代化。同理，中国特色的自由贸易港建设为中国特色自由贸易港的理论创新提供了土壤，而自贸港建设也急需创新理论的指导。自2020年6月《海南自由贸易港建设总体方案》公布以来，海南自贸港建设顺利开局、蓬勃展开。但是毕竟处于夯基垒台打基础时期，仍然处于全岛封关运作准备阶段，在研究借鉴全球自由贸易区、自由贸易港发展历史和成功经验的基础上，进行前瞻性的理论探索十分必要。尤其是金融是经济的核心，海南自贸港金融开放，既是海南自贸港高度开放的经济制度的重要组成部分，也是实现贸易和投资自由便利的重要基础，更是金融服务实体经济要求的具体体现。进行中国特色自贸港金融开放理论创新研究，其重要性自不待言，其迫切性日益突出。也是这个原因，多家自贸港金融研究机构陆续设立，其中就包括中国银行，有常设机构，固定的队伍，形成一大批研究报告。自贸港金融开放研究正在全面展开，形势可喜可贺。

关于海南自贸港金融开放的研究，虽然形成了不少的研究文献，但是却罕有专著。《海南自贸港金融开放研究》是第一本，在开先河的同时，体现了难能可贵的探索精神。本书全面覆盖了海南自贸港金融开放的各个领域，既有体系性高度的全局视野，也有对金融各个领域的深度剖析，还有针对政策设计落地推进以及具体操作安排的描述。具体来讲，在宏观层面，在资本项目开放、金融服务开放、人民币国际化的前瞻探索的基础上，展现了海南自贸港金融开放在国家整体金融开放大格局中的定位，提出海南金融开放要服务于、借势于国家的金融开放战略；在国际层面，比较了中国香港、新加坡、迪拜等三个主要自贸港的金融发展，归纳了自贸港金融高度开放的基本特点；在政策层面，分层次梳理了海南自贸港建设的不同文件中关于金融改革开放的政策措施，展现了海南自贸港金融开放的政策全景图；在微观层面，针对多功能自由贸易账户、外汇管理改革、金融服务开放、金融配套立法、金融风险防控等多个重要领域进行了深入研究，提出了加快海南金融开放的政策建议；在实践层面，在回顾海南近几年金融开放成果的基础上，对未来的开放前景进行了展望。可以说，本书兼具理论分析、政策研究、实践推动的特点，是一本比较好的理解海南自贸港金融开放的特色、政策、实践和未来的专业著作。

我与王方宏同志是中国银行的同事，认识多年，他在中国银行工作长达28年，经历丰富，既有一线公司金融业务从客户经理到部门老总的实务经验，也长时间从事过后台的综合管理岗位；既长期在海南省分行工作，也有两次借调到总行参与重组上市等重大项目的经历，还曾被派到澳门分行工作，对银行经营有多层面多角度的理解。更为难得的是，他在工作之余还坚持理论研究，基本上做到了每年公开发表一篇文章。为发挥他的研究专长，在 2019 年中国银行总行为支持海南自贸港建设在海南设立总行级的研究机构时，他成为筹备者之一。随后他又带领这家新成立的中国银行海南金融研究院入选首批"海南省新型重点培育智库"，是其中唯一的企业智库和金融智库。本书是他这两年多来专注于海南自贸港金融开放研究的一个阶段性总结。我向他表示祝贺，并为他的探索精神所鼓舞，欣然应邀作序。

我们认为，在海南建设中国特色自贸港是新时代的伟大实践，是中华民族伟大复兴第二个百年征程的重要组成部分，还有很长的路要走，还有很多的新问题要解决，因此还需要更多的研究者和实践者群策群力，不懈前行。希望此书成为引玉之砖！

曹远征

2022 年 7 月 31 日

（曹远征为中国银行原首席经济学家、中银国际研究公司董事长、中国宏观经济学会副会长、中国太平洋经济合作全国委员会副会长、海南自由贸易港咨询委员会委员，中国人民大学、北京大学、清华大学、复旦大学、东北大学兼职教授。）

目　　录

导言　海南自贸港金融开放的意义

一、海南自贸港以制度创新打造开放新高地

2020 年 6 月 1 日，中共中央、国务院印发《海南自由贸易港建设总体方案》（以下简称《总体方案》），海南自贸港建设正式起航。《总体方案》的发布，正值经济全球化遇到重大挑战、全球经贸规则面临深刻调整、新冠肺炎疫情使多国经济陷入隔离和停滞的关键时刻，不仅体现出中国更大力度的全面深化改革和扩大开放，也彰显了中国坚定推进全球化的决心和信心。

（一）独特的战略定位和高水平的发展目标

自由贸易港是当今最高水平的开放形态[①]。自由贸易港是设在一国（地区）境内、海关管理关卡之外，货物资金人员进出自由，绝大多数商品免征关税的特定区域，是目前全球开放水平最高的特殊经济功能区。[②] 自由贸易港（自贸港）的基本特征是人流、物流、资金流、信息流的自由流动，通过要素集聚，形成对周边地区乃至全球具有强大辐射力的经济门户。

在海南建设中国特色自由贸易港，是习近平总书记亲自谋划、亲自部署、亲自推动的改革开放重大举措，是党中央着眼国内国际两个大局的战略决策。《总体方案》提出，将海南自贸港打造成为引领我国新时代对外开放的鲜明旗帜和重要开放门户，打造我国深度融入全球经济体系的前沿地带，明确了海南自贸港独特的战略定位。

同时，《总体方案》提出了"三步走"的发展目标：一是到 2025 年，初步建立以贸易自由便利和投资自由便利为重点的自由贸易港政策制度体系。二是到 2035 年，自由贸易港制度体系和运作模式更加成熟，实现贸易、投资、跨境资金流动、人员进出、运输来往自由便利和数据安全有序流动，成为我国开放

---

① 习近平总书记在庆祝海南建省办经济特区 30 周年大会上的讲话。
② 汪洋. 推动形成全面开放新格局 [N]. 人民日报, 2017 – 11 – 10（004）.

型经济新高地。三是到本世纪中叶，全面建成具有较强国际影响力的高水平自由贸易港。我国已经进入"十四五"规划时期，开启了全面建设社会主义现代化国家新征程，要在 2025 年实现"十四五"规划目标，2035 年基本实现社会主义现代化，2049 年建设成为富强民主文明和谐美丽的社会主义现代化强国。海南自贸港"三步走"的发展目标，与我国第二个百年奋斗目标的时间表是高度一致的。

（二）海南自贸港建设的战略意义

《总体方案》指出："在海南建设自由贸易港，是推进高水平开放，建立开放型经济新体制的根本要求；是深化市场化改革，打造法治化、国际化、便利化营商环境的迫切需要；是贯彻发展新理念，推动高质量发展，建设现代化经济体系的战略选择；是支持经济全球化，构建人类命运共同体的实际行动。"这段话，从对外、对内、自身、长远四个方面深刻阐述了海南自贸港建设的战略意义。可以从以下五个方面来理解：

一是应对全球变局的战略举措。当前世界面临"百年未有之大变局"，新冠肺炎疫情在全球蔓延，各国的隔离措施使经济按下"暂停键"，一些国家保护主义、单边主义抬头，经济出现"逆全球化"迹象。在这样一个特殊时期，我国扩大单边开放，打造最高水平开放形态的自贸港，坚定推动经济全球化，体现大国担当和道路自信。

二是深化全面改革开放的试验田。建立开放型经济新体制，既是国家治理体系和治理能力现代化的重要内容，也是推动全球治理新格局的重要方式。国际局势日益复杂多变，全面改革进入深水区，都要求制度创新试点先行。海南作为岛屿经济体，经济体量小，风险可控度高，并且发展水平相对落后，给制度创新提供了更大的空间。

三是以制度创新对接国际规则。我国对外开放已经从商品贸易阶段到要素流动阶段，并且进入了规则制定的制度型开放新阶段。开放新高地，主要体现在制度创新上，通过在贸易、投资、税收、金融等方面的制度创新，对接国际经贸和金融市场规则，提高营商环境水平，打造代表世界最高水平开放形态的自贸港，引领我国开放型经济发展。

四是以高水平开放促进全面改革。海南作为"全面深化改革开放试验区"，对标高标准的国际规则，以高度开放倒逼全面改革，作为解决我国经济发展中深层次体制性问题的试验田，推动我国治理体系和治理能力现代化，提升我国在全球经济金融治理体系重构中的影响力。

五是强化区域合作的战略支点。在全球经贸格局重构中，我国签署的第一个多边自由贸易协定《区域全面经济伙伴关系协议》（*Regional Comprehensive Economic Partnership Agreement*，RCEP）具有重要地位。海南处于 RCEP 地理中心，4 小时飞行圈覆盖全部东南亚国家，8 小时飞行圈覆盖全部 RCEP 国家。在海南建设高度开放的自贸港，既有利于中国在 RCEP 中作出表率、发挥作用，也能为 RCEP 提供一个独特的支点，增强整体凝聚力。

（三）体现高水平开放形态的制度体系

习近平总书记指出，海南自贸港建设"要把制度集成创新摆在突出位置"。海南自贸港采取"制度创新＋优惠政策＋法治规则"的独特方式，开展系统性、集成性的制度创新，体现在贸易、投资、跨境资金流动、人员进出、运输往来等五大自由便利、数据跨境流动安全有序，税收和立法两大基础领域具有国际竞争力的制度安排上，打造自贸港的"中国模式"。

根据《总体方案》，海南自贸港建设将对标国际高水平经贸规则，以集成性、系统性、基础性的制度创新引领对外开放，打造开放层次更高、营商环境更优、辐射作用更强的开放新高地。围绕贸易、投资、跨境资金流动、人员进出、运输往来"五个自由便利"和数据安全有序流动进行一系列制度创新设计之外，还在基础性的立法和税收方面作出具有国际竞争力的特殊安排，制定《中华人民共和国海南自由贸易港法》（以下简称《海南自由贸易港法》）赋予海南改革开放更大自主权，实行"零关税、低税率、简税制"的特殊税收制度，这是全国唯一在立法和税收上实行这一特殊安排的区域。

二、海南自贸港金融开放的意义

海南自贸港金融开放的意义，不仅在于支持海南自贸港建设本身，而且在我国金融改革开放大局中也具有重要地位，主要体现在以下几个方面。

（一）金融开放是自贸港建设的重要内容

金融是经济的核心。金融既是自贸港建设的重要内容，也为自贸港其他产业发展起到重要的支持作用。在自贸港高度开放的背景下，自贸港金融的基本特征也是开放。

一是从制度安排的角度来看，自贸港的基本特征是人流、物流、资金流、信息流的高度自由流动。跨境资金流动自由便利是自贸港制度安排的重要内容。所以自贸港的金融市场是高度开放的。

二是从生产要素的角度来看，资本是主要的、最活跃的生产要素。经济全球化就是资本全球流动、全球配置的结果。资本的流动会带来商品贸易、人才流动、技术转移、信息交换。自贸港作为经济全球化的重要节点，是吸引投资和对外投资的平台，需要金融开放。

三是从市场建设的角度来看，只有市场开放，资金自由进出，交易高度市场化，才能吸引各类投资者、各类金融机构进驻，形成金融的集聚效应、规模效应、多元效应、辐射效应，从而体现自贸港的开放门户和发展高地的作用。

四是从经济发展的角度来看，现代服务业是自贸港的主导产业，金融业在自贸港经济中占有重要比重，新加坡、迪拜等主要自贸港的金融业占 GDP 的比重均超过 10%，中国香港超过 20%。自贸港要在相对有限的地理区域内发展金融业，开放是必然的选择。

因此，中国香港、新加坡、迪拜等全球主要自贸港都实行自由、开放的外汇管理制度和金融制度安排，并在此基础上开展金融创新和建设金融中心。

（二）金融高水平开放的新窗口

作为唯一的中国特色自贸港，《总体方案》将海南自贸港定位为"引领我国新时代对外开放的鲜明旗帜和重要开放门户""我国深度融入全球经济体系的前沿地带"。这一发展定位非常之高，凸显了海南自贸港的重要地位。跨境资金自由流动既是自贸港建设的基础支撑，也是重要内容，海南将成为我国新一轮金融改革开放的新窗口。

在新冠肺炎疫情加速百年未有之大变局、全球经济金融格局正在深刻调整、金融市场波动加剧的新形势下，中国作为全球化的坚定支持者，需要更深度地融入全球市场，逐步提升对全球资本和资金的容纳能力。尤其是在中美经贸摩擦加剧严重影响全球资金流向的形势下，中国需要有一个接轨国际、全方位开放的新的金融窗口。

2018 年 4 月，习近平主席在博鳌亚洲论坛年会上指出"中国开放的大门不会关闭，只会越来越大"，宣布大幅度放宽市场准入尤其是金融领域市场准入后，中国金融开放力度加大、速度加快，取消外资金融机构的股比限制、取消境外合格机构投资者的额度限制等多项开放措施相继落地。在加快扩大开放步伐的同时，作为全国最大的经济特区的海南，依托国内唯一自贸港的政策制度和独特优势的区域，实行高水平的金融开放，打造金融开放的新高地，既是长远战略布局，又是及时呼应形势的需要。

（三）金融制度创新的试验田

改革开放 40 多年，中国发展成为世界第二大经济体，金融发展取得巨大成就，但与主要发达经济体相比，我国金融在基础设施、开放程度、市场体系、制度建设、监管水平等方面还存在不小差距。当前，在新发展格局下，随着高质量发展和高水平开放的不断推进，我国金融改革开放已经逐步从产品、机构、市场深入制度层面，包括金融基础设施、金融法律的基础层面。

同时，人民币国际化经过 10 余年的推进，已经取得长足发展，2020 年跨境收付金额已经达到 28.39 万亿元，覆盖全球主要国家和地区。人民币国际化既需要国内金融制度接轨国际规则，更需要建立具有中国制度基础的离岸金融市场，为下一步发展提供制度支撑。

在对内需要深化金融制度改革、对外需要为人民币国际化提供制度支撑的情况下，有必要在一个相对独立的区域，对标全球金融发展前沿，以高水平开放推动甚至倒逼全面深化改革，以更大的力度进行制度集成创新，打造既具有中国特色又符合国际市场规则的金融基础设施和法律体系，为我国推进和融入经济全球化提供新动力，为我国主动参与国际金融治理体系变革提供重要支点，为加快完善社会主义市场经济体制提供试点经验，为促进国家治理体系和治理能力现代化提供实践范例。

（四）金融"走出去"服务实体经济的新探索

金融开放要坚持服务实体经济，围绕贸易投资自由便利，推动跨境资金流动自由便利。从全球主要自贸港的发展经验来看，其发展路径一般是贸易先行、投资推动、金融跟进。自贸港金融业占比高、影响大是建立在服务周边区域经济发展的基础上的。金融对实体经济的服务不仅仅局限于本地经济，而是扩展到区域经济甚至全球经济，其基础是贸易和投资的不断发展、自贸港参与的全球产业链的不断延伸。

我国的金融"走出去"取得了很大进展，主要体现在中资银行全球机构网络布局日益完善、境外业务规模持续增长、人民币全球清算体系覆盖范围不断扩大等方面，但是，由于资本项目尚未完全开放等原因，金融中心的对外辐射力还相对较弱。海南自贸港将利用制度优势进行探索，将在资本项目开放、金融服务开放、人民币国际化等领域采取更大力度的推进措施，以更大力度的金融开放更好地支持贸易和投资自由便利。

三、本书的研究意义及框架

党的十九届六中全会通过的《中共中央关于党的百年奋斗重大成就和历史经验的决议》，全面总结了党在发展历程各个历史阶段所取得的重大成就，精辟总结了百年奋斗的历史经验，其中"坚持理论创新"是重要一条。海南正在深入推进中国特色自由贸易港建设，需要推动理论创新，形成中国特色自由贸易港理论体系。

海南自贸港金融开放是具有中国特色的自贸港金融开放，既是在经济发展水平相对落后、贸易投资外向型程度较低的情况下进行的金融开放，也是在资本项目可兑换水平、金融服务开放程度均有待提高的情况下进行的金融开放，还是在金融发展水平、金融市场规模、金融业态类型与中国香港、新加坡等成熟自贸港相比具有巨大差距的情况下进行的金融开放，没有先例可循，没有现成理论指导。

中国改革开放和中国特色社会主义建设的成功经验表明，扩大开放既要敢闯敢试、大胆创新，也要善于借鉴他山之石，善于在实践中总结经验，并提升为理论，以此来指导改革开放的实践探索。《总体方案》颁布以来，包括金融开放在内的自贸港政策制度体系的"四梁八柱"已经基本确立，自贸港建设顺利开局，蓬勃展开，取得了诸多的进展和成绩，但是目前仍然处于全岛封关运作的准备阶段，尚未实现封关运作，相对于2035年和本世纪中叶的发展目标更是还有很长的路要走。万事开头难，在起步探索阶段，需要放眼世界、学习借鉴先进经验，并结合自身的起步基础、约束条件和具体实践，力求总结出一些带有规律性的东西，用于指导政策方案的制订和未来蓝图的细化。目前，研究海南自贸港金融开放的文献尚不多，有突破性理论创新的更是凤毛麟角，或者说，在海南自贸港金融开放的起步阶段，由于实践经验的缺乏，还远远谈不上理论创新。

"合抱之木生于毫末，九层之台起于累土。"本书在作者前期对海南自贸港建设尤其是金融开放研究的基础上，对海南自贸港金融开放的政策和实践进行梳理，从海南金融开放在我国金融开放中的定位的宏观视角，从借鉴中国香港、新加坡、迪拜等成熟自贸港的金融开放特点和具体经验的比较视角，从海南自贸港金融开放面临的问题和挑战的微观视角，力求建立一个初步的分析框架，并基于《总体方案》发布两年来海南自贸港的金融开放探索，对海南自贸港金融开放的中国特色、多功能自由贸易账户体系、金融服务开放负面清单、自贸港金融立法和金融监管等重要问题进行深入分析，并提出政策建议，为海南自贸港未来扩大金融开放、加快全岛封关运作的金融准备工作，提供思路借鉴。

本书的研究框架分为10章，具体如下：

第一章"海南自贸港金融开放的内涵和宏观背景"，从金融开放的内涵出发，对资本项目开放、金融服务业开放、人民币国际化三个我国金融开放的核心问题，从概念定义、国际比较、我国的发展历程、存在的问题和挑战等方面进行分析，为海南自贸港金融开放的分析提供宏观视角，提出海南自贸港金融开放要紧紧跟随并全力服务于国家金融开放大局，聚焦资本项目开放、金融服务业开放、人民币国际化等主要领域，并要在其中找准自身的发展定位。

第二章"全球主要自贸港金融发展的特点"，对标国际上自贸港金融开放和发展前沿，以中国香港、新加坡、迪拜为例，从跨境资金流动（资本项目开放）、金融市场开放、离岸业务、金融税收等方面考察自贸港金融开放和发展的特点，为海南自贸港金融开放提供国际比较视角，借鉴国际经验。

第三章"海南自贸港金融开放的中国特色"，在阐述中国特色自贸港及其主要特点的基础上，研究海南自贸港金融开放的中国特色，从海南金融的现实基础、自贸港金融发展的历史路径、全国视角下的海南金融开放等方面，分析海南自贸港金融如何立足服务贸易和投资自由便利，发挥后发优势，依托中国经济崛起背景，借力中国金融开放大势，做好金融高水平开放的压力测试，体现海南自贸港作为制度型开放试验田的责任担当。

第四章"海南自贸港的金融政策"，分析了海南自贸港金融开放政策顶层设计的历史脉络，从中央、部委、海南省三个层面梳理了海南自贸港金融政策制度的"四梁八柱"，从跨境资金流动、金融市场开放、金融机构引进、金融产品创新、金融科技应用、金融监管体系六个方面全面梳理和详细分析了政策制度的具体内容，为理解海南自贸港金融开放提供政策视角。

第五章"海南自贸港多功能自由贸易账户体系"，分析海南自贸港自由贸易账户的建设历史和存在的问题，针对构建多功能自由贸易账户的迫切性，阐述账户体系设计的原则思路、框架设计和构建路径。

第六章"海南自贸港外汇管理改革"，分析海南自贸港贸易和投资自由便利需要重点进行改革的外汇管理领域，经常项目的改革重点是贸易自由便利需要的结算便利化，包括货物贸易结算便利化、服务贸易结算便利化和离岸贸易结算便利化；资本项目的改革重点是海南自贸港的跨境资产管理试点和个人资本项目管理。

第七章"海南自贸港金融服务开放"，提出我国金融的开放正在从正面清单向负面清单转变，分析负面清单承诺方式与正面清单承诺方式的差异、从正面清单方式转变为负面清单方式的迫切性和挑战性，并将现有的海南自贸港金融服务开放负面清单与 RCEP 和 CPTPP 的负面清单进行比较，提出以海南自贸港作为金融服务开放压力测试区,加快推进负面清单试点探索的政策建议。

第八章"海南自贸港金融立法",梳理了中国香港、新加坡、迪拜国际金融中心(DIFC)等主要自贸港的金融法律体系和立法特点,分析《海南自由贸易港法》的中国特色、相关的金融条款及其突破,分析当前海南自贸港金融配套立法的迫切需求和面临挑战,提出借鉴国际经验加快海南自贸港金融配套立法的建议。

第九章"海南自贸港的金融风险防控和监管",分析金融开放带来的跨境资本流动冲击、金融产品违约的跨市场传导、反洗钱挑战等主要风险,梳理海南自贸港关于金融风险防控的政策要求,并在分析中国香港、新加坡、迪拜等自贸港金融监管体系、金融牌照制度、反洗钱制度的基础上,提出了海南自贸港加强金融监管体系建设的建议。

第十章"海南自贸港金融开放展望",基于国家和海南"十四五"规划中的海南金融发展目标,分析海南自贸港金融开放和发展的重点领域,回顾《总体方案》发布以来海南自贸港金融开放的进展和成效,提出需要达成共识的海南自贸港金融开放中的重大问题,并提出加快海南金融开放的具体政策建议。

第一章　海南自贸港金融开放的
内涵和宏观背景

第一节　金融开放的内涵

金融开放是金融研究的一个重要方面，关于金融开放包括的内容，不同的学者有不同的界定。

一、已有的研究文献

"金融开放"（financial openness）一词并不是常见的关键词，更多的学者喜欢用"金融自由化"（financial liberalization）来囊括金融开放的范畴（陈雨露、罗煜，2007）[①]。Galindo，Micco 和 Ordonezl（2002）[②] 认为，金融自由化的特征包括开放资本账户、消除国内金融压抑政策和对外国所有者进入解除限制。

（一）国外学者的研究

国外学者关于金融开放内涵的研究，比较有代表性的有以下几个：Bekaert 和 Harvey（2006）[③] 认为金融开放包含资本账户开放、股票市场开放、金融业改革、国家基金发行、私有化、资本跨境自由流动和国际直接投资开放七个方面；Kaminsky 和 Carmen（1999）[④] 认为金融开放主要包括资本账户开放、股票

[①] 陈雨露，罗煜. 金融开放与经济增长：一个述评 [J]. 管理世界，2007 (4)：138-147.

[②] Galindo，Arturo，Alejandro Micco and Guillermo Ordonezl. Financial Liberalization and Growth：Empirical Evidence [R]. Inter-American Development Bank，May 2002.

[③] Bekaert，Geert，Campbell Harvey and Christian Lundblad. Growth volatility and financial liberalization [J]. Journal of International Money and Finance，2006 (25)：370-403.

[④] Kaminsky，Graciela and Carmen M. Reinhart. The Twin Crises：The Causes of Banking and Balance of Payments Problems [J]. American Economic Review，Vol. 89，No. 3，1999 (6)：473-500.

市场开放以及国家基金发行；Kaminsky 和 Schmukler（2002）[1] 认为金融自由化主要包括资本账户自由化、证券市场自由化以及国内金融部门自由化，并将自由化程度划分为完全自由化、部分自由化、无自由化三个等级，分别给出了等级标准。

（二）国内学者的研究

国内关于金融开放内涵的主要研究观点包括：杨德勇（2002）[2] 认为，金融开放至少应该包括五个方面：金融主体的准入和退出的开放、资本流动的开放、汇率形成机制的开放（汇率市场化）、货币价格（利率）形成机制的开放、金融市场运行模式的开放（从分业经营走向市场化和综合化）。刘毅、曹锐刚（2006）[3] 认为，金融开放广义上是指一国对其他国家开放金融市场，准许其在国内金融市场从事交易和开展各种金融业务，即金融市场开放和金融业务准入，同时准许国内居民和机构参与国际金融市场上的交易。陈雨露、罗煜（2007）认为，金融自由化包括对内和对外两个方面，是一个整体的概念，金融开放只讨论其对外的方面，其中资本账户开放和金融市场开放是金融开放的最核心要素。张金清等（2008）[4] 认为，金融开放就是指一个国家（或地区）的金融服务国际化、外国（或地区）金融服务本土化和资本实现跨境自由流动。华秀萍等（2012）[5] 认为，尽管金融开放仍没有统一定义，但其包括资本账户开放和金融市场开放两个层次的内容却取得共识。陈世金等（2021）[6] 认为，金融开放主要表现为：实现利率市场化和金融市场开放，进一步扩大金融业对外开放，减少金融业垄断和准入壁垒，逐步取消对资本账户的管制（如放开对跨境资本交易、投资、汇兑的限制），逐渐实现金融服务国际化和资金跨境自由流动。张明等（2021）[7] 认为，中国金融开放有四个维度，即金融市场开放、人民币汇率形成机制市场化、人民币国际化和资本账户全面开放。

① Kaminsky, Graciela and Sergio Schmukler. Short-run Pain, Long-run Gain：The Effects of Financial. Liberalization ［R］. World Bank Working Paper 2912. 2002.

② 杨德勇. 稳定与效率：我国金融开放风险的宏观和微观分析 ［J］. 北京工商大学学报（社会科学版），2002（9）：1-9.

③ 刘毅，曹锐刚. 金融开放与经济增长效应研究的文献综述 ［J］. 新金融，2006（12）：8-11.

④ 张金清，管华雨，连端清，等. 金融开放程度评价指标体系及其在我国的应用研究 ［J］. 产业经济研究，2008（3）：50-56.

⑤ 华秀萍，熊爱宗，张斌. 金融开放的测度 ［J］. 金融评论，2012（5）：110-121.

⑥ 陈世金，王爱萍，胡海峰. 金融开放与产业结构变化：国际经验比较 ［J］. 国际金融研究，2021（7）：46-55.

⑦ 张明，孔大鹏，潘松，等. 中国金融开放的维度、次序与风险防范 ［J］. 新金融，2021（4）：4-10.

二、关于金融开放的内涵的理解

（一）现有研究文献的讨论

上述关于金融开放内涵的界定有几处值得讨论：一是在几个国外学者的定义中，资本项目开放、股票市场开放均被提及，但从国际货币基金组织关于资本项目开放的指标来看，资本项目开放包括股票市场开放。二是资本项目开放与跨境资金自由流动在很大程度上是重合的，因为在大部分国家（以及所有的主要经济体）都实现了经常项目开放的情况下，跨境资金流动主要受资本项目的限制。三是资金的跨境流动受到汇率变动的影响，一般认为，如果汇率受到政府管理或者干预的程度较高（或者说市场化程度较低），将被视为金融开放程度较低，因此应将汇率因素纳入金融开放范畴予以考虑。四是金融开放还意味着外国投资者能够比较自由地投资于一国的金融业，或者是外国的金融机构能够进入一国的金融市场提供服务，也就是金融服务市场的开放，其原来的限制减少，门槛降低。五是从双向开放的角度来看，金融开放不仅是降低外国资金和金融服务进入本国的门槛，还应当包括本国的资金和金融机构"走出去"，而对于大型经济体而言，本国货币国际接受程度的提高、使用范围的扩大是一国金融影响力的重要体现。

（二）关于金融开放内涵的理解

综上分析，金融开放的内涵应当包括四个方面：一是资本项目开放，其开放程度的提高意味着资金跨境流动限制的减少。二是金融服务业开放，外国金融机构能够进入国内金融市场提供服务，或者在境外为本国机构和个人提供服务。三是汇率市场化（汇率清洁浮动），即汇率主要由市场决定而较少受到政府管理和人为干预。四是本币国际化，即本国货币"走出去"在境外被使用。

上述四个方面既有各自独立的政策体系，又有很大的相关性。比如资本项目开放与汇率制度安排有很大的相关性，在货币政策保持独立性的前提下，资本项目开放程度越大，汇率就越不可能清洁浮动；又如，本币国际化与资本项目开放也密切相关，一国货币如果要成为被广泛接受的交易货币、储备货币，需要较高程度的资本项目开放作为基础。

当然，金融开放的自由度是相对而言的，没有绝对的自由和完全的金融开放。金融开放的程度与实体经济的开放程度、国内金融市场的发展程度、国际收支状况、汇率安排、货币政策取向等方面有密切关系。

第二节　资本项目开放

跨境资金流动自由便利是自贸港的基本特征，也是经济全球化下一国金融开放的重要方向。其中，资本项目开放程度是影响跨境资金流动的主要因素。在我国资本项目开放水平与发达经济体仍然存在差距的情况下，海南自贸港需要立足"全面深化改革开放试验区"的战略定位，以制度集成创新，推动资本项目开放的突破，实现跨境资金流动自由便利。

一、跨境资金流动的分类

从国际收支的角度来看，跨境资金的流动分为经常项目流动和资本项目流动。

（一）经常项目

经常项目是指国际收支中经常发生的交易项目，包括贸易收支、劳务收支、单方面支付等。国际货币基金组织（International Monetary Furd，IMF）章程的第8条款将经常项目开放作为成员国的一般义务，包括避免限制经常性支付、避免施行歧视性货币措施、兑付外国持有的在经常性往来中获得的本国货币等。我国已经于1996年12月1日接受第8条款，实现了经常项目可兑换。

（二）资本项目

资本项目是指与直接投资、证券投资、资金借贷等相关的跨境资金流动。各国都对资本项目存在或多或少的限制。资本项目开放是各国金融开放的重点议题。从1999年开始，IMF每年发布《兑换安排与汇兑限制年度报告》（*Annual Report on Exchange Arrangement and Exchange Restrictions*，AREAER），对各成员国的外汇管理情况进行全面分析。

二、衡量资本项目开放的指标

（一）IMF资本项目指标体系

IMF将资本项目分为七大项40小项指标（见表1-1）：一是资本和货币市场工具，包括股票、债券、货币市场工具、集合投资工具4类金融产品。二是衍生品和其他工具，其中包括期货交易；上述两项中每个类型又再细分为非居民境内购买、非居民境内出售或发行、居民境外购买、居民境外出售或发行4个指标，共20个指标。三是信贷业务，包括商业信贷（企业之间的借贷）、金融信贷（金融机构的贷款）、担保及备用融资便利 3 种类型，每个类型又细分为居民给予非居民、非居民给予居民 2 个指标，共 6 个指标。四是直接投资，包括对外直接投资、对内直接投资（外商直接投资）2 个指标。五是直接投资清算，1 个指标。六是不动产交易，包括非居民境内购买、居民境外购买、非居民境内出售 3 个指标。七是个人资本交易，包括贷款、捐赠和继承（此两项又细分为居民给予非居民、非居民给予居民 2 种方式，共 4 个指标）、迁入移民境外债务结算、资产转移（包括迁出移民向境外转移、迁入移民向境内转移 2 个指标）、博彩奖金汇出等，共 8 个指标。

上述指标中，第一类证券交易和二类衍生品交易均属于资本市场交易范畴，共 20 个，占比 50%，由于这类交易往往金额大、频率高、期限不固定，一般以短期为主，很多时候具有杠杆交易的特点（尤其是衍生品交易），资金规模大、流动性高，是所谓的"热钱"流动进行投机交易的主要领域，因此往往受到较多限制。第三类属于信贷类指标，虽然其属于金融交易，但是其往往与实体经济需求紧密联系，具有真实交易背景，并且有或长或短的期限限制，资金的流动性要低于第一、第二类交易，因此对这部分指标的限制要低于第一、第二类。第四、第五类指标是属于实体经济范畴的投资类指标，当然其中也有相当一部分属于财务投资性质的，但是总体而言这部分资金的流动性与实体经济联系更加直接、流动性更低，并且能够直接形成生产能力，因此越来越成为鼓励发展和放松限制的领域，限制普遍相对较少。第六类指标由于土地资源的稀缺性，大部分国家对外国人投资不动产（尤其是土地）均有限制。第七类是个人资本交易，其中不包括个人证券期货类交易、与金融机构之间的借贷交易和不动产购买交易（这些已经包括在上述类型中），只是包括个人之间的借贷、馈赠、资产债务转移和博彩等意外收入，金额一般较小，交易频率也低，很多都是一次性或者偶发性的交易，资金流动性低。

表 1 - 1　　　　　　　　　　IMF 关于资本项目的指标分类

1	一、资本和货币市场工具	1. 资本市场证券	非居民在境内购买
2			非居民在境内出售或发行
3			居民在境外购买
4			居民在境外出售或发行
5			非居民在境内购买
6			非居民在境内出售或发行
7			居民在境外购买
8			居民在境外出售或发行

其中 1—4 行为"A. 股票或其他具有参与性质的证券"，5—8 行为"B. 债券或其他债务性证券"。

续表

9	一、资本和货币市场工具	2. 货币市场工具	非居民在境内购买
10			非居民在境内出售或发行
11			居民在境外购买
12			居民在境外出售或发行
13		3. 集合投资类证券	非居民在境内购买
14			非居民在境内出售或发行
15			居民在境外购买
16			居民在境外出售或发行
17	二、衍生工具和其他工具		非居民在境内购买
18			非居民在境内出售或发行
19			居民在境外购买
20			居民在境外出售或发行
21	三、信贷业务	1. 商业信贷	居民向非居民提供
22			非居民向居民提供
23		2. 金融信贷	居民向非居民提供
24			非居民向居民提供
25		3. 担保、保证和备用融资便利	居民向非居民提供
26			非居民向居民提供
27	四、直接投资	1. 对外直接投资	
28		2. 对内直接投资	
29	五、直接投资清盘		
30	六、不动产交易		居民在境外购买
31			非居民在境内购买
32			非居民在境内出售
33	七、个人资本流动	1. 贷款	居民向非居民提供
34			非居民向居民提供
35		2. 礼品、捐赠、遗赠和遗产	居民向非居民提供
36			非居民向居民提供
37		3. 迁入移民在境外的债务结算	
38		4. 资产的转移	迁出移民向国外的转移
39			迁入移民向国内的转移
40		5. 博彩和中奖收入的转移	

资料来源：IMF AREAER 2019 年报。

（二）资本项目限制程度

资本项目开放也称为资本项目可兑换，开放程度越高即可兑换程度越高。IMF 的 AREAER 报告对 40 项指标分为无限制和有限制两种状态。无限制即完全可兑换。有限制的指标，研究者往往根据报告的描述，按照自己的研究目的进行分类，比较多地采取以下分类方式，即分为基本可兑换（有所限制，但限制较为宽松，经登记或核准即可完成兑换）、部分可兑换（在外汇管理上存在严格准入限制或额度控制）和不可兑换（不允许外汇交易）三种类型（中国人民银行课题组，2012①；马曼，2016②）。对于个别指标，AREAER 报告有两种特殊标注，分别为不详（not available，n. a.）、没有规定（not regulated，n. r.）。

三、资市项目开放程度国际比较

（一）主要经济体资本项目指标可兑换性比较

根据 IMF 的 AREAER 2020 年度报告，在 2021 年全球前 12 大经济体 [发达国家经济体 G7（美国、日本、英国、德国、法国、意大利、加拿大）和从发展中国家跃升为发达国家的韩国、发展中国家的金砖 4 国（中国、印度、巴西、俄罗斯）] 中，发达国家资本项目可兑换程度远高于发展中国家。发达国家的绝大多数指标实现了完全可兑换，并且大部分有限制的指标实现了基本可兑换。而发展中国家实现完全可兑换的指标较少，大部分为部分可兑换，还有一些指标不可兑换（见表 1 – 2）。

表 1 – 2　　　　　　　　2021 年 12 国资本项目可兑换情况

分类	美国	日本	英国	德国	法国	意大利	加拿大	韩国	中国	印度	巴西	俄罗斯
完全可兑换	29	37	34	27	36	38	36	36	4	3	16	18
基本或部分可兑换	11	3	6	13	4	2	4	4	33	33	22	22
不可兑换	0	0	0	0	0	0	0	0	2	3	2	0

资料来源：IMF《汇率安排与兑换限制年度报告》，www. elibrary. areaer. imf. org/Pages/Home. aspx，作者整理。

注：1. 各国评估的截止时间：美国、英国、意大利、韩国、印度为 2021 年 6 月 30 日；日本、法国、德国、中国、俄罗斯为 2021 年 7 月 31 日；加拿大为 2021 年 9 月 30 日；巴西为 2021 年 11 月 30 日；中国有 1 项、印度有 1 项指标无评估信息。

2. 完全可兑换为无限制措施，基本/部分可兑换为有限制措施。

---

① 中国人民银行课题组. 我国加快资本项目可兑换的条件基本成熟 [J]. 中国金融，2012（5）：14 – 17.

② 马曼. 自贸区资本账户开放路径及其对国内宏观经济稳定的挑战 [R]. 中国银行国际金融研究所，2016.

（二）Chinn – Ito 指数

衡量资本项目开放程度，Chinn – Ito 金融开放指数（Chinn – Ito Financial Openness Index），也称 kaopen 指数，是一个国际上被引用较多的指数，是美国威斯康星大学教授 Menzie Chinn 和波特兰州立大学教授 Hiro Ito 基于 IMF 的 AREEAR 报告，从法定（De jure）的角度，对各国资本项目开放程度进行的测算。根据其最新的 2019 年评价结果，在最开放的得分 2.32 和最不开放的得分 –1.92 之间，主要经济体的得分分别是：澳大利亚、法国、德国、意大利、日本、韩国、英国、美国均为 2.32，俄罗斯为 0.10，中国、印度、巴西均为 –1.23。此外，中国香港、新加坡、阿联酋也均为 2.32。从历史变化看，Chinn – Ito 指数对中国 1984—1986 年、1987—1992 年和 1993—2019 年的评分分别是 –1.23、–1.92、–1.23（为了方便使用和比较，在直接计算的 ka – open 指数基础上，有一个标准化后的 ka – open 指数，最大值为 1，表示完全开放，最小值为 0，表示完全不开放，在此区间内，数值越大表示越开放。2019 年，标准化后的 ka – open 指数，G7 国家均为 1，中国、印度、巴西为 0.16，俄罗斯为 0.48）[①]。但是，法定（De jure）指标的缺点无法反映资本项目开放中的诸多细微变化，中国资本项目的事实（De facto）开放程度要高于 Chinn – Ito 指数（Eswar，2016）[②]。

四、我国资本项目开放的目标和进展

（一）我国资本项目开放的目标

1993 年我国提出外汇管理体制改革的长远目标是实现人民币可自由兑换。2003 年中共中央《关于完善社会主义市场经济体制若干问题的决定》和国家"十一五""十二五""十三五"规划均提出"逐步实现人民币资本项目可兑换"。2020 年中共中央、国务院《关于构建更加完善的要素市场化配置体制机制的意见》《关于新时代加快完善社会主义市场经济体制的意见》均提出推进资本项目可兑换。国家"十四五"规划和 2035 年远景目标纲要中，没有提及资本项目可兑换。

（二）自贸试验区资本项目开放探索

2013 年上海自贸试验区总体方案提出"加快探索资本项目可兑换"。2015

---

① 资料来源：http：//web. pdx. edu/~ ito/Chinn – Ito website，html。

② Eswar S. Prasad（布鲁金斯学会高级研究员、康奈尔大学金融学教授）. 中国资本项目开放的程度［OL］. 搜狐网：https：//www. sohu. com/a/114154419_ 481741，2016 – 09 – 12.

年国务院《进一步深化中国（上海）自贸试验区改革开放方案》提出"深化完善以资本项目可兑换和金融服务业开放为目标的金融创新制度"。2019年上海临港新片区总体方案提出"稳步推进资本项目可兑换""探索新片区内资本自由流入流出和自由兑换"。广东、湖北、海南等自贸试验区总体方案中均提出"开展以资本项目可兑换为重点的外汇管理改革试点"，广东、天津、福建等自贸试验区总体方案中均提出"区内试行资本项目限额内可兑换"。从"十三五""十四五"自贸试验区的实践看，有局部进展，但是没有大的突破。比较重大的制度创新就是设立了作为区域性账户的自由贸易账户（Free Trade Account，以下简称FT账户）。2014年5月FT账户在上海自贸试验区推出，2019年1月复制到海南自贸试验区，2019年10月再复制到广东、天津两个自贸试验区。

（三）资本市场互联互通安排

在推动资本项目区域性开放的同时，我国进行了多个资本市场互联互通的探索，主要有：合格境外机构投资者（QFII，2003年7月）、合格境内机构投资者（QDII，2006年5月）、合格境外有限合伙人（QFLP）和合格境内有限合伙人（QDLP）（2011年1月）、人民币合格境外机构投资者（RQFII，2011年8月）、合格境内股权投资者（QDIE，2012年4月）、人民币合格境内机构投资者（RQDII，2014年11月）、沪港通（2014年11月）、外国金融机构参与银行间债券市场交易（2015年9月）、深港通（2016年12月）、债券通（2017年7月）、沪伦通（2019年6月）、粤港澳大湾区"跨境理财通"（2021年10月）和海南自贸港跨境资产管理试点（2021年4月提出，截至本书出版时尚未落地实施）。这些开放措施集中于证券市场领域，通过多个不同项目的局部开放，允许特定境外投资者以资金"闭环管理、原路进出"的方式投资于境内资本市场特定领域，持续推进资本项目的开放进程。

（四）我国资本项目的开放程度

国内的一些权威研究观点认为我国资本项目开放已经达到较高水平。周小川（2012）[①]认为，从全球来看，无论是大型经济体还是小型经济体，无论是发达国家还是发展中国家，没有一个国家实现40项指标的完全可兑换。是否实现了资本项目可兑换，一个模糊的标准是看这七大类、40项是不是大多数重点项目都做到了，如果做到了，就算是资本项目可兑换了。仔细梳理lMF的七大类

---

① 周小川. 人民币资本项目可兑换的前景和路径［J］. 金融研究，2021（1）：1-19.

40 项，会发现中国的可兑换程度已经比较高了。中国人民银行课题组（2012）[①]认为，40 项指标中已经实现 14 项基本可兑换、22 项部分可兑换、4 项不可兑换，我国加快资本账户可兑换的条件基本成熟。郭树清（2016）[②] 认为，中国资本项目中可兑换的有 16 个子项，基本可兑换的有 17 个子项，部分可兑换的有 7 个子项，没有不可兑换的项目，开放水平大大高于 IMF 等相关机构的评估结果。从实际情况看，中国在直接投资、直接投资清盘、信贷业务、不动产交易、个人资本交易五大类已实现基本可兑换甚至完全可兑换。霍励颖（2019）[③] 认为，总体上，我国大部分的资本项目都已经得到较高程度的开放，目前只有少数涉及个人项下的资本项目还没有开放。潘功胜（2019）[④] 表示，按照国际货币基金组织有关标准，我国资本项目已具有较高的可兑换程度。陆磊（2020）[⑤] 表示，在 OECD《资本流动自由化通则》91 项清单中，中国有 86 项实现不同程度的开放；按照 IMF 的实际测度标准，中国 2019 年开放程度为 70%，其中直接投资高达 91.7%，资本和货币市场为 64%，衍生品和其他工具为 50%。

第三节　金融服务开放

金融服务开放在国际经贸规则中属于服务贸易和投资范畴，这是当前双边和多边自由贸易协定的重要议题。在《全面与进步跨太平洋伙伴关系协定》（*Comprehensive and Progressive Agreement for Trans - Pacific Partership*，CPTPP）等高水平自由贸易协定中，服务贸易日益成为谈判的重点，其中金融服务更是重中之重。虽然 2018 年以来我国金融服务业开放力度加大、速度加快，但在我国签署的《区域全面经济伙伴关系协定》已经于 2022 年 1 月 1 日正式生效、我国已经于 2021 年 9 月 16 日已经正式申请加入 CPTPP 的背景下，我国金融服务开放在模式、领域等方面还面临很大的挑战。

[①] 中国人民银行课题组. 我国加快资本项目可兑换的条件基本成熟 [J]. 中国金融，2012（5）：14 - 17.

[②] 郭树清. 中国资本市场开放和人民币资本项目可兑换 [J]. 金融监管研究，2016（6）：1 - 17.

[③] 霍励颖. 进一步提升资本项目可兑换的程度 [N]. 21 世纪经济报道，2019 - 08 - 05.

[④] 潘功胜. 稳妥有序推进资本项目开放 [OL]. 第一财经网，2019 - 03 - 25，https：//finance. ifeng. com/c/7lK8Z69nRAW.

[⑤] 陆磊. 推动资本项目开放是"十四五"重要改革任务，正研究修订 QFLP 和 QDLP 规划 [N]. 21 世纪经济报道，2020 - 09 - 26.

一、金融服务的分类

根据世界贸易组织（World Trade Organization，WTO）《服务贸易总协定》（*General Agreement of Trade in Services*，GATS）的附件《金融服务》，金融服务细分为以下 16 项：

（一）保险和与保险有关的服务

（A）直接保险（包括共同保险）：

　（a）人寿；

　（b）非人寿；

（B）再保险和分保；

（C）保险中介，如经纪和代理；

（D）保险的辅助服务，如咨询、保险统计、风险评估和理赔服务。

（二）银行和其他金融服务（不包括保险）

（E）接受公众存款和其他需偿还基金；

（F）所有类型的贷款，包括消费者信贷、抵押贷款、商业交易的融资；

（G）金融租赁；

（H）所有支付和货币转移服务，包括信用卡、收费卡、借方信用卡、旅行支票和银行汇票；

（I）担保与承兑；

（J）自行交易或代客交易，不管是交易市场、公开市场或其他场所的：

　（a）货币市场票据（包括支票、账单、存单）；

　（b）外汇；

　（c）衍生产品，包括但不限于期货交易和期权；

　（d）汇率和利率工具，包括掉期、远期利率协议；

　（e）可转让票据；

　（f）其他可转让票据和金融资产，包括金银。

（K）参与各类证券的发行，包括认购、募集代理（不管是公募还是私募）和提供与该发行有关的服务；

（L）货币经纪；

（M）资产管理，如现金或有价证券管理，各种形式的集体投资管理，养老基金管理，保管和信托服务；

（N）金融资产的结算和清算服务，包括证券、衍生产品和其他流通票据；

（O）金融信息的提供与交换，及金融数据处理和其他金融服务的提供者的有关软件；

（P）就（E）项至（O）项所列的所有活动进行的咨询，中介和其他辅助性金融服务，包括信用查询和分析，投资和有价证券研究和咨询，收购咨询和公司重组和战略咨询。

二、服务贸易模式的分类

GATS 将服务贸易分为四种模式：

（一）跨境交付（Cross – border Supply）

从一成员境内向任何其他成员境内提供服务，比如，一家外国保险公司为境内的船舶提供保险服务，一家境外银行为境内的项目提供贷款。

（二）境外消费（Consumption abroad）

在一成员境内向任何其他成员的服务消费者提供服务，比如，境内的居民个人到其他国家购买保险。

（三）商业存在（Commercial presence）

一成员的服务提供者在任何其他成员境内以商业存在提供服务，比如，外国银行在境内设立子行或分行，为境内机构和个人提供金融服务。

（四）自然人移动（Presence of natural persons）

一成员的服务提供者在任何其他成员境内以自然人的存在提供服务，比如，外国金融专家入境为境内的金融机构提供咨询服务。

上述服务贸易（包括金融服务贸易）的四种模式被 GATS 和绝大多数双边和多边自由贸易协定所采用，但是，在 CPTPP 第十一章"金融服务"中，上述第一、第二、第四种模式被归类为"跨境金融服务"，而第三种模式被视为金融投资。在海南自贸港外商投资准入、跨境服务贸易两张负面清单中，采取了与CPTPP 相同的分类。

三、金融服务开放承诺

（一）金融服务开放矩阵

金融是经济的核心，金融开放既取决于经济开放的程度，也会直接影响经济的各个领域。一个国家的金融服务业，既不是完全开放，也不是完全不开放，而是要根据本国经济发展水平、金融市场体系完善情况、金融监管能力，甚至其他国家对本国金融服务的开放情况等因素，来决定哪些领域开放、哪些领域不开放，开放的领域要开放到什么程度，如何渐进推进开放等。其核心关注是在开放收益和外部风险之间进行平衡，要在风险可控的前提下，逐步扩大开放，以更好地吸引外部的金融资源，服务本国经济发展。

将金融服务的类型和服务贸易的类型组合到一起，就形成了金融服务开放矩阵（见表1-3）。一个国家需要对每种金融服务类型的四种服务贸易模式，分别作出开放承诺（正面清单方式下）或者限制措施（负面清单方式下）。

这些限制措施，对于跨境交付和境外消费模式而言，一般是包括对业务范围、服务对象身份等方面的限制；对于商业存在模式而言，一般包括对所设立的金融机构的外资持股比例、业务范围、经营地域范围、董事或管理层的国籍、母公司的业务规模和经营年限等方面的限制；对于自然人移动模式而言，一般包括执业资格、停留时间等方面的限制。

表1-3　　　　　　　　　　　　金融服务开放矩阵

金融服务类型	跨境交付	境外消费	商业存在	自然人移动
保险及相关服务				
（A）直接保险				
（B）再保险				
（C）保险中介				
（D）保险辅助服务				
银行及其他金融服务				
（E）接受公众存款				
（F）贷款				
（G）金融租赁				
……				

（二）正面清单承诺和负面清单承诺

金融服务开放承诺，有正面清单和负面清单两种方式。正面清单方式是指对各项金融服务的不同服务贸易模式逐一作出开放承诺的清单，承诺在这些领域给予境外服务提供者或投资者以市场准入或国民待遇，没有作出承诺的领域不予以开放。负面清单又称"不符措施"，即在承诺对金融服务所有领域（所有服务类型的所有四种服务贸易模式）给予境外服务提供者或投资者以市场准入或国民待遇（全面开放）的前提下，列出某些领域（某种金融服务的某种服务贸易模式）不适用于市场准入或国民待遇措施（不符措施）的清单。

正面清单和负面清单秉持的是不同的开放理念，前者是封闭是常态，开放是例外,遵循的是"法有明确方可为"原则,即明示允许才开放;后者是开放是常态,限制是例外,坚持"法无禁止皆可为"的原则,即不禁止即准入。因此,负面清单的开放程度比正面清单更高,主要体现在以下几个方面:一是正面清单容易出现碎片化和管道式的开放,而负面清单的开放更具系统性和制度性。二是负面清单能使开放理念自动适用于新领域和新业务,如果未来出现新的贸易或投资活动,正面清单模式下需要重新谈判,负面清单模式下不需要重新谈判。三是负面清单有利于提高政策的透明度和可预测性,负面清单必须提供采取不符措施的依据,并且国内政策制度变化必须符合冻结条款①和棘轮条款②,开放程度只能前进不能倒退(朱隽等,2020)③。

四、我国金融服务开放承诺

(一)我国在自由贸易协定中的金融服务开放承诺

在加入 WTO 时,我国采取的是正面清单的承诺方式。我国作为成员国之一的《服务贸易总协定》(GATS),采取的也是正面清单的承诺方式。在我国目前已经签署的 19 个自由贸易协定中,金融服务开放采取的都是正面清单方式。

在 2020 年 11 月签署、2022 年 1 月 1 日正式生效的《区域全面经济伙伴关系协定》(RCEP)中,对于金融服务业开放,日本、澳大利亚、新加坡、韩国、文莱、马来西亚、印度尼西亚 7 个国家采取负面清单方式,但是中国、新西兰、越南、泰国、菲律宾、缅甸、老挝、柬埔寨 8 个国家采取正面清单方式。这是 RCEP 在成员国经济发展水平差异大的情况下,以包容性的原则平衡各方利益诉求的体现之一。但是,RCEP 要求,采取正面清单方式的成员国要在协定生效后 3 年内提出负面清单方案,6 年内转为负面清单(柬埔寨、老挝、缅甸分别为 12 年和 15 年)。

2021 年 9 月 16 日,我国正式申请加入 CPTPP。作为比 RCEP 更高水平的自贸协定,CPTPP 在金融服务跨境贸易方面(包括跨境交付、境外消费、自然人移动三种模式)采取正面清单方式,但是在金融服务商业存在(金融服务投资)方面采取负面清单方式。

因此,无论是对于已经生效的 RCEP,还是申请加入的 CPTPP,我国都需要

---

① 冻结条款是指,成员方在协定对其生效后,对现在不符措施的修改不能低于现有负面清单的承诺水平。

② 棘轮条款是指,成员方在协定对其生效后,对现存不符措施的任何修改,只能比修改前减少对外资的限制,而不能降低修改前外资已享受的待遇。

③ 朱隽,等. 新形势下国际贸易规则的重塑 [M]. 北京:中国金融出版社,2020:190 – 192.

尽快提出负面清单的谈判方案。

（二）我国金融开放的负面清单探索

2013 年以来，我国金融开放在外商投资准入、跨境服务贸易、市场准入等方面都持续推进负面清单方式的探索。

在外商投资准入方面，我国于 2013 年在上海自贸区率先引入负面清单管理模式，发布《中国（上海）自由贸易试验区外商投资准入特别管理措施（负面清单）（2013 年）》，探索"准入前国民待遇＋负面清单"管理模式。2015 年国务院印发《自由贸易试验区外商投资准入特别管理措施（负面清单）》，在银行业股东机构类型、资质、股比，证券、期货和保险市场外资股比要求等方面列出限制措施。金融领域的限制措施从 2015 年的 14 条到 2020 年清零。从 2018 年开始，国家发展改革委、商务部每年发布全国版和自贸试验区版的《外商投资准入特别管理措施（负面清单）》，金融领域的限制条款 2018 年版为 3 条，2020 年版和 2021 年版均为零。

在跨境服务贸易方面，2017 年 6 月和 2018 年 9 月，上海先后出台上海自贸试验区金融服务业对外开放负面清单和跨境服务贸易负面清单。2021 年 7 月，商务部发布《海南自由贸易港跨境服务贸易特别管理措施（负面清单）（2021 年版）》，这是我国在国家层面发布的首张跨境服务贸易负面清单，共 70 项限制措施，其中金融业的限制措施有 17 项，占整个清单的 24.3％，从跨境交付、境外消费和自然人移动等方面对境外服务提供者提供的金融服务作出限制。

在市场准入方面，2018 年 12 月，国家发展改革委、商务部发布《市场准入负面清单（2018 年版）》，适用对象是境内外市场主体，是对内外资主体市场准入管理的统一要求，其中金融领域的限制措施涵盖金融机构和金融服务机构的设立、股权结构、业务范围和高级管理人员任职等方面。2019 年 10 月、2020 年 12 月和 2022 年 3 月，《市场准入负面清单》2019 年版、2020 年版和2022 年版先后更新公布，限制措施逐步减少，相应地，金融领域的限制措施也逐步下降。

《市场准入负面清单》分为禁止准入和许可准入两类。在金融领域，禁止准入指禁止违规开展金融相关经营活动，即非金融机构、不从事金融活动的企业，在注册名称和经营范围中不得使用"银行、保险、证券公司、基金管理公司、信托公司、金融租赁、融资担保、典当、交易所"等与金融相关的字样。许可准入指未获得许可，不得从事相关金融业务。许可准入的限制措施数量不断减少（见表 1－4）。

表 1 - 4　　　市场准入负面清单中金融领域许可准入的限制措施数量　　　单位：项

版本	涉及事项数量	限制措施数量	地方性限制措施数量
2018 年版	11	65	1
2019 年版	10	68	3
2020 年版	10	61	4
2022 年版	9	50	4

资料来源：根据国家发展和改革委、商务部《市场准入负面清单》整理。

第四节　人民币国际化

一般而言，只有经济规模大、资本项目开放程度高的国家的货币才能成为国际货币，如美元、欧元、英镑、日元等。一些经济规模不在全球前列，但是资本项目开放程度高的发达国家的货币也在一定程度上被视为国际货币，其影响力较上述货币要小，如瑞士法郎、加拿大元、澳大利亚元等。一国货币成为国际货币，是其经济地位在全球的体现，也是其金融体系影响力在全球范围内的外溢和延伸。

人民币国际化，是指人民币跨越国界，在境外流通，被境外机构和个人在交易、支付、结算中使用，从国内走向国外，成为被其他国家认可的结算、计价、储备货币的过程。目前，我国已经成为全球第二大经济体、第一大货物贸易国、第一大外商直接投资流入国、第二大对外直接投资国，金融体系的诸多指标也在全球居于前列，随着中国在全球经济金融中的地位日益提高和影响持续扩大，人民币国际化已经成为我国金融开放的重要内容。尤其是在当前全球地缘政治军事冲突和经贸金融摩擦加剧的情况下，推进人民币国际化的重要性更加凸显。

一、人民币国际化的进展

2009 年 7 月，跨境贸易人民币结算试点启动，开启了人民币国际化的序幕。从 2009 年至今，人民币国际化大致可以分为起步、迅速发展、国际化遇阻、企稳回升四个阶段[①]，波动前行。

（一）起步阶段（2009—2012 年）

这一阶段主要的进展：一是建立相关政策制度以及基础管理平台。2009 年 7 月 1 日，人民银行、财政部、商务部、海关总署、税务总局和银监会联合发布

---

① 陈卫东，赵雪情. 人民币国际化发展路径研究［J］. 国际经济评论，2020（4）：28 - 37.

《跨境贸易人民币结算试点管理办法》，7月3日人民银行发布《跨境贸易人民币结算试点管理办法实施细则》，7月6日人民币跨境收付信息管理系统（RCP-MIS）正式上线运行。二是启动试点并逐步扩大，2009年7月6日上海办理第一笔跨境贸易人民币结算业务，7日广东深圳、珠海等4个城市启动试点，2010年6月试点范围进一步扩大，2011年7月扩大到全国。三是启动海外人民币清算行建设，2010年中银香港成为香港地区人民币清算行，2012年11月和12月中国银行澳门分行、台北分行分别成为中国澳门、中国台湾地区人民币清算行。四是扩大中国与其他国家的货币互换，实现人民币与部分国家货币的直接交易，与冰岛、新加坡、新西兰、乌兹别克斯坦、蒙古国、哈萨克斯坦、泰国、巴基斯坦、阿联酋、澳大利亚、乌克兰11个国家新签署货币互换协议，与韩国、马来西亚和中国香港续签货币互换协议，实现人民币与马来西亚林吉特、俄罗斯卢布、老挝基普、越南盾、哈萨克斯坦坚戈、韩元、泰铢、日元的直接交易。五是启动人民币资本项目的跨境使用，2009年6月财政部首次在香港发行国债60亿元，2011年1月开展境外直接投资人民币结算和发放境外人民币贷款试点，2012年6月允许外商直接投资以人民币结算。

（二）迅速发展阶段（2013—2015年第三季度）

这一阶段，资本金融项下屡有突破，人民币国际化在单边升值预期下大步猛进。一是资本项目人民币跨境使用不断扩大，开展人民币合格境外机构投资者（RQFII）境内证券投资试点，允许合格境外机构投资者（QFII）投资银行间债券市场，允许境外机构在境内发行人民币债务融资工具，国际性商业银行（汇丰银行）首次获准在银行间债券市场发行人民币债券，开通沪港通。二是跨境人民币贸易结算进一步便利化，开展跨国公司跨境人民币资金集中运营试点。三是海外人民币清算行覆盖范围不断扩大，在德国、英国、卢森堡、韩国、法国、卡塔尔、加拿大、马来西亚、澳大利亚、泰国、智利、匈牙利、南非、阿根廷、赞比亚15个国家设立了人民币清算行。四是实现人民币与主要国际货币的直接交易，包括英镑、欧元、新西兰元。五是签署货币互换协议的国家范围不断扩大，新增巴西、英国、匈牙利、阿尔巴尼亚、瑞士、斯里兰卡、俄罗斯、加拿大、苏里南、亚美尼亚、南非、白俄罗斯、智利、塔吉克斯坦、格鲁吉亚15个国家和欧洲中央银行。

（三）国际化遇阻阶段（2015年第四季度—2017年）

这一阶段，在汇率贬值预期下，人民币国际化出现回调，离岸市场调整萎缩。但是，2015年11月30日，IMF执董会决定将人民币纳入特别提款权

（SDR）货币篮子，人民币在 SDR 货币篮子中的权重为 10.92%，新的 SDR 货币篮子于 2016 年 10 月 1 日生效。这标志着人民币正式成为国际储备货币。此外，人民币国际化在多个领域持续取得进展：一是在基础设施方面，人民币跨境支付系统（Cross-border Interbank Payment System，CIPS）一期成功上线运行，新增瑞士、美国、俄罗斯、阿联酋 4 家人民币清算行。二是资本项目人民币跨境使用持续取得突破，2015 年 10 月人民银行首次在中国以外地区（伦敦）发行以人民币计价的央行票据 50 亿元，实现内地与香港的基金互认机制，首批境外央行类机构正式进入中国银行间外汇市场，启动深港通。三是货币互换和直接交易范围扩大，新增与摩洛哥、塞尔维亚、埃及的货币互换协议，新增人民币与瑞士法郎、沙特里亚尔、阿联酋迪拉姆、加拿大元、丹麦克朗、挪威克朗、瑞典克朗和柬埔寨瑞尔 8 种货币的直接交易。

（四）企稳回升阶段（2018 年以来）

这一阶段的典型特征是市场驱动为主、政策搭台为辅，人民币国际使用的市场情绪与信心显著修复。一是资本项下的人民币跨境收付增长迅速，沪港通和深港通的北上和南下的每日额度进一步扩大，取消 RQFII 和 QFII 的投资额度限制，推出以人民币计价的原油期货、铁矿石期货、精对苯二甲酸期货，启动粤港澳大湾区"跨境理财通"试点。二是人民币跨境支付系统二期投产试运行，参加行不断增加，新增日本、菲律宾的人民币清算行，全球清算网络进一步完善。三是货币互换网络和规模不断扩大，新增与尼日利亚、日本、老挝的货币互换协议，与多个国家续签的互换规模扩大（见图 1-1）。

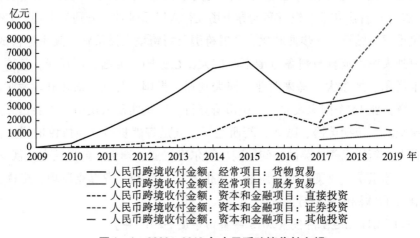

图 1-1　2000—2019 年人民币跨境收付金额

（资料来源：中国人民银行，人民币国际化报告，作者整理）

二、人民币国际化的差距

人民币国际化启动 10 多年以来，虽然取得了长足的进步，但是还存在诸多挑战。

（一）人民币国际化程度与其他主要国际货币相比还有较大差距

虽然我国已经成为全球第二大经济体、最大的货物贸易国、最大的外商直接投资流入国和第二大对外直接投资国，人民币也被纳入 IMF 的特别提款权货币篮子成为国际储备货币，但是人民币在全球支付结算、外汇交易、债券计价、银行跨国债权和债务中的使用占比还处于很低水平，与美元、欧元的差距很大，与英镑、日元也有不小的差距。主要国际货币及其发行国主要经济指标的全球占比见表 1 - 5。我国部分经济金融指标的全球占比见图 1 - 2。

表 1 - 5　　　　主要国际货币及其发行国主要经济指标的全球占比

指标	GDP	贸易	对外投资流量	对外投资存量	外汇交易量	支付	国际债券余额	银行跨国债权	银行跨国债务
时间	2020	2020	2020	2020	2019	2021.11	2020	2021Q2	2021Q2
美国/美元	24.67%	10.83%	12.54%	20.71%	44.15%	39.16%	45.06%	44.17%	48.36%
欧盟/欧元	18.02%	11.75%	12.40%	34.16%	16.14%	37.66%	40.05%	33.56%	30.33%
英国/英镑	3.20%	2.93%	-4.52%	5.24%	6.40%	6.72%	7.90%	4.36%	4.67%
日本/日元	5.96%	3.60%	15.64%	5.05%	8.40%	2.58%	1.66%	3.82%	3.61%
中国/人民币	17.55%	13.13%	17.97%	5.99%	2.16%	2.14%	0.42%	—	—

资料来源：Wind，BIS，作者根据公开资料整理。

注：贸易包括货物贸易和服务贸易，欧盟 GDP 和贸易为 2019 年数据。

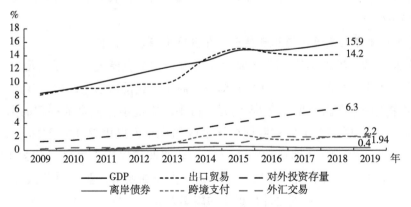

图 1 - 2　我国部分经济金融指标的全球占比

（资料来源：Wind、BIS，作者整理）

（二）跨境交易占主导地位，离岸交易还处在很低水平

从使用领域来看，货币国际化包括货币在贸易结算、直接投资、金融投资（包括跨境融资与证券投资）等领域的使用。从使用者和用途两个维度结合来看，货币国际化可以划分为以下六个领域，不同领域的人民币国际化发展状况存在很大区别，跨境交易占绝对主导地位，离岸交易还处在很低的水平（见表1-6）。

表1-6　　　　　　　　　不同市场人民币国际化的程度

市场	贸易结算	直接投资	金融投资
跨境交易	2020 年人民币经常项目跨境收付 6.77 万亿元，占经常项目本外币跨境收付的 17.8%，其中货物贸易、服务贸易、转移支付中人民币结算占本外币结算比例分别为 14.8%、25.5% 和 54.8%	2020 年直接投资人民币跨境收付 3.81 万亿元，其中对外直接投资（OFDI）跨境收付 1.05 万亿元，外商直接投资（FDI）跨境收付 2.76 万亿元	2020 年证券投资和跨境融资人民币跨境收付 17.78 亿元，其中证券投资 16.5 万亿元，跨境融资和境外项目人民币贷款 1.3 万亿元
离岸交易	—	—	2020 年末，离岸人民币存款余额超过 1.27 万亿元，贷款余额 5285 亿元；有境外人民币清算安排的国家和地区，人民币债券 2020 年发行 3320 亿元，年末末偿付余额 2649 亿元

资料来源：作者根据中国人民银行《2021 年人民币国际化报告》整理。

注：在离岸人民币市场上，部分存款人或借款人为中国内地居民，离岸人民币债券部分发行人是中国内地机构或企业。

（三）离岸人民币市场总量偏小，在当地市场占比很低

从总量看，2020 年末，全球离岸人民币存款总规模为 1.2 万亿元，仅相当于境内人民币存款的 0.5%。在境外前三大离岸人民币市场上，2021 年末，中国香港离岸人民币存款规模为 9268 亿元，占中国香港银行业全部存款的 7.49%，占全部外币存款的 14.64%；我国台湾地区的离岸人民币存款为 2318 亿元，占中国台湾地区银行业全部存款的 2.36%；新加坡的离岸人民币存款为 1750 亿元，仅占新加坡银行业全部存款的 2.29%，占新加坡银行业外币存款的 4.49%（见图1-3）。英国是亚洲之外最重要的离岸人民币市场，2019 年末离岸人民币存款余额仅为 549.6 亿元，人民币贷款余额仅为 538.5 亿元。

从资本市场来看，离岸人民币业务量也很小。2020 年港交所总成交金额为

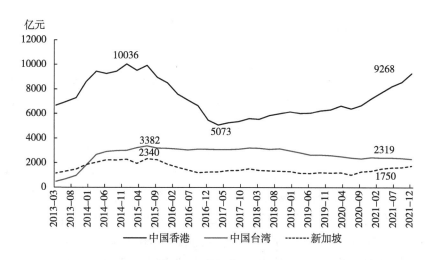

图1-3 中国香港、中国台湾、新加坡的离岸人民币存款

（资料来源：Wind，作者整理）

32.11万亿港元，其中以人民币交易的证券产品仅为155亿元。2019年新加坡市场发行人民币债券10只，规模42亿元，2019年末未到期人民币债券66只，规模360亿元。2019年末伦敦证券交易所未到期人民币债券共计110只，存量总规模仅为347亿元①。

（四）离岸人民币市场的非居民主要是中国内地的机构

离岸金融的核心是非居民与非居民之间的第三方交易。对于新加坡等离岸人民币市场，中国内地机构是其最主要的非居民客户，主要是以中国内地、中国香港为主要交易对手方，与第三国的交易较少，本地机构之间的人民币交易少，本地个人持有并使用人民币就更少。

2020年，中国香港、中国台湾和中国澳门地区的人民币跨境收付占全部人民币跨境收付的比重分别为46%、3.7%和2.7%，合计达52.4%，这意味着除港澳台外的地区占比仅为47.6%；三个地区的离岸人民币存款总规模在全球离岸人民币存款中的占比高达80%。在离岸人民币债券发行方面，香港占比高达81.6%②。这从一个侧面反映了境外离岸人民币基本上是中国内部的交易，国际化程度还不够高。

---

① 中国人民银行.2020年人民币国际化报告［R］.2021：27.

② 资料来源：中国人民银行《2021年人民币国际化报告》，作者计算。

三、以境内离岸市场推动人民币国际化

(一) 离岸市场是货币国际化的关键环节

一是离岸市场是第三方使用的基础载体。国际上主要储备货币的使用很大一部分发生在离岸市场，特别是在国际金融中心（He、McCauley，2010）[1]。离岸市场与货币国际化密不可分，在货币发行国之外进行的并且不受该国管辖的金融交易是货币国际化使用不可分割的一部分（Gao、Yu，2011）[2]。

二是国际货币的外汇交易主要发生在离岸市场。根据国际清算银行（BIS）统计，2019 年，美元外汇交易的 83.47% 发生在离岸市场（其中，43.51% 在英国），而本土发生的仅占 16.53%。日元外汇交易的 79.25% 发生在离岸市场（其中，39.22% 在英国），而本土发生的仅占 20.75%。欧元外汇交易的 79.25% 发生在离岸市场（其中，47.9% 在英国），而在欧元区发生的仅占 12.9%。人民币外汇交易的 71.99% 发生在离岸市场，其中，中国香港是最主要的离岸人民币外汇交易地，占比 29.78%，英国仅次于中国香港，占比 15.68%。

三是离岸金融市场在全球金融市场中具有重要地位。根据 BIS 统计，2021 年 3 月末 19 个"离岸中心"（Offshore Centres）[3] 金融机构的跨境债权和债务分别为 52437 亿美元和 49890 亿美元，分别占全球的 14.72% 和 15.63%，这还不包括其他国家的离岸金融业务。

四是离岸金融市场是在资本项目尚未完全开放条件下货币国际化的重要平台。货币国际化与资本项目开放是两个既相互联系又相互区分的范畴。虽然货币国际化往往同时伴随着资本项目开放（自由化），例如，日元、韩元、澳大利亚元，但是货币国际化并不是金融开放的必然结果，政府不能保证其采取措施开放资本账户后必然导致货币国际化（Kenen，2011）[4]。同时，也存在在资本项目尚未完全开放条件下的货币国际化，例如，人民币，在这种情况下，离岸市

① Dong He and Robert N McCauley. Offshore Market for the Domestic Currency：Monetary and Financial Stability Issues ［R］. IMF Working Paper，No. 320，2010 – 09.

② Haihong Gao，Yongding Yu. Internationalisation of the Renminbi，Currency Internationalisation：Lessons from the Global Financial Crisis and Prospects for the Future in Asia and the Pacific ［R］. BIS Working Paper，2011 (61)：105 – 124.

③ BIS 在"国际银行业"统计中的"离岸中心"包括阿鲁巴岛、巴哈马、巴林、巴巴多斯、百慕大、开曼群岛、库拉索岛、直布罗陀、根西岛、中国香港、马恩岛、泽西岛、黎巴嫩、中国澳门、毛里求斯、巴拿马、萨摩亚、新加坡、英属西印度群岛 19 个国家和地区。

④ Peter B Kenen. Currency Internationalisation：an Overview，Currency Internationalisation ［R］. BIS Working Paper，2011 (61)：17.

场就成为货币国际化的主要平台。

（二）"市场驱动"需要创新境内离岸市场新空间

从 2018 年开始，人民币国际化进入了市场驱动为主、政策搭台为辅的企稳阶段（陈卫东、赵雪情，2020）①。国家"十四五"规划提出，"稳慎推进人民币国际化，坚持市场驱动和企业自主选择"。下一阶段，人民币国际化应以顺应需求和"水到渠成"为原则，坚持市场驱动和企业自主选择（中国人民银行，2021）②。

坚持市场驱动，其含义包括两个方面：一是要拓展现有的市场，二是要创新和打开新的市场空间。当前，人民币跨境使用的规模不断扩大，但是境外离岸人民币存款并未随之同比增长。短期来看，境外离岸人民币存量和跨境交易量的增长可以出现背离。但长期而言，跨境交易的流量必然会受到境外人民币存量的制约。在境外离岸人民币市场增长缓慢的情况下，发展仍然基本上是空白的境内离岸人民币市场，可以创造出新的市场空间，增加离岸市场人民币资金的规模，为人民币国际化提供新的动力。

（三）中央提出建设境内离岸金融市场的明确要求

2021 年 6 月出台的《海南自由贸易港法》规定，"海南自由贸易港内经批准的金融机构可以通过指定账户或者在特定区域经营离岸金融业务"。虽然这一规定没有明确提及离岸人民币金融业务，但是海南如果仅限于在原有的、覆盖全国的离岸账户（Offshore Account，OSA）体系下开展外币离岸金融业务，则完全没有必要在《海南自由贸易港法》中写入这一条。作为我国内地唯一的自贸港、高水平开放的前沿，海南自贸港创新开展离岸人民币金融业务是题中之义。

2021 年 7 月公布的《中共中央和国务院关于支持浦东新区高水平改革开放打造社会主义现代化建设引领区的意见》提出，"构建与上海国际金融中心相匹配的离岸金融体系，支持浦东在风险可控前提下，发展人民币离岸交易"。

中央明确提出在上海浦东和海南这两个地方发展离岸金融业务，既是扩大金融开放、推动人民币国际化的需要，同时也体现了试点先行、稳慎推进的特点。

在高水平开放的目标下，推进规则制度型开放的重要性日渐突出。对于离岸金融市场，我国尚无相关的金融立法，无论是与当今国际金融发展形势，还是与扩大金融开放的需要都不相适应，亟待在上述法律和政策框架下，在上海

---

① 陈卫东，赵雪情. 人民币国际化发展路径研究［J］. 国际经济评论，2020（4）：28 – 37.
② 中国人民银行. 2021 年人民币国际化报告［R］. 2022：5.

浦东和海南自贸港尽快出台区域性的离岸金融法规，开展试点，并在积累和总结实践经验的基础上，制定《离岸金融法》，完善我国的金融法律体系，夯实离岸金融发展基础。

第五节 海南自贸港要服务国家金融开放战略

海南自贸港建设是国家重大战略，既是"全面深化改革开放试验区"，也是高水平开放的压力测试区。海南自贸港金融开放具有中国特色，既不是照搬照抄西方发达国家模式的开放，也不是另起炉灶、自行其是的开放，而是要放在国家整体金融开放的大局中来定位，将自身作为国家金融开放的有机组成部分、先行探索的试验田。只有这样，才能找到自身发展的定位、方向和动力，才能在支持和服务国家金融开放的大局中探索新路、弯道超车。

海南自贸港金融开放要服务国家金融开放大局，重点是三个方面。

一、以多功能自由贸易账户实现资本项目开放新突破

（一）资本项目开放是我国高水平开放的重点和难点

虽然我国已经成为全球第二大经济体、第一大货物贸易国、第一大外资流入国、第二大对外投资国，人民币的国际地位也在逐步提高，但是我国资本项目开放程度低于主要发达国家。从国际上较多采用的 Chinn – Ito 指数来看，2019 年其区间为 – 1.91（最不开放）～ 2.32（最开放），G7 国家均为 2.32，而我国为 – 1.23。另外，根据哥伦比亚大学经济系教授 Martin Urbe 的测算，2017 年中国资本管制指数为 0.85，而中等收入国家平均为 0.49、低收入国家平均为 0.66（资本管制指数在 0 – 1 之间，趋近于 1 表示管制越严格，趋近于 0 表示管制越宽松）。[①]

"十三五"期间，我国推动资本项目开放，直接投资、证券投资、外债管理等多个领域的开放程度均有提高。在直接投资领域，在外商投资方面，随着外商直接投资准入负面清单的实施，行业准入限制已经大大放宽，也允许外资对国内上市公司进行战略投资，相关申报手续也大大简化；在对外投资方面，对投资主体的限制逐步放宽，对外投资主体日趋多元化，也开展合格境内股权投资者（QDIE）、合格境内有限合伙人（QDLP）等试点，拓宽投资的方式、渠道

---

① 上海国际金融中心建设前瞻研究课题组. 迈向新时代全球金融中心——上海国际金融中心建设前瞻研究［M］. 北京：中国金融出版社，2022：204 – 205.

和额度管理；在证券投资领域，建立沪港通、深港通、债券通等多个资本市场互联互通机制；在外债领域，对于流入，实施跨境融资宏观审慎管理制度，简化外债登记手续；对于流出，开展跨境信贷资产转让试点，出台《境内银行境外贷款管理办法》。

但是，在证券投资、不动产交易、个人资本交易等领域，还存在比较严格的管理，比如，还不允许境外企业到境内上市，境外企业到境内发债还有很多限制，不允许居民个人与非居民个人之间的借贷交易，对境内机构和个人开展境外证券投资和衍生品交易还存在严格限制，等等。

"十四五"期间，随着我国迈向高水平开放，以及人民币国际化的推进，加快资本项目开放的要求日益迫切。

（二）海南自贸港高度开放的定位需要资本项目开放配套

《总体方案》提出了贸易、投资、跨境资金流动、人员进出、运输往来5个"自由便利"，跨境资金流动自由便利是贸易和投资自由便利的重要支撑，因为贸易和投资的基本载体是资金，没有资金流动自由便利，就谈不上贸易自由便利和投资自由便利。

即使是已经实现可兑换的经常项目，在资本项目还存在较多管理措施的情况下，为了避免资本项目下的资金绕道经常项目进出，非常强调交易背景的真实性，对货物贸易和服务贸易的单据审核要求比资本项目开放程度高的经济体要严格。

（三）海南自贸港是资本项目区域性开放的最佳试验田

海南自贸港作为"引领我国新时代对外开放的重要门户"，不仅要在贸易投资上发挥引领作用，而且要在跨境资金流动上以制度集成创新实现开放引领。

《总体方案》既提出了"分阶段开放资本项目"的任务，也明确了"到2035年前实现非金融企业外债项下完全可兑换"的目标（这是我国首次提出有关资本项目开放的时间表），同时明确了"构建多功能自由贸易账户体系""通过金融账户隔离，建立资金'电子围网'，为海南自由贸易港与境外实现跨境资金自由便利流动提供基础条件"。这就明确指出了资本项目开放是海南自贸港建设的重要任务，这个开放的范围是在海南自贸港内，是区域性资本项目开放，要以账户的方式进行隔离。

在上海、广东、天津、福建、湖北等多个自贸试验区推进资本项目可兑换进展有限的情况下，海南作为中国内地唯一的自贸港，具有高度开放的制度环境，是实现资本项目区域性开放的最佳试验田。

二、开展负面清单探索为对标国际规则提供实践经验

（一）自贸港在全球经贸规则重构中具有重要作用

在百年未有之大变局下，随着全球化出现回潮、全球产业链出现调整、数字经济迅猛发展、地缘政治冲突和经贸摩擦加剧、区域性自由贸易圈的发展、全球金融市场波动加大，原有的国际经贸和金融治理体系面对新形势、新问题、新挑战出现了诸多无法适应的情况，全球经贸规则正处于重大调整时期。

自贸港作为世界最高水平的开放形态之一，其本质是一个政策规则港，长期以来是最高水平国际经贸规则的策源地和实践基地①。自贸港在经贸规则形成和运作中具有独特的影响力。中国香港、新加坡等自贸港作为小规模开放经济体，就是通过积极参与区域性双边和多边自贸协定来融入全球经贸体系，从而推动自身嵌入全球价值链，虽然其不是国际规则制定的主导者，却是国际规则运用的领先者。

（二）我国金融服务开放亟待完善负面清单方式

服务业开放的负面清单方式已经成为高标准自由贸易协定开放承诺的主流方式。在双边和多边自由贸易协定中，我国金融服务开放亟待从正面清单方式转为负面清单方式。当前，我国签署的全部 19 个双边和多边自贸协定中，金融服务开放采取的都是正面清单承诺方式。我国加入的 RCEP 已经于 2022 年 1 月 1 日正式生效，我国需要在 3 年内提交负面清单谈判方案，6 年内转为负面清单承诺。此外，我国也已经于 2021 年 9 月 16 日正式申请加入 CPTPP，需要提出负面清单谈判方案。

虽然我国 2013 年开始在上海自贸试验区出台《外商投资准入负面清单》，并且之后陆续出台自贸试验区版和全国版负面清单，覆盖的地域范围不断扩大，限制措施的数量也不断减少，其中 2020 年版和 2021 年版负面清单中金融业的限制措施已经下降为零。但是，我国自主发布的负面清单与自贸协定的负面清单相比，在格式规范、法律依据、约束力等方面都存在差距。

（三）海南自贸港要在高度开放的市场上构建高标准的规则

我国"十四五"规划提出，建设更高水平开放型经济新体制，稳步拓展规则、规制、管理、标准等制度型开放。开放规则制定和完善的基础是开放实践和市场需求。海南自贸港作为"境内关外"的开放前沿，有《海南自由贸易港

---

① 国家发展和改革委员会网站：推进海南自由贸易港建设工作专班第三次全体会议。

法》的充分授权，有试错成本低的优势，既要立足实践经验，又要对标国际水平，进行金融开放制度创新。

当前，海南自贸港对标国际规则要以负面清单为重点。海南自贸港已经出台全国最短的外商投资准入负面清单、全国首张跨境服务贸易负面清单，应抓紧制定配套措施推动落地，在实践探索中总结经验，将两张负面清单中有关金融服务的限制措施整合到一张负面清单中，实现负面清单的"单一视图"，并且按照 RCEP 和 CPTPP 的负面清单格式进行表述，实现对标最高水平。

三、以人民币离岸金融业务为人民币国际化注入新动力

（一）开展离岸金融业务是海南自贸港的重大突破

《海南自由贸易港法》第五十二条允许海南自贸港以指定账户或在特定区域开展离岸金融业务，是离岸金融业务第一次在法律层面进行表述。在当前亟待以境内离岸金融市场推动人民币国际化的情况下，海南自贸港开展离岸金融业务，既为海南自贸港金融发展打开了一个全新的市场空间，更为人民币国际化注入了新动力。

（二）海南自贸港开展离岸金融业务要找准定位

一是要以人民币为主要货币。目前，具备外币离岸金融业务资格的交通银行、浦发银行、招商银行、平安银行均已授权其在海南的分行办理外币离岸金融业务。但是落实《海南自由贸易港法》关于离岸金融业务的条款不能仅限于此，还需要开展人民币离岸金融业务。从 1997 年以来上述四家银行的展业实践来看，外币离岸金融业务规模小，在国内影响小，更不用提国际影响了。海南如果重复走别人的老路，没有前途，只能抓住人民币国际化的机遇，开展人民币离岸业务，在打开自身市场新空间的同时，助力人民币国际化。

二是要与香港、上海差异化定位。境外已经形成多个离岸人民币市场，其中中国香港最大；《中共中央　国务院关于支持浦东新区高水平改革开放打造社会主义现代化建设引领区的意见》提出"构建与上海国际金融中心相匹配的离岸金融体系，支持浦东在风险可控前提下，发展人民币离岸交易"。相对于中国香港和上海的经济规模、发展水平、金融市场体系，海南处于劣势，需要差异化定位，应发挥作为中国内地唯一自贸港、具有"境内关外"特点、自贸港内同时具有在岸和离岸两种资金、自贸港内的企业和个人在金融意义上具有居民和非居民两种身份的优势，允许自贸港内的企业和个人参与人民币离岸金融业务，打造在岸与离岸融合的金融市场，区别于香港作为境外离岸市场、上海作

为内外隔离的境内离岸市场。这既是海南自贸港中国特色在金融开放上的体现，也呼应海南自贸港"深度融入国际市场的前沿地带"的发展定位。

（三）海南自贸港发展离岸金融业务需要立足实际

海南未来需要采取双重账户体系，即在岸账户和离岸账户体系并行，岛内企业和个人在在岸账户的基础上，可以开立离岸账户，开展包括人民币和外币的离岸金融业务。一方面，可以对标离岸金融是自贸港"标配"的国际经验，提高海南自贸港作为开放门户的功能和辐射力；另一方面，可以让本地企业和个人通过离岸金融业务更深程度地参与国际金融市场，为国内企业和个人适应未来更高水平的金融市场开放积累经验，同时也探索在开放的离岸市场上如何完善金融法律和金融监管。

由于海南当前的金融市场规模小、金融机构（尤其是外资金融机构）数量少、缺乏有影响力的金融交易平台，因此海南离岸金融市场的发展首先要着眼于支持本地的贸易投资，初期以跨境交易为主，同时利用好中国人民银行、银保监会、证监会、外汇局《关于金融支持海南全面深化改革开放的意见》中给予的开展跨境资产管理试点[①]、允许在海南就业的境外个人开展包括证券投资在内的各类境内投资等政策，发展资本项目跨境人民币交易；中长期可以围绕海南自贸港"分阶段开放资本项目""2035 年前实现非金融企业外债项下完全可兑换"的政策，发展面向东盟的区域性人民币债券市场。

---

① 允许境外投资者购买海南自贸港内金融机构发行的理财产品、证券期货经营机构私募资产管理产品、公募证券投资基金、保险资产管理产品等资产管理产品。

第二章　全球主要自贸港金融发展的特点

从全球来看，自贸港作为人流、物流、资金流、信息流自由流动和高度集中的区域，金融机构大量集聚，金融市场高度发达，金融业态多元发展，金融在经济中占有重要地位，是自贸港的支柱产业，也成为区域性的金融门户和全球有影响力的国际金融中心。

海南建设中国特色自贸港，要坚持金融服务实体经济的原则，金融开放要服务于贸易和投资自由便利，服务于自贸港建设，而不是以建设成为金融中心为目标。从现实情况来看，海南在较长时间内也不具备发展成为金融中心或者离岸金融中心的条件。但是，作为后发建设的自贸港，海南自贸港也要遵循自贸港发展的一般规律。在中国迈向高水平开放的大背景下，海南作为开放前沿，在到本世纪中叶要全面建成具有较强国际影响力的高水平自由贸易港的发展目标下，需要对标最高水平开放形态。因此，海南金融发展需要对标中国香港、新加坡、迪拜等主要自贸港，需要全面了解其金融发展的特点，借鉴吸收其成功经验。

第一节　资金流动自由便利

跨境资金流动自由便利是自贸港的基本特征之一，其背后是一系列金融制度安排作为基础，包括资本项目开放、汇率制度安排、本币非国际化策略等。

一、资本项目开放

货币可自由兑换是金融高度开放的基础。全球主要自贸港的货币都是可自由兑换货币，如中国香港的港元、新加坡的新加坡元、迪拜的阿联酋迪拉姆，其基础是资本项目的高度开放。

在 IMF 衡量资本项目开放程度的 40 项指标中，截至 2020 年，中国香港 39 项完全可兑换、1 项基本可兑换；新加坡 37 项完全可兑换、3 项基本可兑换；迪拜所在的阿联酋是 33 项完全可兑换、6 项基本或部分可兑换。中国香港和新加坡作为小型开放经济体，其资本项目开放程度高于作为主要国际货币发行国的美国和日本，也高于中国内地（见表 2 - 1）。

表 2 - 1　　　　　　　　部分国家和地区资本项目可兑换程度比较　　　　　　单位：项

国家/地区 项目	中国香港	新加坡	阿联酋	美国	日本	中国
完全可兑换	39	37	33	29	37	4
基本或部分可兑换	1	3	6	10	3	33
不可兑换	—	—	1	1	—	2
不详	—	—	—	—	—	1

资料来源：2020 年 IMF《汇率安排与兑换限制年度报告》，www. elibrary. areaer. imf. org/Pages/Home. aspx，作者整理。

二、以美元为主要交易货币

作为高度开放的小型经济体，中国香港、新加坡、迪拜等自贸港以美元作为对外贸易投资的主要计价和结算货币，而不是以本币进行贸易结算。这是其融入全球贸易体系的重要金融安排，也是其融入以美元为主导的国际金融体系的制度基础。

同时，这些自贸港的金融发展，也主要是围绕美元展开的。新加坡 1965 年建国，1968 年就设立了亚洲美元市场，也称亚洲货币单元（Asian Currency Unit，ACU），允许美国银行（Bank of America）等外资金融机构开展离岸美元业务，与国内金融市场相隔离。亚洲美元市场利用了新加坡处于与美国和欧洲不同时区的地理位置，使全球美元交易能够持续进行。新加坡利用亚洲美元市场发展离岸金融业务，逐步发展成为亚洲乃至全球领先的国际金融中心。

迪拜 2004 年设立迪拜国际金融中心（Dubai International Financial Center，DIFC），这是一个 2 平方公里的自由区，允许在区域内开展以美元为主的离岸金融业务。仅仅经过 10 多年时间，DIFC 就发展成为中东地区首屈一指、具有全球影响力的国际金融中心。

中国香港金融发展以美元为中心，不仅其汇率制度以美元为基础，美元的外汇交易量也居于全球前列。根据国际清算银行（Bank for International Settlement，BIS）的统计，在最早有各国外汇交易量统计数据的 1989 年，中国香港的美元外汇交易量为457.33亿美元，居全球第五位，占当时列入统计国家或地区交易总量的6.9%，仅低于英国、美国、日本和新加坡，高于瑞士；在最近一次统计的2019年，中国香港的美元外汇交易量达到6106.29亿美元，跃升为全球第三，在全球美元外汇交易中占到8.3%，仅低于英国和美国。

三、盯住美元的汇率制度

作为资金集聚之地，汇率波动的风险是金融制度安排的重要考虑因素。为了对接美元主导的国际金融市场，也为了降低汇率风险，中国香港、新加坡、迪拜等自贸港均采取了盯住全球最主要的国际货币——美元的汇率制度，保持了本币兑美元汇率的高度稳定，大大降低了资金进出的汇率风险，为吸引全球资金尤其是吸引跨国公司设立区域总部或结算中心奠定了制度基础（见表2-2）。

表2-2　　　　　　中国香港、新加坡、迪拜的汇率制度安排

制度 ＼ 国家/地区	中国香港	新加坡	迪拜
汇率制度	联系汇率制度 港元采取货币发行局制度，发钞银行必须按照7.80港元兑1美元的固定汇率向外汇基金缴纳美元 港元兑美元实行"强方/弱方保证制度"，如果美元汇率低于7.75港元或者高于7.85港元，香港金融管理局将采取买入美元或卖出美元进行干预，确保汇率保持在7.75~7.85港元	名义上是"其他管理安排"，实际上是类爬行管理（2019，之前实际上为稳定化安排） 盯住一篮子货币，货币篮子的组成包括主要贸易伙伴和竞争对手的货币，所占权重根据新加坡与该国的贸易依赖度来调整 新加坡元的发行一直以100%的黄金和外汇作担保 新加坡元与美元的波动幅度目标保持在2%的范围之内，新加坡金融管理局根据市场情况进行干预	固定汇率制度，迪拉姆盯住美元，1美元＝3.67迪拉姆
外汇管理	外汇兑换自由，全面取消外汇管制，各项资本流动都没有限制，资金可以随时进出中国香港	全面取消外汇管制，资金可自由流出流入	无外汇管制，资本可自由流出流入

在上述盯住美元的汇率制度下，港元、新加坡元、阿联酋迪拉姆兑美元的汇率长期以来保持了高度的稳定，大大降低了资金进出的汇率风险。相比而言，人民币兑美元汇率波动较大，资金进出要承担一定的汇率风险。以国际金融危

机后的 2009 年 7 月至 2022 年 2 月之间的汇率波动来看，迪拉姆、港元、新加坡元兑美元的汇率基本保持稳定，人民币兑美元则有较大波动（见图 2-1）。从新冠肺炎疫情发生后的情况来看，以 2021 年末与 2019 年末相比较，美元兑港元、新加坡元和人民币的汇率波动分别为 +0.06%、+0.14% 和 -8.52%，两年间汇率的最高值和最低值之间的差距分别为 0.70%、10.82% 和 12.83%，明显可见美元兑人民币的汇率波动幅度大于港元和新加坡元。

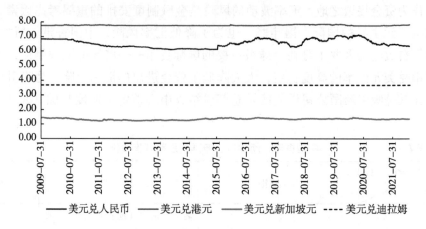

图 2-1　2009 年 7 月至 2022 年 2 月美元兑人民币、港元、新加坡元、迪拉姆的汇率

（资料来源：Wind，作者整理）

四、本币非国际化策略

本币非国际化策略是指一个国家限制本国货币在境外的使用。这一般是经济规模较小的发达国家所采取的金融制度安排（经济规模较大的发达国家一般愿意通过本币国际化来提升本国在全球经济中的影响力，而发展中国家由于发展水平低和资本项目开放程度低，本币难以走出国门）。本币非国际化策略虽然不利于提高本国在国际金融市场上的地位，但是也避免了本币"走出去"之后带来的国际责任和风险。

新加坡是本币非国际化的典型例子，政府主动控制本币的国际使用。新加坡规定，非居民金融机构如果将来自新加坡的贷款（超过 500 万新加坡元）、股权上市和债券发行所获得的新加坡元款项支持新加坡以外的活动。在使用这些资金之前必须转换为外汇；银行向非居民金融机构发放单家总信贷额度超过 500 万新加坡元的贷款，如资金被用于新加坡之外，银行必须保证在提款时转换成外币。

中国香港和迪拜（阿联酋）虽然没有限制本币在境外的使用，但是也没有鼓励措施。

第二节 金融市场高度开放

从全球主要自贸港来看，在宽松的准入政策、较低的税负水平、高效的政府服务、严格的监管制度、便利的外汇管理等制度环境支持下，金融发展外向程度很高，市场高度开放，主要呈现出以下几个特点。

一、自贸港大多是国际金融中心

在全球主要自贸港中，除了鹿特丹、汉堡是依托欧洲大陆广阔腹地形成的以物流为主的门户港，中国香港、新加坡、迪拜等都是国际金融中心。

自贸港首先是国内金融中心，其次才是区域金融中心和全球金融中心。由于金融中心具有很大的资金虹吸效应，一般而言，一个国家或地区只有一个面向国际金融市场的金融中心。即使是像美国那样的大国，具有全球影响力的金融中心也只有纽约。或者说，一国的自贸港往往都设立在本国最为国际化的金融中心。

从另一个角度看，如果一个自贸港的金融影响和辐射力不强，则自贸港整体的发展就会受到影响。典型的例子是鹿特丹，其背靠欧洲大陆广阔腹地，作为欧洲的门户港与重要的航运物流中心，却由于荷兰的整体金融实力有限，更因为欧洲央行设在法兰克福、欧元的交易中心在伦敦，所以鹿特丹并没有形成区域金融中心，这就降低了鹿特丹自贸港的整体影响力。而釜山作为韩国第一大、世界第五大集装箱港口，因为韩国金融业中心位于首尔，所以金融业比重偏低，影响了釜山自贸港的发展（见表2-3）。

表2-3 **2017年世界主要自贸港比较**

国家/地区	港口货物吞吐量（万TEU）	GDP（亿美元）	人均GDP（美元）	金融业在GDP中的占比（%）
中国香港	2076	3414	46193	17.50
新加坡	3367	3345	57714	12.50
迪拜	1544	1060	35612	11.00
鹿特丹	1360	8262	48223	6.60
釜山	2140	699	20299	6.45

资料来源：上海国际航运研究中心、中国香港、迪拜、新加坡、釜山市政府网站，作者整理。

注：鹿特丹GDP、人均GDP与金融业占比为荷兰全国数据。

在 2021 年 9 月英国金融智库 Z/Yen 集团和深圳综合开发研究院联合发布的第 30 期全球金融中心指数（Global Financial Center Index 30，GFCI - 30）中，中国香港和新加坡分别排名全球第 3、第 4 位，仅次于纽约、伦敦；迪拜排在第 18 位（中东地区第 1 位，中东地区第 2 位（全球第 36 位）是同属阿联酋的阿布扎比），韩国釜山排在第 33 位，在首都首尔（第 13 位）之后；作为欧洲主要自贸港的德国汉堡排在第 30 位，在除英国外的西欧地区排在第 9 位，居于巴黎、法兰克福、阿姆斯特丹、日内瓦、苏黎世、卢森堡、马德里之后，但是在德国首都柏林（第 60 位）之前；鹿特丹未能列入共有 116 位的排名榜单。

二、金融在经济中的占比高

在中国香港、新加坡、迪拜等自贸港，金融在经济中的比重基本上是逐年上升的，目前均超过 10%，并且在行业中排名靠前。中国香港金融业在经济中的比重从 2000 年的 10.87% 上升到 2010 年的 16.62%，再上升到 2020 年的 22.73%，2021 年略有下降到 22.39%，已经超过贸易、房地产、物流成为第一大行业。新加坡金融业在经济中的比重从 2000 年的 9.42% 上升到 2010 年的 10.39%，再上升到 2020 年的 14.63%，2021 年略有下降到 13.83%，是第三大行业，居于制造业、贸易（批发零售业）之后。迪拜所在的阿联酋，金融业在经济中的比重，2010 年为 6.88%，2020 年上升到 9.85%，居于石油开采和贸易（批发零售）之后，是第三大行业，与紧随其后的制造业、建筑业比重接近（见图 2 - 2）。就迪拜而言，金

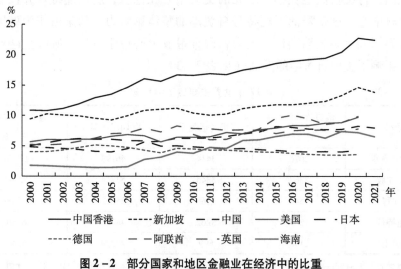

图 2 - 2　部分国家和地区金融业在经济中的比重

（资料来源：Wind，作者整理）

融业在经济中的比重更高一些，2000 年就达到 9.35%，2018 年上升到 10.15%。

从国际比较来看，中国香港和新加坡的金融业在经济中的比重远超中国、美国、英国、日本和德国等大型经济体（2020 年金融业占 GDP 比重分别为 8.25%、9.72%、7.80%、4.30%、3.62%），反映出金融业对于自贸港的重要性超过一般国家，自贸港是区域性的金融门户。

从城市的层面来看，全球主要国际金融中心城市的金融业在经济中的比重，纽约为 29.7%（2018 年），伦敦为 18.6%（2012 年），东京略超过 10%（2020年），上海、深圳和北京 2021 年分别为 18.5%、15.5% 和 18.9%，香港低于纽约但高于其他金融中心，新加坡则处于略低的水平，迪拜则更低一些。

三、外资金融机构集聚

自贸港是金融机构高度聚集的地方，不仅数量多，业态丰富，而且一个突出的特点就是外资金融机构数量较多，在市场上占有较大比例的份额，具有市场影响力，体现了自贸港金融市场较高的开放程度。

以中国香港为例。2017 年，共有 155 家银行在香港注册，其中外资银行数量达 133 家，占比高达 85.5%。全球 500 大银行中，有 187 家银行在香港设立子行、分行或代表处。在 22 家持牌银行中，外资银行在总资产、贷款、存款、税后利润方面，都占 30% ~40% 的市场份额（不含注册地在英国、核心业务在香港的汇丰银行、渣打银行（发钞行）以及汇丰控股的恒生银行）（见表 2 - 4）。

表 2 - 4　　　　　2017 年中国香港 22 家持牌银行经营业绩　　单位：百万港元

序号	公司	母公司所属国家/地区	总资产	贷款	存款	税后利润
1	香港上海汇丰银行	中国香港（英国注册）	7943346	3342025	5138272	96018
2	中国银行（香港）	中国	2514464	1185812	1774611	30529
3	恒生银行	中国香港（汇丰控股）	1478418	808170	1074837	20003
4	渣打银行（香港）	中国香港（英国注册）	1075049	482017	883899	8483
5	中国工商银行（亚洲）	中国	898109	461127	496312	7768
6	东亚银行	中国香港	808942	487685	571684	6370
7	中国建设银行（亚洲）	中国	521025	289498	353269	3268
8	南洋商业银行	中国	435062	236734	325416	3256
9	星展银行（香港）	新加坡	396819	154829	327483	3897
10	中信银行（国际）	中国	344308	196287	271472	2808

序号	公司	母公司所属国家/地区	总资产	贷款	存款	税后利润
11	华侨永亨银行	新加坡	320925	182900	222459	2408
12	永隆银行	中国	298766	156248	210964	3861
13	大新银行	中国香港	219778	123330	162726	2084
14	上海商业银行	中国香港	184531	78647	146953	2431
15	花旗银行（香港）	美国	180867	74049	154202	2324
16	创兴银行	中国香港	163747	86698	118759	1565
17	富邦银行（香港）	中国台湾	98484	48753	62068	583
18	集友银行	中国香港	84089	43301	63279	752
19	大众银行（香港）	马来西亚	42193	29304	34095	495
20	大有银行	中国香港	2854	1	2067	247
21	大生银行	中国香港	1861	162	1135	42
22	交通银行（香港）	中国	303	—	—	-6
	总计	（不包含恒生）	16535522	7659407	11321125	179183
	港资银行合计	（包含汇丰、渣打）	10484197	4643866	7088774	117992
	港资银行份额		63.40%	60.63%	62.62%	65.85%
	港资银行合计	（剔除汇丰、渣打）	1764568	976072	1277567	17352
	港资银行份额		10.67%	12.74%	11.28%	9.68%

资料来源：《毕马威2018年香港银行业报告》，http://www.waitang.com/report/22713.html。

以新加坡为例。2017年，新加坡共有123家外资商业银行，其中全面银行（Full Bank）29家，批发银行（Wholesale Bank）银行57家，离岸银行（Offshore Bank）37家。新加坡银行业存款、贷款、总资产中，本地星展、大华、华侨三大银行（另外两家本地银行新加坡银行和邮政银行分别由华侨银行和星展银行控制）合计占比下降到63.14%、62.03%和70.88%，外资银行占到了三分之一左右的市场份额（见图2-3、图2-4）。

迪拜国际金融中心（DIFC）截至2021年9月底，在2平方公里的区域内，有3297家活跃的注册公司，其中1025家是与金融或创新相关的企业，企业资产总额达到1894亿美元。入驻金融企业包括30家全球系统重要性银行中的26家、全球前20大银行中的17家、全球前10大资产管理公司中的5家、全球前10大保险公司中的5家、全球前10大律师事务所中的4家。汇丰银行、瑞士信贷、JP摩根、高盛、渣打银行等多家世界知名金融机构均已在DIFC开办业务。

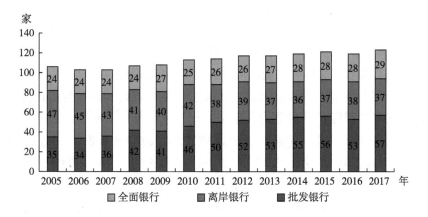

图 2 - 3　2005—2017 年新加坡外资银行数量

（资料来源：新加坡统计局）

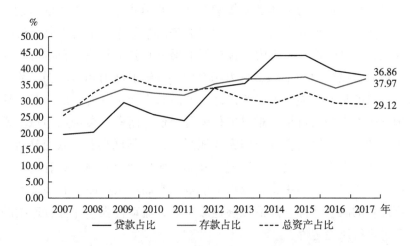

图 2 - 4　2007—2017 年新加坡外资银行市场份额

（资料来源：新加坡统计局，星展、大华、华侨银行年报）

四、资本市场发达

自贸港一般都是交易所、金融交易平台集中的地方，拥有全球影响力或者区域辐射力的交易场所，比如，中国香港有联合交易所，上市品种包括股票、债券和衍生品。新加坡有 4 家交易所，分别是新加坡证券交易所、新加坡衍生品交易所、洲际期货（新加坡）交易所、亚太交易所。迪拜拥有迪拜商品交易所、迪拜黄金与商品交易所、纳斯达克迪拜等交易所。同时，自贸港也是全球外汇交易、国际结算交易的汇集之地。2019 年中国香港、新加坡、迪拜的外汇交易量分别占全球的 7.61%、7.71% 和 0.55%，排名分别为第 4 位、第 3 位、第 17 位。只有建立金融交易平台，开展标准性金融产品的交易，才能吸引跨国乃至全球性资金参与交易，实现区域性和全球性的资源配置。

上市公司总市值与 GDP 的比例、上市公司中外国公司的数量占比分别是反映资本市场发达程度和辐射能力的重要指标。从国际比较来看，上市公司总市值与 GDP 的比例，中国香港最高，达到 1769%（2020 年数据，下同），其次是美国（194%）、新加坡（192%）、日本（133%）、中国（83%）、阿联酋（82%）、德国（59%），英国 2014 年为 116%。截至 2021 年 4 月末，中国香港、新加坡上市公司总市值中的 98.9% 和 35% 来自境外的上市公司。2019 年新加坡 REITs 市场上 80% 的物业在新加坡之外，本地发行的 REITs 仅占 27% 的市值。[①]

发达的资本市场是自贸港发挥金融辐射作用的基础，因为以资本市场为基础的直接融资与以银行为主体的间接融资在经营模式上存在本质的区别，具有更大的辐射能力：从地域上看，银行发挥的是网络效应，是基于分支机构以本地业务为主，通过延伸分支机构（包括网上渠道）扩大规模，在本国之外的分支机构一般而言在当地的市场影响力相对较小，辐射能力相对较弱，从产品上看，银行提供的是非标准化的融资产品，产品基本上是一对一的交易，缺乏流动性，因此也没有交易价格，难以进行风险定价；而资本市场从地域上看，发挥的是平台效应，一般而言一个国家或地区在某一领域只有一家交易所，不仅吸引本地企业和个人参与交易，还覆盖外周边区域乃至全球，具有较强的辐射能力，即使是在场外交易中，地域集中度也非常高；从产品上看，资本市场提供的是标准化的融资产品，产品能够连续交易，流动性强，并且有连续的成交价格，容易进行风险定价。

第三节　离岸业务规模大

自贸港人员、货物、资金自由进出的特点，使其成为很多国家和地区（特别是周边的发展中国家）开展贸易和投资的首选窗口或者跳板。这些国家和地区的机构通过在自贸港设立公司，利用自贸港高度开放、自由的市场环境，作为本国对外贸易和投资的支点。同时，跨国公司也将自贸港作为其对周边国家

① "上海国际金融中心建设前瞻研究"课题组. 迈向新时代全球金融中心——上海国际金融中心，建设前瞻研究［M］. 北京：中国金融出版社，2022：336－337.

和地区开展贸易和投资的一个支点，利用自贸港对周边国家和地区的辐射力，以及法律、规则对接国际市场的优势，将自贸港作为与周边国家和地区开展贸易和投资的"转换器"，使自贸港成为全球供应链和产业链中的重要一环。

自贸港内很多公司的股东或者控制人都不是自贸港的本地居民，对于他们而言，自贸港是境外之地，也就是所谓的"离岸"（Offshore）。因此，从商业的意义上，自贸港是离岸中心，汇集了大量的外资企业，大部分交易涉及的货物或者项目的最终目的地在自贸港之外（这从自贸港的角度来看也是"离岸"），离岸业务规模巨大。从贸易、金融、投资三个层面，可以分为离岸贸易、离岸金融和离岸投资。

一、离岸贸易

（一）离岸贸易的概念

离岸贸易，国际上通常指某一国家（地区）的贸易商以经销或代理方式，将境外货源地的商品销售给贸易商所在地以外的国家（地区）的一种新型贸易。境外采购的货物通常不经过贸易商所在国家（地区）就直接运往销售目的地，或者在经由贸易商所在国家（地区）转运至销售目的地的情况下，相关货物不在贸易商所在国家（地区）清关。

在我国，与离岸贸易相似的概念有"离岸转手买卖"和海关口径的"转口贸易"。2019 年 7 月 12 日，外汇局官网发布《国际收支申报提示》，将离岸转手买卖定义为：我国居民从非居民处购买货物，随后向另一非居民转售同一货物，而货物未进出我国关境。我国海关对于转口贸易的统计口径则较为广义，既包括外汇局最新定义的"离岸转手买卖"，也包括货物存放于特殊监管区办理的转卖业务。

2021 年 12 月，中国人民银行、国家外汇管理局发布《关于支持新型离岸国际贸易发展有关问题的通知》，对新型离岸贸易的定义是：新型离岸国际贸易是指我国居民与非居民之间发生的，交易所涉货物不进出我国一线关境或不纳入我国海关统计的贸易，包括但不限于离岸转手买卖、全球采购、委托境外加工、承包工程境外购买货物等。

与离岸贸易概念相近的是转口贸易，又称中转贸易（Intermediary Trade）或再出口贸易（Re - Export Trade），是指国际贸易中进出口货物的买卖，不是在生产国与消费国之间直接进行，而是通过第三国转手进行。这种贸易对中转国来说就是转口贸易。

（二）主要自贸港离岸贸易或转口贸易发展情况

中国香港、新加坡等国际自由贸易港均经历过由加工贸易中心、转口贸易中心向离岸贸易中心升级变迁的成长过程，通过离岸贸易发挥国际贸易中心和产业链关键节点功能（陈卫东、曹鸿宇，2022）。离岸贸易是国际贸易的高级形态，是贸易分工高度专业化、集群化的产物。离岸贸易发达、繁荣是国际自由贸易港的典型特征。离岸贸易是在转口贸易的基础上发展形成的，可以说，只有在转口贸易发展到一定程度，构建起了发达的贸易网络之后，才具备发展离岸贸易的基础。两种贸易方式的供应商和购买方都在境外、中间商在境内，其最主要的区别在于：转口贸易是货物进入境内、经过海关清关后再出口，离岸贸易则是货物不进入境内，境外的供应商直接发往境外的购买方。这两种方式都是自贸港作为贸易中心的重要体现。

中国香港。根据中国香港特别行政区政府统计处的定义，香港离岸贸易指的是在中国香港经营业务的机构（不包括其在中国香港地区以外的有联系公司）所提供的"转手商贸活动"及"与离岸交易有关的商品服务"，其所涉及的货品是从中国香港以外的卖家直接运往中国香港以外的买家，而有关货品并没有进出中国香港，所以有关的货品价值并不包括在中国香港对外商品贸易统计数字内。"转手商贸活动"是指在中国香港经营业务的机构从境外卖家购入货品后，直接卖给中国香港以外的买家；"与离岸交易有关的商品服务"是指在中国香港经营业务的机构按香港以外买家/卖家要求安排购买/销售货品，包括寻找货源、市场推广、商讨合约及价格、收集货品样本及足够的货量；装运、检查及安排订购事宜等服务，所涉及的货品是由境外卖家获安排售予另一境外买家。转手商贸活动涉及货品的所有权，与离岸交易有关的商品服务不涉及货品的所有权。

作为中国开放的重要门户，中国香港的贸易方式经历了由基于港口区位优势的传统转口贸易，到港产品出口贸易，再到基于外发加工贸易产品的新型转口贸易，之后到转口贸易和离岸贸易并存的阶段性变化（沈克华、彭羽，2013）。在中国改革开放开始之前的1977年，中国香港的转口贸易金额为98亿港元，占出口的21.9%。之后，随着中国对外开放的启动和不断扩大，中国香港转口贸易占出口的比重持续上升，到中国加入WTO前的2000年达到88.5%，2017年更达到98.9%（中国香港特别行政区政府统计处2018年后不再公布转口贸易数据）。

20世纪90年代，离岸贸易方式开始兴起，中国香港作为高度开放的自贸港，迅速采用了这一方式。1988年，中国香港离岸贸易额为1377亿港元，仅为转口贸易的 50%，但到了 2002 年，中国香港离岸贸易额达到 14583 亿港元，超过转口贸易 14296 亿港元。

2020 年，中国香港离岸贸易额达到 42097 亿港元，是在岸的出口贸易额 39275 亿港元的 107%。其中，涉及货权的"转手商贸活动的"占到离岸贸易的 90%，不涉及货权的离岸贸易服务占到 10%；前者的毛利达到 2356.7 亿港元，毛利率为 6.2%；后者的佣金达到 260.6 亿港元，佣金率为 5.9%，合计的毛利/佣金达到 2617.3 亿港元，占到当年中国香港 GDP 的 9.78%（见图 2-5）。

表 2-5　　　　　　　　中国香港离岸贸易和转口贸易发展情况　　　　单位：亿港元

年份	离岸贸易	出口贸易	其中：转口贸易	离岸贸易增速	出口贸易增速	离岸贸易/出口贸易	离岸贸易/转口贸易
2002	14583	15605	14296	—	5.4%	93.4%	102.0%
2003	16666	17424	16207	14.3%	11.7%	95.6%	102.8%
2004	18358	20191	18931	10.2%	15.9%	90.9%	97.0%
2005	20872	22502	21141	13.7%	11.4%	92.8%	98.7%
2006	23465	24610	23265	12.4%	9.4%	95.3%	100.9%
2007	26589	26875	25784	13.3%	9.2%	98.9%	103.1%
2008	33628	28242	27334	26.5%	5.1%	119.1%	123.0%
2009	29312	24691	24113	-12.8%	-12.6%	118.7%	121.6%
2010	38863	30310	29615	32.6%	22.8%	128.2%	131.2%
2011	44670	33373	32716	14.9%	10.1%	133.9%	136.5%
2012	46690	34343	33755	4.5%	2.9%	135.9%	138.3%
2013	49544	35597	35053	6.1%	3.6%	139.2%	141.3%
2014	52302	36728	36175	5.6%	3.2%	142.4%	144.6%
2015	43349	36053	35584	-17.1%	-1.8%	120.2%	121.8%
2016	42439	35882	35454	-2.1%	-0.5%	118.3%	119.7%
2017	44558	38759	38324	5.0%	8.0%	115.0%	116.3%
2018	48274	41581	—	8.3%	7.3%	116.1%	—
2019	47088	39887	—	-2.5%	-4.1%	118.1%	—
2020	42097	39275	—	-10.6%	-1.5%	107.2%	—

资料来源：中国香港特别行政区政府统计处官网（https://www.censtatd.gov.hk/sc/），作者整理

新加坡。在发展国际贸易方面，新加坡具有诸多优势：继承了相对完整的英国法体系，法制环境与欧美接轨；在贸易及税收政策上，新加坡政府制订了环球贸易商计划、避免双重征税协定及各类税收优惠政策，吸引跨国公司的区域、全球总部聚集在新加坡。新加坡分别自 1989 年和 1990 年起开始实施"特许石油贸易商"（Authorised Oil Trader，AOT）计划和"特许国际贸易商"（Authorised International Trader，AIT）计划，鼓励大型跨国公司将新加坡作为贸易活动的基地，对特许公司来自石油、橡胶、五金矿产和大宗化学品的合格贸易经营所得给予税收优惠。为进一步鼓励贸易商的集聚，新加坡于 2001 年 6 月将上述措施合并，启动了全球贸易商计划（Global Trader Programme，GTP），对于获得 GTP 资格的国内外企业在新加坡从事特定范围的国际贸易，只需缴纳低至 10% 或 5% 的优惠企业所得税。

新加坡没有专门的离岸贸易统计，只有转口贸易统计，但是根据新加坡企业发展局的计算，2020 年新加坡离岸贸易额 1.5 万亿新加坡元，离岸贸易规模是出口贸易 5156 亿新加坡元的近 3 倍，为新加坡创造 15534 万个本地工作岗位，带动本地商业产出 337 亿新加坡元。[①]

转口贸易也在新加坡的贸易中占有重要地位。新加坡最早的转口贸易统计是 1976 年的 69.3 亿新加坡元，占出口的 42.4%，已经处于比较高的水平。新加坡的转口贸易规模保持了上升势头，在出口贸易中的占比在 1981 年下跌到 33.5% 之后基本上保持了向上态势，2021 年达到 54.6% 的最高点，但是增长速度波动很大，最高的 1988 年达到 39.2%，最低的是国际金融危机后的 2009 年（-17.3%），新冠肺炎疫情下的 2020 年仅增长 0.1%，但是 2021 年大幅增长 19.2%，达到 3351 亿新加坡元，反映了新加坡作为小型开放经济体，其转口贸易既受国际大形势的影响，也与自身的竞争力提升直接相关（见图 2-5）。

阿联酋。迪拜所在的阿联酋没有统一的离岸贸易统计，仅有转口贸易的统计。据阿联酋联邦竞争力和统计中心的数据，阿联酋原本就是中东的转口贸易中心，1981 年转口贸易规模为 38 亿迪拉姆，占出口的 69.3%，处于较高水平。自 20 世纪 80 年代以来，尤其是 1985 年迪拜设立杰贝·阿里自由区，以及其后的多个自由区陆续设立，转口贸易迎来了高速增长，1992 年转口贸易达到 153 亿迪拉姆，占到出口的 75%，1987—1992 年年均增长 22.9%，最高的 1987 年增长 51.5%。2019 年，阿联酋转口贸易达到 4574 亿迪拉姆，自 1981 年算起年均增长 13.4%（但 2020 年因新冠肺炎疫情影响大幅下降 20%，为 3634 亿迪拉姆），占到出口的 66.4%。[②]

鹿特丹。鹿特丹所在的荷兰转口市场较为广阔，商品吸纳量较大。荷兰进

---

① 新加坡企业发展局 2021 年年报，第 8 页，新加坡企业发展局网站，https：//www.enterprisesg.gov.sg/resources/publications/annual-reports。

② 阿联酋内阁事务部及阿联酋联邦竞争力和统计局官网，https：//fcsc.gov.ae/en-us/Pages/Statistics/Statistics-by-Subject.aspx#/%3Fsubject=Economy&folder=Economy/International%20Trade/Commodities%20Trade。

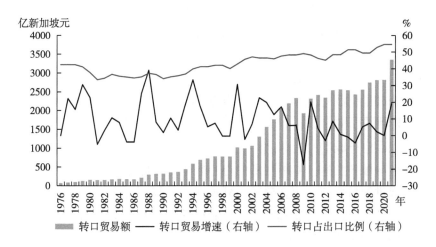

图 2 - 5 新加坡转口贸易的发展

（资料来源：新加坡统计局，作者整理）

口货物中有 60% 直接运销其他国家和地区，20% 在当地经加工后再出口，进口内销产品仅占 20% 左右。荷兰是欧盟的成员国，其主要贸易对象是欧盟成员国。据不完全统计，中国对荷兰出口中，约 70% 通过鹿特丹港、史基浦机场等转运至世界其他国家和地区。在海关税收政策上，原则上进口商品在荷兰海关保税仓库内暂存期间可免缴关税、增值税和消费税；进口商品如处于荷兰海关监管下运输，在到达最终消费地前可不缴纳关税和增值税。海关监管下的商品出口非欧盟国家，或在欧盟外进行加工、修理后并再次进入欧盟，可申请关税减免或零关税。

（三）离岸贸易中心的特点

一是总部经济高度发达。跨国公司是推动离岸贸易发展的主导力量，其全球生产、运营和销售总部，是主导离岸贸易的重要中枢。以中国香港为例，截至 2021 年末，跨国公司在香港的地区总部数量达到 1457 家，来自中国、美国、英国、日本、德国、法国、瑞士、新加坡、澳大利亚、加拿大等。

二是税收政策非常优惠。中国香港奉行简单低税率政策，利得税（企业所得税）税率为 16.5%，采用地域来源原则征税，即无论纳税人是否居住在中国香港，都只需就源自中国香港的盈利纳税。在大部分情况下，源自海外的利润无须在港纳税。新加坡推出"全球贸易商计划"，对认定的贸易商（年贸易额 1 亿~10 亿美元，且本地支出不低于 300 万新加坡元，聘请当地专业贸易人士不低于 3 人；年贸易额 10 亿美元以上，且本地支出不低于 4000 万新加坡元、聘请当地专业贸易人士不少于 15 人）分别给予 10%、5% 的所得税优惠税率。

三是资金进出高度自由。离岸贸易中心都没有外汇管制，资金进出自由。跨国公司总部可以灵活调配全球资金。

四是国际贸易商高度聚集。在离岸贸易模式下，贸易中间商扮演着供应链管理、整合和优化的角色，充分发挥资金、商品、信息流通的高度便利性，积极参与国际供应链管理，在相关生产环节大量外包的情况下，通过贸易服务的集成，实现供应链成本的最小化。

五是金融服务发达。离岸贸易中心一般也是国际金融中心。有大量银行业金融机构提供贸易融资、现金管理、外汇避险等便利的金融工具，帮助国际贸易商和跨国公司总部有效管理全球头寸；保险业市场较为发达，能为仓储运输物流提供匹配的保险服务。

六是配套服务完善。离岸贸易需要与之配套的生态，如在国际会展、产品研发设计、贸易代理、物流服务等方面建立完善的保障。

七是法律体系完善。中国香港和新加坡继承了相对完整的英国法体系，法制环境与欧美接轨，商事纠纷解决机制比较完备，有仲裁、调解、诉讼等多种选择。司法环境为跨国公司所熟悉，解决贸易纠纷的成本比较低、效率比较高。

八是人才相对集中。离岸贸易作为最高的贸易形态，专业性非常强，不仅需要专业的贸易人才，也需要专业的金融服务和相关领域的人才。离岸贸易中心一般都是贸易、金融人才相对集中的地方。

二、离岸金融

（一）离岸金融的概念

根据 IMF 的定义，离岸金融是银行和其他金融机构向非居民提供的金融服务，包括银行作为中介向非居民吸收存款和发放贷款。中国人民银行 1997 年发布的《离岸银行业务管理办法》规定，离岸银行业务是指银行吸收非居民的资金，服务于非居民的金融活动。

离岸金融分为四种类型：一是内外一体型，离岸市场与境内市场融为一体，这是在较长的历史时期内由市场力量驱动形成的，典型的例子是中国香港、伦敦，以及目前的新加坡。二是内外分离型，离岸市场与境内市场严格分隔，两个市场之间的资金不能自由往来，离岸市场被视为境外市场，典型的例子是美国的国际银行设施（International Banking Facility，IBF）、日本离岸市场（Japanese Offshore Market，JOM）和迪拜国际金融中心（DIFC），以及新加坡早期的亚洲货币单元（Asian Currency Unit，ACU）。三是内外渗透型，离岸市场与境内市场有分隔，离岸市场被视为境外市场，但是两个市场之间的资金能够在一定比例或者一定额度内、按照比一般的跨境交易管理更宽松的规则进行流动，有仅允许单向渗透的，比如曼谷（仅允许离岸市场流入境内市场），也有双向渗透的，比如20世纪90年代后期和21世纪初期的新加坡。四是避税港型，一般位于经济规模小但税收优惠高甚至免税的国家或地区，一般仅发挥交易簿记功能，不涉及实际资金，典型的例子是开曼、巴哈马、维尔京群岛（见表2-6）。

表2-6 不同类型离岸金融市场的特征

类型	内外一体型	内外分离型	内外渗透型	避税港型
交易货币	自由兑换货币（不包括本地货币）	自由兑换货币	自由兑换货币（不包括本地货币）	自由兑换货币（不包括本地货币）
交易主体	非居民、居民	非居民	非居民、居民（有限参与）	非居民
准入许可	宽松、无严格申请程序	经营机构设立需经当局批准	经营机构设立需经当局批准	基本上无金融管制
形成方式	自然形成	人为创设	人为创设	自然形成、人为创设
市场特点	离岸金融业务与本地业务不分离，离岸金融业务不缴纳准备金，在岸金融业务缴纳准备金和利息税	离岸金融市场业务与本地业务严格分离，非居民只能参与离岸金融业务而不能参与在岸业务，非居民参与离岸金融业务享受准备金和利率优惠	与内外分离型金融市场相似，但允许部分离岸资金流入国内金融市场，并允许部分居民参加离岸交易，但禁止非居民参与在岸业务	在免税或低税的地区设立机构，通过在这些机构的账簿上记录离岸金融交易，达到避税的目的
代表地区	伦敦、中国香港	纽约、东京	曼谷	开曼、巴哈马、维尔京群岛等

资料来源：作者整理。

（二）离岸金融在国际金融市场占有重要地位

根据BIS统计，2021年3月末，19个"离岸中心"（Offshore Centres）[①] 金

[①] BIS在"国际银行业"统计中的"离岸中心"包括阿鲁巴岛、巴哈马、巴林、巴巴多斯、百慕大、开曼群岛、库拉索岛、直布罗陀、根西岛、中国香港、马恩岛、泽西岛、黎巴嫩、中国澳门、毛里求斯、巴拿马、萨摩亚、新加坡、英属西印度群岛19个国家和地区。

融机构的跨境债权和债务分别为 52437 亿美元和 49890 亿美元，分别占全球的 14.72% 和 15.63%，这还不包括其他国家的离岸金融业务。

国际货币主要的外汇交易基本上都发生在离岸市场。BIS 统计，2019 年，美元外汇交易的 83.47% 发生在离岸市场（其中 43.51% 在英国），而本土发生的仅占 16.53%。日元外汇交易的 79.25% 发生在离岸市场（其中 39.22% 在英国），而本土发生的仅占 20.75%。欧元外汇交易的 79.25% 发生在离岸市场（其中 47.9% 在英国），而在欧元区发生的仅占 12.9%。人民币外汇交易的 71.99% 发生在离岸市场，其中，中国香港是最主要的离岸人民币外汇交易地，占比 29.78%，英国仅次于中国香港，占比 15.68%。

（三）自贸港是主要的离岸金融中心

自贸港金融业中有大量非居民参与交易，中国香港、新加坡、迪拜等自贸港是全球主要的离岸金融中心。

自 20 世纪 60 年代起，新加坡政府便提出发展离岸银行业的政策，1968 年 11 月创设"亚洲货币单位"（Asian Currency Unit，ACU），吸纳新加坡元以外的外汇存款，并对 ACU 账户实行了税收和监管方面的优惠便利，推动了新加坡离岸金融市场的发展。ACU 账户的资产规模在 1968 年仅有 3316 万美元，但 3 年内迅速增长至超过 10 亿美元。2018 年，亚洲货币市场总资产达到 1.29 万亿美元。

中国香港既是高度内外一体化的离岸金融中心，也是最主要人民币离岸中心。2004 年 2 月，香港人民币存款余额仅 8.95 亿元。2009 年中国推行跨境贸易人民币结算以来，香港离岸人民币业务快速增长，2014 年 12 月香港人民币存款突破 1 万亿元，2019 年 3 月底回落到 6022 亿元，之后持续上升，2022 年 1 月再次突破 1 万亿元达到 10958 亿元，2022 年 4 月末回落到 8419 亿元。跨境贸易结算方面，2019 年 3 月经香港银行处理的人民币跨境贸易结算额已达 4645 亿元人民币，人民币支付结算系统日均交易额接近 1.2 万亿元，在香港进行的人民币支付量约占全球的 7 成。

迪拜国际金融中心（Dubai International Financial Center，DIFC）区内金融机构只能开展离岸业务，不能开展本币迪拉姆业务。DIFC 的业务规模增长非常快速，2021 年 9 月末，区内金融机构的资产负债表总额达到 1894 亿美元，比 2017 年末的 1550 亿美元增长了 22.2%，而其 2014 年末还仅仅为 650 亿美元，成为中东地区最重要的离岸金融市场和国际金融中心。

三、离岸投资

(一) 离岸投资的概念

离岸投资，是指境内公司到境外（往往是在自由港或避税港）注册一个实体，然后以境外实体从事投资活动，这样能够享受到更少管制、更低成本的优势。

从全球来看，离岸投资是跨国公司全球布局的重要方式。由于主要发达经济体企业所得税水平一般较高，跨国公司往往在企业所得税水平较低甚至免税、同时外汇管理很少、资金流动便利的国家或地区设立区域总部，以此为支点进行投资，以降低税收成本，并且能够就近利用离岸金融市场上低成本的资金。

以中国香港为例。2021 年，中国香港有 1457 家境外公司的地区总部，其中美国公司数量最多，为 254 家，占比 17.9%；其次是中国公司 252 家，占比 17.4%；日本公司 210 家，占比 14.4%；英国公司 138 家，占比 9.5%。此外，中国香港还有 2483 家境外公司的办事处，其中日本、美国、中国、英国公司的办事处分别为 423 家、410 家、377 家和 208 家（见图 2-6）。

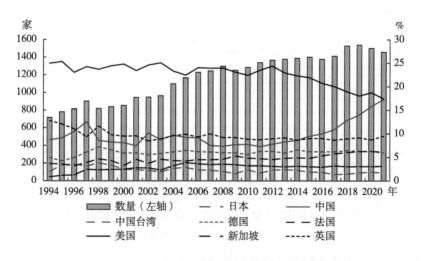

图 2-6 各国（地区）企业在香港的地区总部数量及占比

（资料来源：Wind，作者整理）

(二) 自贸港是离岸投资中心

直接投资带动要素集聚，是推动全球产业链形成的重要手段。自贸港依托直接投资行业限制极少、资金流动自由、企业所得税税率低、金融市场发达等优势，吸引了大量的跨国公司进入，既是全球直接投资的重要目的地，也是重要来源地，形成了离岸投资中心。自贸港是跨国公司以直接投资为手段进行全球产业链布局的关键平台，成为全球产业链的重要一环。

自贸港作为离岸投资中心，是国际投资的"转换器"，主要有以下几个原因：一是经济金融制度体系与国际市场接轨，为来自发达国家的资本所熟悉，并且政府管制较少，政策法律透明度高，营商环境优，降低了投资的政策风险。二是金融市场发达，金融机构集聚，金融业态丰富，资金流动自由，方便企业筹集投资资金。三是税收水平低，降低企业投资成本。四是商业和专业服务发达，会计、法律、设计、咨询等领域的专业公司和人才集聚。五是发展水平较周边国家或地区高，在历史上与周边国家或地区形成紧密的经济联系，形成区域性的发展高地和开放门户。

以中国香港为例。香港是中国内地跨境直接投资的主要"中转站"，即使是在改革开放 40 多年后的 2019 年，在中国内地开放程度已经达到较高水平的情况下，2020 年中国内地吸收的外商投资仍然有 73.3% 来自香港，中国内地对外直接投资的 58.0% 仍然是投向香港（见图 2−7）。

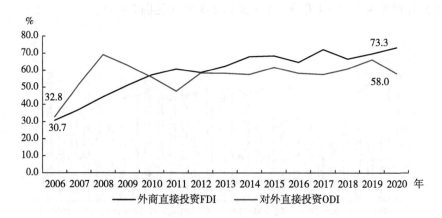

图 2−7　我国外商直接投资和对外直接投资中香港的占比

（资料来源：Wind，作者整理）

（三）中国香港和新加坡的双向直接投资

作为离岸投资中心，中国香港和新加坡每年的外商直接投资（流入，FDI）、对外直接投资（流出，ODI）的流量和存量都处于同一趋势（见图 2−8、图 2−9），2010 年之前甚至基本上处于同一水平，体现了其作为双向直接投资中心的特点，吸收的投资主要不是在本地使用，而是再对外投资出去。

与中国香港 FDI 和 ODI 基本保持同一水平不同，从 2011 年开始，新加坡吸

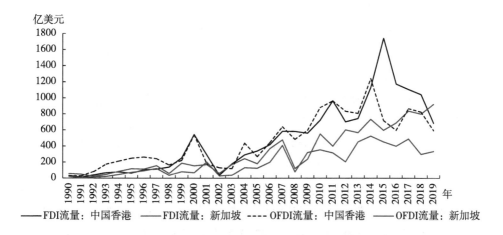

图 2-8　中国香港和新加坡的 FDI 和 OFDI 流量

（资料来源：Wind，作者整理）

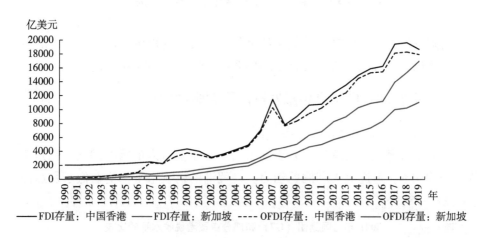

图 2-9　中国香港和新加坡的 FDI 和 OFDI 存量

（资料来源：Wind，作者整理）

收的外商直接投资逐渐高于对外直接投资，主要因为：一是本地对直接投资的吸收能力不同。新加坡由于本地制造业相对发达，能够吸收一部分直接投资，因此投资流入大于流出；中国香港由于本地缺乏制造业，本地吸收直接投资的能力弱，投资的流入和流出基本一致。二是背靠的周边环境不同。中国香港背靠的主要是中国市场，在中国加入 WTO，尤其是 2008 年国际金融危机后，随着中国经济规模的扩大，中国香港对外投资（主要是对中国内地的投资）规模也上升；新加坡则是东南亚的开放门户，主要背靠东南亚市场，由于东南亚国家经济体量普遍较小，并且除了新加坡、文莱、马来西亚，其余国家的经济发展水平较低，并且受 2008 年国际金融危机影响较大、经济和投资增速放缓，因此新加坡对外投资规模增长幅度并不大，2008 年之后的波动还比较大。

近年来中国香港 FDI 和 ODI 出现下降，与境外公司在香港的地区总部和办事处数量的下降是一致的。2019 年末，境外公司在香港的地区总部和办事处分别为 1541 家和 2490 家，达到最高峰，2020—2021 年则出现双降，2021 年末分别为 1457 家和 2483 家，比 2019 年分别下降 5.5% 和 0.3%。

从新加坡的情况来看，在 FDI 和 ODI 存量不断增长的背后，是企业总部的增长。根据新加坡企业发展局（EDB）的统计，2022 年 5 月有超过 7000 家跨国公司在新加坡设有营运机构，其中有 4200 家设立区域总部，全球 500 强有三分之一在新加坡设立亚洲区域总部。新加坡的区域总部数量居亚洲之冠。①

第四节 金融税收水平低

自贸港的重要特征之一是低税甚至免税，在金融领域体现为低水平的金融税收。这也是自贸港发展离岸金融、跨境金融的一个重要驱动因素。

一、低税率是自贸港金融发展的重要驱动因素

（一）低税率是自贸港的重要特征

低税率（甚至零税率）是自贸港吸引境外企业进入的重要因素，也是企业降低经营成本，追逐更大利润的动力。自贸港的税收水平都明显低于发达国家（见表 2 - 7）。

表 2 - 7   2021 年七国集团（G7）和部分自贸港税收水平的比较

发达国家	企业所得税税率	自贸港	企业所得税税率
澳大利亚	30.00%	爱尔兰	20%
德国	29.94%	新加坡	17%
日本	29.74%	中国香港	16.5%
法国	28.41%	阿联酋（迪拜）	0

① 全球企业掀起新加坡总部热潮 [OL]. 搜狐网，https://www.sohu.com/a/553582932_121250247，2022 - 06 - 02.

续表

发达国家	企业所得税税率	自贸港	企业所得税税率
加拿大	26.15%	开曼群岛	0
美国	25.75%	巴哈马	0
英国	19.00%	百慕大	0

资料来源：OECD。

注：本表的企业所得税税率为合并（Combined）税率，即中央政府所得税＋地方所得税。

（二）给予离岸金融税收优惠是普遍做法

离岸金融是跨境金融的特殊形态，是自由度最高的金融业态，充分体现了资本逃避监管、降低成本、追求最大利润的逐利性。离岸金融和跨境金融的税收安排均主要涉及境内金融机构来源于境外客户的收入，以及境内金融机构支付给境外客户的资金或交易所得，因此，从主要国际金融中心的情况来看，两者的税收安排在很大程度上是重合的。实行优惠税制，是全球各个离岸金融市场所在国在税收征管方面奉行的一项普遍做法。

（三）不同类型的离岸金融中心的税收优惠不同

虽然离岸金融市场的税收与在岸市场相比是优惠的，但各个离岸金融中心在税收优惠程度上存在差异。从全球范围看，离岸金融分为内外一体、内外分离、内外渗透、避税港四种模式，其税收安排涉及的主要税种包括企业所得税、增值税或营业税、资本利得税、印花税、预提税等。一般而言，优惠程度最高的是避税港型的离岸金融中心，税收减免是这些国家和地区吸引离岸资金的主要手段；税收优惠程度中等的主要是内外渗透型离岸金融市场尤其是一些发展中国家的内外渗透型离岸金融市场，前者，维持离岸金融业务平台良好运营需要多方面的、较高的成本，后者希望吸引建设资金；优惠程度较低的是发达国家的内外分离型离岸金融市场，因为其主要目的不是引进更多的离岸资金、建立全球领先的离岸金融市场，而一般是为了回流本币、平衡国际收支、维持本国国际金融中心的既有地位（罗国强，2010）[1]。从开展离岸金融业务的时间来看，越是后发的离岸金融市场，税收优惠程度越高。

二、中国香港的金融税收安排

中国香港是内外一体型的离岸金融中心，采取的是离岸金融与其他金融业

---

① 罗国强. 离岸金融税收征管法制及其在中国的构建 [J]. 经济与管理，2010 (9)：14－20.

务一致的税收安排，但对于某些来自境外的收入给予税收优惠。

中国香港的银行、保险、资本市场等各类不同牌照的金融机构的所得税基本税率为 16.5%，但首 200 万港元的利润按 8.25% 的税率。银行的某些业务，若符合最低经营要求，可享受优惠税率：企业财资中心、专业自保公司、再保险公司、一般保险业务、保险经纪业务、飞机租赁等适用 8.25% 税率，船舶租赁免税或 8.25% 税率，离岸基金、符合条件的债务票据免征资本利得税。

中国香港对不同情形的贷款利息收入的税收优惠不同：（1）由关联公司在香港以外地方筹组、商议、批准和制定文件，并在香港以外地方集资的离岸贷款，即由非香港居民公司（例如总部、分行或附属公司等，虽然是透过或以香港机构的名义）筹集资金并直接给予借款人的贷款，利息收入免税。（2）由香港机构筹组，并在香港集资的离岸贷款，利息收入需要纳税。（3）由关联公司在香港以外地方筹组，但由香港机构负责集资的离岸贷款，该笔贷款利息收入的50% 需要纳税。（4）由香港机构（只适用于刚刚开展业务而还未能于市场占一席位的香港机构）筹组，但由海外关联公司负责集资的离岸贷款，利息收入的50% 需要纳税。

三、新加坡的金融税收安排

1968 年，新加坡设立亚洲货币单元（ACU），开始了离岸金融业务，当时采取的是内外分离模式。随着其不断发展，在 1998 年开始转向内外渗透型模式，2016 年又逐步向内外一体型转变。因此，新加坡的离岸金融税收安排，既保留了原来仅对离岸金融业务给予优惠的特点，又实行了比较低的一般所得税税率。

新加坡在打造离岸金融中心的过程中，税收优惠是一个重要的驱动因素。1968 年，新加坡在开办离岸金融业务的同时，取消了对非居民外汇存款利息收入的预提税；1972 年取消 ACU 内大额可转让存单、贷款合同的印花税；1976 年取消非居民持有亚洲美元债券利息税，设定离岸贷款合同印花税上限为 500 万新加坡元，取消相关证书和票据的印花税；1977 年对 ACU 内的交易利得税由40% 下调至 10%；[①] 1983 年对离岸金融市场上的银行贷款收入免征企业所得税。[②] 这些税收安排具有典型的内外分离型的特征。

2005 年以来，新加坡的企业所得税税率不断下降，2005—2007 年为 20%，2008—2009 年为 18%，2010 年至今为 17%。在金融领域，新加坡实行对特定业

---

① 杨帆. 探索建设自由贸易港：离岸金融市场再起航［M］. 北京：中国金融出版社，2018：54.
② 王毅，宋光磊. 中国金融业税收制度及国际比较研究［M］. 北京：中国金融出版社，2020：179.

务的税收激励计划，包括财资中心激励（Finance and Treasury Center Incentive，FTC）和金融部门激励（Financial Sector Incentive，FSI）。前者对符合条件企业的资金管理所产生的收费、利息、股息等收益享受 5～10 年减至 8% 的优惠税率，并且豁免预提税；后者对符合条件的金融活动给予优惠税率，标准级别为13.5%、区域总部和合格资金管理机构为 10%、增强级别（Enhanced Tier）更低至 5%①。此外，新加坡不对资本利得征税。

新加坡的预提税覆盖范围很广，目前与贷款或债务相关的利息、佣金、手续费等的预提税税率为 15%。但是，对银行业而言，豁免预提税的范围较大，如银行同业/联行间涉及债务的付款（包括利息、手续费等）所产生的预提税可豁免，此外，大部分客户存款的利息支出也可豁免预提税。金融机构为结构性存款（Structured Deposits）向非居民非个人支付款项也可豁免预提所得税。目前规定，上述豁免的截止日期为 2026 年 12 月 31 日。

目前新加坡的金融税收安排，已经不再区分离岸金融和在岸金融，对两者实行统一且不断降低的所得税税率，已经覆盖广泛的预提税豁免，体现了内外一体化模式下税收安排的特点；同时保留了以往以亚洲货币单位账户下内外隔离模式的税收安排特点，以特定的激励计划对符合条件的金融活动给予更低税率优惠，呈现出混合性的税收安排特点。

四、迪拜的金融税收安排

迪拜离岸金融业务在迪拜国际金融中心（DIFC）内开展，该中心的所得税为零税率，目前仅实行增值税（这是 2018 年在阿联酋全国开征的新税种），除此之外无其他税种。对于阿联酋的金融机构，增值税仅要求对向注册在阿联酋的客户收取的手续费收入按照 5% 税率缴纳增值税，其余各项收入均为免税或零税率，例如，来源于阿联酋境外的手续费收入和利息收入执行零税率；来源于阿联酋境内的利息收入免税。

五、自贸港金融税收安排的几个关键问题

自贸港作为小型经济体和离岸金融中心，其金融业务绝大部分是跨境金融和离岸金融业务，涉及对非居民的支付，因此，针对非居民税收安排的预提税、利润转移、双重征税等跨境税收问题成为自贸港金融税收的关键问题。

---

① Deloitte, Applying for Government Incentives in Singapore, 2019.

（一）预提税

预提税指的是所得税的预先代扣，它不是一个税种，而是指一种缴税方式，即由所得支付人（付款人）在向所得受益人（收款人）支付所得（款项）时，为其代扣代缴税款的一种方式。这种方式大多适用于对非居民的支付上。

大型经济体和小型经济体对于预提税的安排不同。作为小型经济体的离岸金融中心一般都免除对非居民利息收入的预提税，如中国香港、迪拜等。但是美国、英国等大型经济体一般都有比较严格的预提税规定。美国的预提税率高达 30%。

（二）税基侵蚀和利润转移

税基侵蚀和利润转移（Base Erosion and Profit Shifting，BEPS）是国际税收领域最核心的问题。自贸港的离岸金融税收安排由于存在诸多税收减免，成为此领域的焦点之一。

2013 年，受 G20 委托，OECD 发布《防止税基侵蚀和利润转移行动计划》，标志着以应对 BEPS 为主要内容的国际税收改革正式开启。2015 年 10 月，OECD 发布 BEPS 项目全部 15 项最终成果报告。2017 年 6 月，包括中国在内的 67 个国家和地区成为《实施税收协定相关措施以防止税基侵蚀和利润转移的多边公约》（以下简称《BEPS 多边公约》）的首批签署国。截至 2021 年 8 月 OECD 的 BEPS 包容性框架已经有 140 个国家和地区参加，包括巴哈马、百慕大、维尔京群岛、开曼群岛、泽西岛等传统避税港，中国、中国香港、中国澳门也是其成员。

由于离岸金融业务以大型跨国企业的批发性业务为主，为应对 BEPS，多个离岸中心所在的国家和地区都签署了《BEPS 多边公约》。同时，由于金融市场具有比较高的透明度，存款和贷款利率都有比较清晰、连续的市场基准，对各类信用等级不同的客户的贷款定价也都有比较一致的方式，各项金融交易的手续费的公开度也比较高，再加上 OCED《金融账户涉税信息自动交换标准》截至 2019 年末已有超过 100 个税收辖区、超过 4000 个双边交换关系参与，离岸金融税收上的 BEPS 问题得到有效的防止。

（三）双重征税

很多国家和地区都有与其他国家和地区的双边税收协议，处理双边征税的问题。比如，截至 2020 年 8 月中国香港已经与 43 个国家和地区签署了全面性避免双重课税协议，新加坡、马来西亚与超过 80 个国家签署了双重税务协议（DTA）。

此外，一些作为小型经济体的离岸金融中心往往只对产生于本地的收入进行征税，比如，中国香港实行地域来源征税制度，仅对源自香港的利润征税；卢森堡规定，从境外获得的利息、股息等收入需服从收入来源国的所得税政策，在本国可以抵免。因此，在这些离岸金融中心，一般都不会有重大的双重征税问题。

（四）税务不合作司法管辖区名单

欧盟从 2017 年 12 月起发布《税务不合作司法辖区名单》（The European Union List of Non–Cooperative Jurisdictions for Tax Purposes），每年进行两次更新，对于名单上的国家和地区，欧盟建议成员国对其所在地的公司采取立法防御措施，比如对部分费用不予抵扣，提高收入预提税税率等。

2021 年 2 月公布的最新不合作名单中有多个小型的离岸金融中心，包括巴拿马、塞舌尔、美属维尔京群岛、多米尼加等。如果离岸金融中心上了这份名单，一方面影响其国际声誉，另一方面欧盟将采取取消对其税收优惠、减少欧盟资金投入、加大税收监管等措施，抵消这些地方采取不合理的税收优惠，降低其以低税吸引离岸金融机构和客户的优势。

开曼就是一个比较典型的例子。2020 年 2 月，欧盟正式将开曼列入黑名单，对开曼离岸金融中心的地位影响很大。此后，开曼主动与欧盟合作，根据欧盟标准进行了 15 项与税收管理相关的立法变更。2020 年 9 月，欧盟将开曼移出黑名单，进入灰名单（有待观察名单），2021 年 2 月被移除出灰名单。

在税收透明度和国际合作的压力下，开曼、维尔京群岛、巴巴多斯等离岸金融市场纷纷颁布"税收实质法案"，要求投资者在本地必须有一定的实质经济活动才能给予税收优惠。

六、全球最低税率对自贸港金融发展的影响

2021 年 7 月 1 日，OECD 发布《应对经济数字化下税收挑战的双支柱方案的声明》，其中"支柱二"提出 15% 的最低税率，并要求 2022 年完成立法，2023 年生效。截至 2021 年 8 月末，该声明已经得到 134 个国家和地区的支持，包括巴哈马、百慕大、维尔京群岛、开曼群岛、泽西岛等避税港型离岸金融中心。全球最低税率是国际税收体系改革的一个革命性的成果，即如果一个集团公司在外国的分公司或者子公司的利润，在当地负担的实际税收低于 15%，母公司所在国就会补征该分公司或子公司少于 15% 的那部分税收。

全球最低税率的达成，挤压了国际避税空间，受影响比较大的是一些以

"避税天堂"闻名的岛屿国家和小型经济体，以及部分高度开放的经济体。根据OECD 对 111 个国家和地区公司所得税税率的统计，有 23 个国家和地区低于15%，其中又有 12 个国家和地区为 0（见表 2-8）。

表 2-8　　　　全球企业所得税税率等于或低于 15% 的国家和地区

税率	国家和地区
15%	阿尔巴尼亚、格鲁吉亚、立陶宛、马尔代夫、毛里求斯、阿曼、塞尔维亚
12.5%	冰岛、列支敦士登
12%	中国澳门
10%	安道尔、波黑、智利、保加利亚、北马其顿、巴拉圭
9%	匈牙利
5.5%	巴巴多斯
0	安圭拉、巴哈马、巴林、伯利兹、百慕大、英属维尔京群岛、开曼群岛、根西岛、马恩岛、泽西岛、特克斯与凯科斯群岛、阿联酋

资料来源：OECD, https：//stats. oecd. org/Index. aspx? DataSetCode = CTS_ CIT ［2021 -09 -16］。

除了避税港型的自贸港，大部分自贸港的企业所得税税率均高于 15%，比如中国香港是 16.5%、新加坡是 17%，总体上受全球最低税率的影响不大。但是其中针对一些领域、所得税税率低于 15% 的特殊税收优惠，将会受到影响，比如，新加坡的财资中心激励计划（FTC）将所得税税率减至 8%、金融部门激励计划（FSI）有 10% 甚至 5% 的所得税优惠税率，这些将会受到影响，有可能被取消，增加金融机构的税收成本。迪拜作为避税港型的离岸金融中心，目前免征企业所得税，全球最低税率对其的影响将会很大，有可能导致部分金融机构撤出或者减少业务。

第三章　海南自贸港金融开放的中国特色

第一节　如何理解中国特色自由贸易港

一、传统自由贸易港（区）的定义

关于自由贸易港（Free Trade Port）或自由贸易区（Free Trade Zone），国际上有多种定义，基本上是从海关监管和关税减免的角度来定义的。

国际海关组织（WCO）1973 年发布的《京都公约》的专项附约的定义为：自由区指一国的部分领土，在这部分领土内运入的任何货物，就进口税及其他各税而言，被认为在关境以外，并免于实施惯常的海关监管制度。该附约还指出，自由区在某些国家采用了"自由港""自由贸易区"等其他名称。

《欧共体海关法典》对自由贸易区的定义是：自由贸易区是共同体关境的一部分或者位于关境内但是与关境内其他地区相隔离的区域。非共同体货物，在征收进口关税和商业政策进口措施适用方面，在办理自由流动接关或者其他海关程序前，或者不按海关法规规定的条件使用或者消费前，被视为尚未进入共同体关境。

美国关税委员会对于自由贸易区的定义是：自由贸易区对用于再出口的商品在豁免关税方面有别于一般关税地区，是一个只要进口商品不流入国内市场可免除关税的独立封锁地区。

上述传统的自贸区的定义并不适用于中国特色自由贸易港，对"中国特色自由贸易港"，既要基于经济的角度，还要在此基础上以更宽的视野来理解。

国内关于自贸港的定义，被广泛引用的是时任国务院副总理汪洋提出的，"自由港是设在一国（地区）境内关外、货物、资金、人员等进出自由、绝大多数商品免征关税的特定区域，是目前全球开放水平最高的特殊经济功能区。香港、新加坡、鹿特丹、迪拜都是比较典型的自由港。"① 这个定义的视角从海关、关税的角度扩展到了货物、资金、人员等多种要素的全方位的经济角度。

二、中国特色自贸港内涵的初步理解

在海南建设中国特色自由贸易港，是习近平总书记 2018 年 4 月 13 日在庆祝海南建省办经济特区 30 周年大会上的重要讲话（以下简称"4·13"重要讲话）中提出来的，是习近平新时代中国特色社会主义思想在全面深化改革开放中的具体运用，也是这一思想的扩展和丰富。

（一）从本质特征看

中国特色自贸港是在中国特色社会主义制度下、在中国共产党领导下建设的自贸港，必须坚持和加强党的领导，这与在资本主义制度下建设的全球主要自贸港有着本质的不同。2022 年 4 月，习近平总书记在海南考察期间，在谈到如何理解海南自贸港的中国特色时，强调了三个"不动摇"：坚持党的领导不动摇、坚持中国特色社会主义制度不动摇、坚持维护国家安全不动摇。

（二）从战略定位看

习近平总书记"4·13"重要讲话和《中共中央　国务院关于支持海南全面深化改革开放的指导意见》（以下简称中央 12 号文件）明确了海南的战略定位是"三区一中心"：全面深化改革开放试验区、国家生态文明试验区、国际旅游消费中心、国家重大战略服务保障区。这表明了中国特色自贸港建设并不仅仅局限于经济领域，而是全方位的，体现了创新、协调、开放、绿色、共享的新发展理念。"三区一中心"的战略定位，要求海南自贸港建设不仅要推进经济体制改革，也要在社会治理创新等方面先行先试，还要实行更加积极主动的开放战略，探索建立开放型经济新体制。

（三）从发展目标看

中央 12 号文件明确指出，到 2025 年自贸港制度初步建立，到 2035 年自贸港的制度体系和运作模式更加成熟，到 21 世纪中叶形成高度市场化、国际化、法治化、现代化的制度体系。这一发展目标与党的十九大提出的到 2035 年基本实现社会主义现代化、到 21 世纪中叶把我国建成富强民主文明和谐美丽的社会主义现代化强国的目标是高度一致的，与党的十九届四中全会提出的到 2035 年

---

① 汪洋. 推动形成全面开放新格局 [N]. 人民日报，2017 - 11 - 10 (4).

基本实现国家治理体系和治理能力现代化、到新中国成立 100 周年时全面实现国家治理体系和治理能力现代化的目标也是一脉相承的。发展目标除了经济增长和效益，还包括营商环境、民主法治、公共服务、生态环境、治理体系等方面的内容。

（四）从任务内容看

从《总体方案》来看，海南自贸港建设既包括贸易、投资、跨境资金流动、人员进出、运输往来、数据传输、产业体系、税收安排等经贸和金融方面的内容，也包括社会治理、法治建设、生态文明等方面的安排。如果从中央 12 号文件来看，范围更加广泛，既包括建设现代化经济体系、推动形成全面开放新格局、创新促进国际旅游消费中心建设的体制机制等经济建设方面的内容，也强调服务和融入国家重大战略，加强南海维权和开发服务保障能力建设，深化对外交往与合作，推进军民融合深入发展，更好地服务海洋强国、"一带一路"建设、军民融合发展等国家重大战略实施，还包括加强和创新社会治理，加快政府职能转变，加快生态文明体制改革，加强党的领导等重要内容，体现了经济建设、政治建设、文化建设、社会建设、生态文明建设"五位一体"的总体布局。

三、中国特色自贸港与全球主要自贸港的比较

（一）从法律体系看

全球主要自贸港的法律体系都是英美法系，采取判例法的司法实践。中国特色自贸港实行的是大陆法系，采取成文法的司法实践。有观点认为，中国特色自贸港在立法上应借鉴迪拜的做法，引入英美法系的司法实践，更好地对接国际惯例，更好地吸引外资进入。但是，从自贸港的制度创新要求，从国家治理体系现代化的目标，从全球政治经济治理体系重构的角度来看，有必要在自贸港探索中国法律体系与世界的对接，在基于中国的法律体系的基础上，更多地吸取全球经济金融法律的实践经验，让中国特色自贸港法律体系逐渐让外国投资者和市场交易主体熟悉、接受，扩大中国特色自贸港法律体系的影响力和适用性，使海南成为中国在全球治理体系重构中的一个重要支点。

（二）从流通货币看

与全球主要自贸港以自由兑换的美元等作为流通货币或主要交易和结算货币不同，人民币是海南自贸港的法定货币，也是流通货币和主要的结算货币。在一个高度开放的自贸港，以尚未实现自由兑换的货币进行交易和结算，这是

一个全新的尝试。

（三）从发展基础看

与中国香港、新加坡、迪拜等主要自贸港在起步阶段经济发展水平明显高于周边地区不同，与一些国家在比较发达的城市建设自贸港（如纽约、鹿特丹）也不同，海南在我国相对较为落后。在宣布建设自贸港的 2018 年，海南的 GDP 规模为 4832 亿元，仅为全国的 5.37%，人均 GDP 为 51955 元，仅为全国 64643 元的 80.4%，人均可支配收入为 24957 元，仅为全国平均水平的 88.4%，在基础设施、营商环境、人才素质等软硬件环境方面，也在全国尤其是沿海地区处于相对落后的水平。

（四）从产业结构看

海南自贸港确定了以旅游、现代服务业、高新技术产业、热带特色高效农业为主导的产业发展目标。从中国香港、新加坡、迪拜等主要自贸港的发展历史看，虽然都呈现以服务业为主导的趋势，但是制造业仍然或者曾经占据比较大的比重。新加坡制造业占 GDP 的比重在 1987 年曾达到 24.1%，2017 年为18%；中国香港在 20 世纪 70 年代制造业占比曾经高达 30.9%，1990 年为17.6%[①]，2018 年则下降到 0.98%。

海南自贸港起步之前的 2019 年，三大产业结构为 20.3:20.7:59.0，其中工业（制造业）不仅规模小，在 GDP 中的占比只有 11.1%。从 1978 年改革开放以来，海南第二产业的占比 2006 年最高，达到 29%，其中工业占比为 22.4%，但到 2019 年第二产业占比下降到 20.7%，其中工业仅占 11.1%（增加值为 589亿元，仅占全国的 0.19%、上海的 6.09%）。在没有经过制造业充分发展的情况下，发展以服务业和高科技为主导的产业，是其他主要自贸港发展过程中不曾有过的。并且，习近平总书记在"4·13"重要讲话中明确指出"不以转口贸易和出口加工为重点"，而这正是中国香港、新加坡等自贸港发展初期的重点，这就意味着作为后发建设的海南自贸港，需要另辟蹊径，闯出新路。

此外，中国香港、新加坡、迪拜等自贸港基本没有第一产业，而 2019 年海南第一产业占比为 20.3%，并且是我国唯一的热带农业基地，这也是海南自贸港的中国特色之一。在第一产业的增速和效益低于第二、第三产业的情况下，如何做好海南热带特色高效农业这篇文章，是海南自贸港建设面临的挑战。

（五）从地域面积看

海南岛面积 3.54 万平方公里，海南省面积 200 多万平方公里，即使仅以陆

---

① 卢受采，卢冬青. 香港经济史 [M]. 北京：人民出版社，2004：1，193.

地面积而言，海南是新加坡的 49 倍、中国香港的 32 倍、迪拜的 9 倍，在一个这样大的区域里建设自贸港，并且是一个大国以一个省的区域来整体建设自贸港，这在国际上没有先例。

四、中国特色自贸港在我国重大战略中的地位

海南自贸港在"一带一路"、人民币国际化、资本项目开放、海洋强国等多个国家重大战略中都具有重要地位。

（一）"一带一路"建设

2015 年 3 月 28 日国家发展改革委、外交部、商务部经国务院授权发布的《推动共建丝绸之路经济带和 21 世纪海上丝绸之路的愿景与行动》指出，海南是 21 世纪海上丝绸之路的重要战略支点。中央 12 号文件明确提出，把海南打造成为我国面向太平洋和印度洋的重要对外开放门户。这是对海南在 21 世纪海上丝绸之路中的战略定位的再提升和具体化。

南海是全球主要的贸易航道，也是我国主要的贸易通道，我国进出口贸易海上运输的 80% 通过南海，所需 80% 左右的石油依靠南海航道，是我国的"海上生命线"，也是日本和韩国的"海上生命线"（日本和韩国 90% 以上的石油进口经过南海）。在海南建设自贸港，全面开放，打造区域性国际航运枢纽，能够更好地发挥战略支点吸引、集聚国内国外两个市场资源的作用。

在全球经贸格局重构中，包括亚太地区 15 个国家的 RCEP 具有重要地位。海南处于 RCEP 国家的中心，4 小时飞行圈覆盖全部东南亚国家，8 小时飞行圈覆盖全部 RCEP 国家。在海南建设高度开放的自贸港，既有利于中国在 RCEP 中作出表率、发挥作用，也能为 RCEP 提供一个独特的支点，增强整体凝聚力。

（二）人民币国际化

在人民币国际化进程中，已经形成了中国香港、新加坡、伦敦等多个离岸人民币中心，其中香港规模最大。目前，人民币国际化需要分层次解决三个问题。

第一，在离岸人民币资金的运用层面，需要进一步完善离岸人民币的回流机制，在已经建立沪港通、沪伦通等多个回流通道的基础上，在特定区域市场全面放开，给离岸人民币创造更多的投资和运用机会，同时作为推动人民币资本项目可兑换的试点。

第二，一国货币的国际化需要在本国掌控下推进，其中很重要的一点就是在本国建立离岸市场。1981 年最先在纽约设立的"国际银行设施"（International Banking Facility，IBF）是在美国境内的离岸市场，是全球离岸美元市场的重要组成部分，对离岸美元的利率和汇率有直接的影响。成立于 1986 年的日本离岸市场（Japanese Offshore Market，JOM）是日本境内的离岸市场，促进了日元国际化。相反，欧元国际化进展缓慢的一个重要原因是，欧元的交易和定价中心不是在欧洲央行所在地法兰克福，也不在欧元区内，而是在境外离岸市场的伦敦。以外汇交易为例，根据国际清算银行（BIS）的统计，2019 年欧元外汇交易量，英国占比为 47.9%，远高于欧元区的 12.9%。

第三，一国货币的国际化，其底层支撑是该国的金融法律体系。美元作为全球最主要的国际货币，其中一个基础因素就是以全球主要金融中心为主组成的国际金融市场采用的是以美国为主导英美法系。人民币国际化如果没有中国特色的经济金融法律体系作为底层支撑，将会受到很大的局限。海南自贸港则是中国特色经济金融法律体系对接国际金融市场的最佳试验田。

（三）资本项目开放

资本项目开放是中国金融开放的一个重大战略目标，在国际政治经济环境日益复杂多变的情况下，需要试点先行。上海、广东、天津、福建、湖北、海南等自贸试验区的总体方案中都提出资本项目开放试点，但是都没有大的进展。一方面是由于上海等地作为中国经济最发达的地区，体量大，试错成本高；另一方面是由于上海等自贸区面积不大，区内以企业为主，个人金融需求很少，试点的全面性不足。

海南自贸港作为一个省份，三大产业结构比较均衡，常住人口、游客尤其是境外游客达到一定规模，既有岛屿经济体比较全面的需求，并且经济总量小，试错成本低，更具有作为独立地理单元区位优势，"全面深化改革开放试验区"的战略定位、自贸港所具有的"境内关外"制度优势，能够有效地控制风险的传导，是进行人民币资本项目可兑换的最佳试点。

（四）海洋强国

党的十八大报告第一次正式提出了"海洋强国"战略，顺应时代发展大势。南海是全国海洋面积最大的省份，南海不仅是重要的国际航道，而且蕴含着丰富的油气、渔业、旅游等资源，尤其是海洋油气资源丰富。南海油气储量在 230 亿至 300 亿吨之间，相当于全球储量的 12%，约占中国石油总资源量的三分之一。开发南海油气资源是提升我国能源安全的方向。并且，南海开发需要巨大投资，在扩内需、稳增长中具有重要作用。海洋油气开发对装备制造、电子信息、船舶制造等多个重点产业具有较强的带动作用。海南海洋面积 200 多万平方公里，2018 年海洋经济总产值仅为 1599 亿元，虽然占到 GDP 的 33.1%，但是绝对值在沿海省份中排名最后，发展的潜力很大。

第二节　海南自贸港金融开放的中国特色

海南作为中国特色自贸港，与中国香港、新加坡、迪拜等主要自贸港在金融开放、金融市场发展、金融法律体系等方面存在诸多根本性的差异。这些差异体现了海南自贸港金融开放的中国特色。

一、海南自贸港金融开放与主要自贸港的差异

海南作为中国唯一的自贸港，其金融安排在起步基础、所处形势、制度安排、目标任务等方面与全球主要自贸港存在很大的不同，既体现了海南自贸港建设的中国特色，又对金融制度创新提出了很高的要求。

（一）资本项目仍未实现自由兑换

与中国香港、新加坡、迪拜等自贸港的资本项目高度开放不同，目前人民币还没有实现资本项目自由兑换，根据 IMF 的 2020 年度评估报告，在资本项目 40 项指标中，中国无限制的指标仅有 4 项，有限制的指标有 33 项，还有 2 项为不可兑换指标。海南自贸港使用人民币，目前资本项目开放状况与内地是一致的。正因为如此，分阶段开放资本项目是海南自贸港金融开放的任务之一。

海南自贸区虽然是"关外"，但是作为中国"境内"的一部分，人民币作为法定流通货币的地位不会改变。一个国家尚未实现自由兑换的货币在"关内"和"关外"同时流通，这在历史上是没有先例的。

（二）推动人民币国际化

与主要自贸港采取本币非国际化策略、以美元为主要贸易结算货币不同，海南自贸港的金融开放需要服务于人民币国际化，更要在人民币国际化进程中找到自身开放的定位和空间。虽然海南目前也是以美元作为对外贸易的主要结算货币，但跨境贸易结算中人民币占比逐步提高，从 2014 年的 15% 提升到 2020 年的 40%。更为重要的是，海南自贸港内已经同时存在在岸人民币和离岸人民币（在 FTN 账户中），未来全岛封关后，海南的离岸性质会更加凸显，离岸人民币的规模将进一步扩大。在已经存在香港等多个境外离岸人民币中心、上海作为境内金融中心的情况下，海南自贸港如何通过金融开放服务并融入人民币国际化进程，是很大的机遇，也是很大的挑战。

（三）同时适用人民币在岸和离岸汇率

与中国香港等主要自贸港的货币以美元为锚、实行固定汇率或者限制很窄的波幅不同，目前人民币实行的是以市场供求为基础、有管理的浮动汇率制，人民币汇率弹性不断增强，人民币兑美元汇率的双向波动成为常态。目前，人民币有在岸汇率和离岸汇率，分别适用于中国境内外的人民币交易。未来，海南自贸港全岛封关后，境内关外的性质将使其同时使用在岸汇率和离岸汇率。在同一个区域内，同一种货币同时适用两种汇率，这是没有先例的。

（四）金融服务开放程度还有待提高

2018 年以来，我国宣布了 50 多条金融开放措施，覆盖了外资金融机构的外资股比、业务范围、股东资质等各个方面，准入门槛已经大大降低。根据 OECD 金融业投资限制指数（在 0 到 1 之间，数值越小表示门槛越低），中国已经从 2016 年的 0.563 下降到 2020 年的 0.05，准入门槛已经低于加拿大（0.072）、瑞士（0.67）、法国（0.54）等发达国家。海南自贸港在上述基础上进一步扩大金融服务业开放，对于服务贸易四种模式已全部采取负面清单模式，其中，对于商业存在模式，海南自贸港外商投资负面清单中已经不再对金融业有限制措施；对于跨境交付、境外消费、自然人移动三种模式，海南自贸港在全国唯一实行跨境服务贸易负面清单，其中对金融业有 17 项限制措施。但是，从实际情况来看，海南的外资银行仅有两家，没有外资证券期货公司和外资保险公司。

（五）缺乏金融交易平台

与全球主要自贸港存在发达的资本市场不同，海南目前已经设立的 10 个交易场所均为现货交易场所，交易规模小，缺乏吸引产业资本和金融资本的交易平台，无法像主要自贸港那样形成对周边地区的金融辐射力。

（六）适用大陆法系的中国金融法律

作为海南自贸港"基本法"的《海南自由贸易港法》与全球主要自贸港的基础性立法有很大不同。中国香港的《香港基本法》是通过立法来实现国家对回归后的香港特别行政区的管辖，在财政经济金融领域重在对已有的制度和法律的确认，而不是调整。迪拜虽然也像海南一样从境内划出一块区域来开办"自由区"，但是其在经济领域是照搬英美法系法律，新建一套法律体系。新加坡作为一个国家可以自主制定法律。美国、日本、韩国等国家的自由贸易区都有相应的法律作为基础，但其内容仅限于货物贸易的海关特殊监管和零关税。《海南自由贸易港法》是一部授权法，调整或授权海南调整现行法律法规在海南自贸港内的适用。《海南自由贸易港法》第二条规定"海南自由贸易港的建设和管理适用本法，本法没有规定的，适用其他有关法律法规的规定"。由于《海南自由贸易港法》没有提出调整有关金融法律适用的规定，因此海南自贸港仍然适用现行的金融法律法规。并且，目前全国人大常委会和国务院已经调整在海南自贸港内适用的法律法规中并没有金融方面的法律法规，因此，海南自贸港不像主要自贸港那样实行普通法系，而是仍然适用中国的金融法律。

（七）金融监管事权在中央

在金融法律体系继续适用中国法律体系的情况下，中央金融监管机构在海南的分支机构是在现行的监管框架和监管制度下开展监管工作，重大监管政策出台或监管制度调整还需要由总部决定。海南省地方金融监督管理局作为地方金融监管机构，只拥有对"7 + 4"类金融机构[①]的监管权限，并没有对银行、证券、保险等持牌金融机构的监管权限，"7 + 4"类金融机构不论是客户覆盖还是业务规模，都远远低于持牌机构，并不是主流金融机构。

（八）没有金融税收的优惠

目前，我国跨境金融、离岸金融业务实行与境内金融业务一致的税收安排，主要税种和税率包括：企业所得税25%，增值税6%（再加上附加税，即7%的城市维护建设税、3%的教育费附加、2%的地方教育费附加，实际税率约为6.66%），贷款合同金额0.005%、财产保险合同金额0.1%的印花税，预提所得税10%。海南全岛封关运作前，享受15%企业所得税税率的鼓励类产业清单中，金融领域有9项列入[②]，但没有覆盖银行、证券、保险的主流金融业务。与主要自贸港相比，海南的金融税负水平相对偏高。

二、海南自贸港与全球主要自贸港金融发展水平比较

中国香港、新加坡、迪拜等主要自贸港已经是国际金融中心，在2021年9

---

① 即地方金融监督管理局主要负责对小额贷款公司、融资担保公司、区域性股权市场、典当行、融资租赁公司、商业保理公司、地方资产管理公司等金融机构实施监管，强化对投资公司、农民专业合作社、社会众筹机构、地方各类交易所等的监管。

② 包括：（1）个人征信、企业征信、信用评级、增信等金融中介服务业务；（2）金融资讯和金融数据等金融信息服务业务；（3）跨境投融资双向开放服务体系建设；（4）国际能源、航运、大宗商品、产权、股权等国际现货交易场所、国际现货清算所和国际知识产权交易所建设；（5）现货（含仓单）、保单、价格（指数）和相关场外衍生品等的交易、融资、清（结）算、交收（割）、风险管理、信息服务等相关业务；（6）服务"三农"、小型微型企业、小微企业主、个体工商户的小额贷款金融服务；（7）航运相关金融服务；（8）金融管理部门批准设立并实施监管的机构的金融科技产品研发、应用和服务输出；（9）人身保险、再保险、相互保险、自保，保险中介业务。

月发布的第 30 期全球金融中心指数（Global Financial Center Index，GFCI - 30）中分别排第 3、第 4 和第 18 名，而海南目前只是一个本地金融市场，没有金融跨省辐射能力，连国内区域性金融中心都算不上。两者的差异非常巨大，主要体现在以下几方面。

（一）经济发展水平的差异

金融发展水平与经济发展水平密切相关。无论是从经济总量还是人均 GDP 来看，海南与中国香港、新加坡等主要自贸港都存在很大的差距。从 GDP 总量来看，2020 年海南为 5532 亿元（802 亿美元），相当于中国香港 1990 年（769 亿美元）到 1991 年（890 亿美元）或新加坡 1994 年（737 亿美元）到 1995 年（878 亿美元）的水平。从人均 GDP 来看，2020 年海南为 7989 美元，相当于中国香港 1986 年（7435 美元）到 1987 年（9071 美元）之间或新加坡 1987 年（7794 美元）到 1988 年（9329 美元）之间的水平。并且，这些自贸港不仅在起步时期经济发展水平就高于周边地区，对周边地区有较强的辐射力，而且其发展长期以来处于全球化的上升期，搭上了全球化的快车。相比之下，海南自贸港刚刚起步，不仅经济发展水平低于周边地区，缺乏对周边地区的辐射力，而且还遇到了全球化的逆风和回头浪，贸易保护主义抬头，这些都是全球主要自贸港在发展初期所未经历的挑战。

（二）金融市场规模的差异

从银行业来看，海南 2021 年末本外币存款 1.14 万亿元，贷款 1.06 万亿元。截至 2021 年 8 月末，香港银行业的存款 14.9 万亿港元（约人民币 12.3 万亿元），贷款 10.98 万亿港元（约人民币 9.06 万亿元）。新加坡商业银行存款 1.54 万亿新加坡元（约人民币 7.4 万亿元），贷款 1.30 万亿新加坡元（约人民币 6.25 万亿元）。海南的存贷款规模大约相当于香港的 10%、新加坡的 16% 左右的水平。

从资本市场来看，海南由于没有证券和期货交易所，没有股票、证券等金融产品的发行和交易。2020 年，香港交易所上市公司数量为 2538 家，股票发行和交易分别为 7467 亿港元、32.11 万亿港元；债券发行和交易分别为 15287 亿港元、655 亿港元。2020 年，新加坡交易所上市公司数量为 696 家，股票交易额为 3580 亿新加坡元、股票市值为 8621 亿新加坡元。

从融资结构来看，海南金融业中银行占比大，金融业态不够丰富。目前海南金融业仍然以间接融资的银行信贷为主。2021 年，海南的贷款（人民币和外币）增量占社会融资规模增量（剔除政府债券后）的比重为 96.1%，远高于全国 82.6% 的水平。

从金融业态来看，海南金融无论是银行、证券还是保险，基本上都是传统业务，融资租赁、消费金融等新业态还很少，目前还没有信托企业。在交易平台建设方面，缺乏具有跨省辐射力的金融交易平台。以海南省内唯一的区域性股权交易市场——海南股权交易中心为例，2014 年 12 月开业至 2022 年 5 月，挂牌企业 1754 家，但是仅有 101 家挂牌企业通过平台获得债权融资和股权融资共 99617 万元①。

（三）金融市场开放程度比较

金融开放程度最重要的衡量指标是外资金融机构数量与市场份额。以银行业为例。2017 年，中国香港共有 155 家银行，其中外资银行 133 家，占比高达85.5%，外资银行在总资产、贷款、存款方面分别占 21.4%、23.9% 和 21.7% 的市场份额。2017 年新加坡银行业存款、贷款、总资产中，外资银行占比分别为 37%、38%、29%。2021 年 9 月末迪拜 DIFC 有 1025 家金融机构，包括全球前 20 家银行中的 17 家，前 10 家资产管理公司中的 5 家，前 10 家保险公司中的5 家，业务范围涵盖商业银行、私人银行、投资银行、财富管理、保险、私募股权、伊斯兰金融等。

1988 年海南建省办经济特区后，南洋商业银行、渣打银行、住友银行、香港民安证券等外资金融机构曾经入驻海南，但后来由于海南经济发展缓慢，经济外向型程度低，除了南洋商业银行，其他外资金融机构因经营困难先后撤离。虽然 2018 年以来中国持续推出扩大金融开放的政策，市场准入和业务范围等大幅度放宽，但是海南由于经济规模和发展水平的原因，直到 2021 年 12 月汇丰银行海口分行正式开业，才增加了外资银行新成员。目前，南洋商业银行只有一个网点，存款不足社会总存款的 1%，汇丰银行海口分行处于刚刚起步阶段，证券业和保险业没有外资机构。

（四）离岸业务发展比较

离岸金融是自贸港的"标配"，全球主要自贸港都是离岸金融中心。中国香港是内外一体型的离岸金融中心。新加坡刚开始是内外分离型，目前已经转变为内外一体型，已经取消了在岸市场（DBU）、离岸市场（ACU）的分别统计，改为对居民和非居民的统计（2021 年 7 月末，新加坡商业银行对非居民的信贷余额为 5112 亿新加坡元，占居民 + 非居民信贷余额的 39.3%）。迪拜 DIFC 区内

---

① 资料来源：海南股权交易中心官网（www.hnexchange.com）首页（查询日期：2022 年 6 月 9日）。

的金融机构只能办理美元等主要货币的离岸业务，不能办理在岸业务，2021 年 9 月区内金融机构的资产负债表规模达到 1894 亿美元。

海南目前基本没有离岸金融业务。虽然 2009 年《国务院关于推进海南国际旅游岛建设发展的若干意见》就提出"探索开展离岸金融业务试点"，但是未能突破落地。目前，虽然有离岸业务经营资质的交通银行、招商银行、平安银行、浦发银行四家银行均已授权其在海南的分行开展外币离岸金融业务，但是业务量很少。另外，虽然已经上线 FT 账户的 10 家银行可以通过 FT 账户中的 FTN 账户（境外机构 FT 账户）为非居民提供服务，包括人民币业务，属于类离岸金融业务，但是无论是客户数、业务笔数都很少。

从离岸贸易来看，2021 年海南离岸贸易结算额为 74.8 亿美元，虽然同比增长 4.15 倍，但是离岸贸易额仅为在岸贸易额的 48%（2019 年和 2020 年分别约为 1.4% 和 12.5%）。而 2019 年中国香港、2020 年新加坡的离岸贸易额分别为在岸贸易额的 1.18 倍和 1.5 倍。[①]

（五）金融在经济中的比重比较

从全球来看，金融在经济中占比较高的自贸港均有较强的门户辐射力，而金融占比较低的自贸港的影响力则相对较弱。中国香港、新加坡、迪拜金融业在经济中的占比均在 10% 以上，并且均居于前三位行业。而鹿特丹虽然是欧洲的门户港与重要的航运物流中心，但是荷兰的整体金融实力有限，此外，因为欧洲央行设在法兰克福、欧元的交易中心在伦敦与巴黎，鹿特丹并没有形成区域金融中心，从而降低了鹿特丹自贸港的整体影响力。另一个例子是韩国釜山，其是韩国第一大、世界第五大集装箱港口，但由于韩国金融业中心位于首尔，金融业比重偏低，影响了釜山自贸港的发展。

虽然海南金融业在经济中的比重从 2010 年的 3.78% 上升到 2021 年的 6.53%，其中 2019 年一度达到 7.39% 的高点（见图 3 - 1），但还是低于全国平均水平 8.3%，更低于上海（18.5%）、深圳（15.1%）等金融中心，与中国香港（20.4%）、新加坡（13.3%）等自贸港相比差距就更大。

三、海南自贸港金融开放需要以创新应对挑战

对标全球主要自贸港，海南金融发展的差距明显，挑战前所未有，很多方面没有先例可循。但是，这也正是中央赋予海南"全面深化改革开放试验区"

---

① 陈卫东，曹鸿宇. 海南自贸港离岸贸易发展及支持措施研究 [J]. 海南金融，2022 (3)：3 - 9.

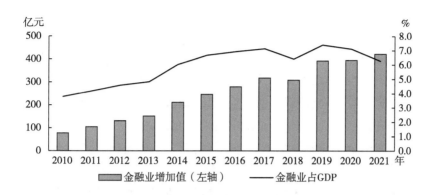

图 3 - 1　2010—2021 年海南金融业增加值占 GDP 比重

（资料来源：2010—2021 年海南省统计局《统计月报》，作者整理）

战略定位的意义所在，也是海南自贸港"中国特色"的使命所在。

（一）海南自贸港金融开放需要发挥大国优势

与新加坡作为独立经济体不同，海南是中国经济和金融市场的一部分，这是海南自贸港建设的优势之一。中国已经成为全球第二大经济体、全球最大货物贸易国、最大外商投资流入国、第二大对外投资来源国，在新冠肺炎疫情全球蔓延的情况下，中国经济在全球主要经济体中增速最高，货币政策仍然处于正常区间，对外贸易尤其是出口强劲增长，体现了大国经济的规模效应和韧性，也体现了金融发展的稳健性。海南自贸港作为对外开放的窗口，虽然具有"境内关外"的性质，但仍然是中国经济的有机组成部分。海南自贸港金融开放需要立足于中国大市场的优势，并且要服务于中国迈向高水平对外开放中的金融开放大局。

（二）海南自贸港金融开放需要聚焦制度集成创新

习近平总书记指出，海南自贸港建设"要把制度集成创新摆在突出位置，解放思想、大胆创新，成熟一项推出一项，行稳致远，久久为功"。作为后发建设的自贸港，海南是在经济和金融发展相对较低的水平上起步的，要想实现弯道超车，乃至换道超车，必须抓住制度集成创新这个"牛鼻子"。对外，对标、对接高标准国际经贸规则和国际金融规则，以制度创新提高金融开放的整体性和系统性，为市场化、国际化、法治化的金融开放奠定基础；对内，通过制度创新融入优化营商环境、"放管服"改革当中，解决金融发展中的一系列难点和堵点，吸引要素集聚。由于金融开放和发展涉及经济各个领域，金融本身也存在多个市场、多种业态，制度集成创新尤为重要，尤其是在顶层设计和重大开放部署上。

(三) 海南自贸港金融开放需要理论创新

党的十九届六中全会通过的《中共中央关于党的百年奋斗重大成就和历史经验的决议》，全面总结了党在各个历史阶段所取得的重大成就，精辟总结了百年奋斗的历史经验，"坚持理论创新"是其中重要一条，强调要勇于结合新的实践不断推进理论创新、善于用新的理论指导新的实践。

海南自贸港金融开放，既要坚持中国特色，也要遵循自贸港金融发展的规律。因此，亟待通过发挥政府部门、金融监管机构、金融市场主体、研究智库、大学院校等多方力量，深入研究海南自贸港金融开放中面临的问题和挑战，形成中国特色自贸港金融理论体系，为金融改革开放和制度集成创新提供理论基础。一方面，凝聚各方共识，加快金融开放和自贸港建设步伐；另一方面，优化顶层设计，前瞻识别防范风险，减少试错成本。

第三节 自贸试验区金融开放经验的借鉴

自 2013 年 9 月中国（上海）自由贸易试验区成立以来，我国自贸试验区发展进程不断加快，从 2013—2017 年每两年新增一批自贸试验区，到 2017—2020 年每年新增一批自贸试验区（自贸港），数量不断增加，覆盖范围不断扩大，截至 2021 年末，我国已有 21 个自贸试验，共计 67 个片区，形成了东西南北中、陆海统筹全覆盖的中国特色自贸试验区版图，多批自贸试验区的改革开放经验和最佳实践案例被复制推广，形成了具有中国特色的区域金融改革开放经验，对海南自贸港金融开放具有一定的借鉴意义。

他山之石，可以攻玉。自贸试验区与海南自贸港都是具有中国特色的对外开放平台，虽然自贸试验区与自贸港在战略定位、复制目标、政策制度等方面存在一定差异，但是其金融开放创新经验，尤其是部分沿海地区的自贸试验区走在全国前列和海南前面的经验，值得海南学习。海南是在 2018 年 10 月启动自贸试验区建设近两年后，才于 2020 年 6 月启动自贸港建设，也应当充分基于自贸试验区建设的经验，在前人探索的基础上，更加精准地选择开放的突破口和做好风险管控，蹄疾步稳推动金融开放进程。

一、我国自贸试验区金融创新的特点

从各个自贸试验区（以下简称自贸区）总体方案来看，自贸区的金融创新具有以下特点。

（一）金融创新基于现有制度

与国外自贸区、自贸港的"境内关外"特点不同，我国自贸试验区具有"境内关内"的特征，除了区内的综合保税区等海关特殊监管区，采用的是国内现行的经济金融制度体系（在上海等部分自贸试验区，陆续调整了一些法律法规不适用于区内）。因此，自贸区的金融创新是在现有制度的基础上进行改革开放试点的试验田，而不是在新的制度体系下的另起炉灶。

（二）金融创新目标因地制宜

从各个自贸区的总体方案中发展目标的表述来看，不同自贸区金融创新的目标存在区别。2013 年和 2015 年上海自贸区均提出"货币自由兑换"，2019 年临港新片区提出"资金流通便利"。"金融服务完善"在各自贸区发展目标中出现次数最多，天津、辽宁、浙江、重庆、陕西、海南、湖北、山东、江苏、广西 10 个自贸区均有提出；福建自贸区提出"金融创新功能突出"、河北自贸区提出"金融服务开放创新"、云南自贸区提出"金融服务创新完善"；广东、河南、四川、黑龙江 4 个自贸区的发展目标中则未有金融方面的表述。

作为最早的自贸区，同时基于国际金融中心的定位，上海自贸区强调在重要领域的突破和全面开放，2013 年提出"加快探索资本项目可兑换和金融服务业全面开放"，2015 年提出"深化完善以资本项目可兑换和金融服务业开放为目标的金融创新制度"。广东自贸区立足于"粤港澳深入合作示范区"；天津自贸区立足于"京津冀协同发展高水平对外开放平台"；福建自贸区立足于"深化两岸合作示范区"，在金融开放和创新的方向上各有侧重。云南、广西、黑龙江等自贸区沿边金融开放特征明显，比如，黑龙江自贸区"允许银行业金融机构与俄罗斯商业银行开展卢布现钞跨境调运业务资金头寸清算"；广西自贸区"现有交易场所依法依规开展面向东盟的大宗特色商品交易"。

（三）金融创新的"多点突破"

一方面，各自贸区总体方案中关于金融创新的领域和内容有不少相同之处。比如，几乎所有的自贸区都提到人民币跨境使用、外汇管理改革试点、发展融资租赁；上海、广东、天津、福建、湖北、海南等自贸区均提出探索人民币资本项目可兑换；多个自贸区提出跨国公司或总部机构本外币资金集中运营管理、发展航运金融等内容。另一方面，在涉及同一个领域，不同自贸区总体方案的内容既有相同的表述，也有相当多不同的要求，这反映出自贸区金融创新"多点突破"的特点，即同一个领域的创新同时在多地试点，同时各区的试点任务又有所不同，试点成功后再复制推广。

（四）金融创新的稳妥推进

一是"自上而下"和"自下而上"相结合，总体方案明确金融创新的领域和具体任务，各自贸区再根据自己的实际制订具体方案，经审批后实施。二是金融创新强调依法合规、风险可控。在各自贸区关于金融创新的内容中，多处出现"在风险可控前提下""符合条件的""在依法合规和有效控制风险的前提下""符合资质要求的""时机成熟时"等表述。比如，人民币资本项目可兑换方面，"在风险可控前提下，开展以资本项目可兑换为重点的外汇管理改革试点"；离岸金融业务上，"鼓励符合条件的银行机构在依法合规和有效控制风险的前提下继续发展离岸金融业务"；在金融产品创新上，"研究探索区内金融机构在依法合规、风险可控的前提下向境外销售人民币理财产品、开展人民币项下跨境担保等业务"；金融业准入上，"支持民营资本与外资依法合规进入金融业"；等等。

（五）注重强调金融风险防控

在多个自贸区的总体方案中，均明确提出"落实风险为本的原则，探索建立跨境资金流动风险监管机制，强化开展反洗钱、反恐怖融资、反逃税工作""切实防范开放环境下的金融风险"等监管要求。

部分自贸区强调了运用科技手段强化金融风险管控。上海自贸区提出"经国家金融管理部门授权，运用科技手段提升金融服务水平和监管能力，建立统一高效的金融管理体制机制，切实防范金融风险"；广东自贸区"构建金融业综合统计体系，加强金融信用信息基础设施建设"；广东和天津自贸区分别探索在前海蛇口片区、滨海新区中心商务片区开展金融综合监管试点，开展以合作监管与协调监管为支撑的金融综合监管改革。

（六）关于自贸区金融创新思路的理解

在当前我国金融改革逐渐向深层次推进、国际国内经济金融形势日益复杂的形势下，自贸区作为新的改革开放的试验田，在金融创新上采取的是基于现有政策制度框架，提出任务方向，分兵试点，成熟一项，推广一项。虽然强调要对标高标准国际投资贸易规则、建设高水平的自由贸易园区，但是不搞面上政策的"一刀切"，不是直接给优惠政策，而是采取局部小范围区域试点、自上而下的顶层设计和自下而上的实施方案相结合的方式，在给定的试点目标任务下，基于实体经济需求，因地制宜设计实施方案，经过论证批准后进行试点，试点成功后，再进行推广。这既有利于中央对金融改革开放大局的把握，也有利于激发各地深化金融改革和创新的积极性。

二、我国自贸区金融创新的成效

2013 年以来，自贸区金融创新不断涌现，在丰富自贸区建设成果的同时，也深度推动了我国金融改革和开放。由于 21 个自贸区成立时间长短不同，经济和金融发展水平各异，对外开放程度也差别很大，其金融创新的成效也参差不齐，本文就以经济发展水平较高、金融市场相对发达，对外开放程度较高的第一批（上海）和第二批（广东前海、天津、福建）自贸区截至 2019 年发布的金融创新案例（见表 3 - 1）为例进行分析，这些案例由于在自贸区建设早期，相对于之后的案例，突破性、创新性更大，对于海南自贸港金融开放创新更有借鉴意义。

表 3 -1　　　　　　　第一批、第二批自贸区的金融创新案例数量①

序号	领域	上海		广东前海		天津		福建	
		数量/个	占比/%	数量/个	占比/%	数量/个	占比/%	数量/个	占比/%
1	利率市场化	2	1.8	—		1	1.4	2	1.5
2	人民币跨境使用	13	11.8	2	2.3	5	6.8	10	7.4
3	自由贸易账户	19	17.3	—					
4	外汇管理	2	1.8	3	3.4	7	9.6	9	6.7
5	跨境资金集中运营管理	6	5.5	1	1.1	6	8.2	2	1.5
6	跨境融资	9	8.2	7	8.0	9	12.3	17	12.6
7	境内融资	4	3.6	9	10.3	10	13.7	17	12.6
8	市场准入	5	4.5	2	2.3	2	2.7	11	8.1
9	交易平台	15	13.6	5	5.7	—		2	1.5
10	债券产品	7	6.4	3	3.4	1	1.4	1	0.7
11	期货产品	3	2.7	1	1.1				
12	产业基金	3	2.7	3	3.4	2	2.7	10	7.4
13	外汇交易	1	0.9	—		2	2.7	5	3.7
14	保险	16	14.5	14	16.1	4	5.5	11	8.1

① （1）上海共发布九批 110 个案例（截至 2018 年 12 月 20 日），广东自贸区前海片区共发布四批 87 个案例（截至 2019 年 12 月 7 日），天津自贸区共发布九批 73 个案例（截至 2019 年 9 月 11 日），福建自贸区三个片区共发布四批 159 个案例（截至 2019 年 10 月 28 日，剔除三片区重复发布的创新案例，实际为 135 个）。（2）由于有些创新案例涉及两个及以上领域，所以各区占比合计超过 100%。

序号	领域	上海		广东前海		天津		福建	
		数量/个	占比/%	数量/个	占比/%	数量/个	占比/%	数量/个	占比/%
15	资产证券化	1	0.9	2	2.3	5	6.8	3	2.2
16	融资租赁	3	2.7	2	2.3	19	26.0	6	4.4
17	绿色金融	2	1.8	—	—	3	4.1	0	0.0
18	金融科技	1	0.9	37	42.5	1	1.4	4	3.0
19	航运金融	4	3.6	1	1.1	—	—	1	0.7
20	离岸金融	—	—	1	1.1	2	2.7	2	1.5
21	金融监管	5	4.5	3	3.4	1	1.4	6	4.4
22	其他	6	5.5	6	6.9	7	9.6	27	20.0
	合计	110	—	87	—	73	—	135	—

资料来源：中国（上海）自由贸易试验区官网、中国（广东）自由贸易试验区官网、中国（天津）自由贸易试验区官网、中国（福建）自由贸易试验区官网，作者整理。

由表 3-1 可以看出，前两批自贸区的金融创新案例有以下特点。

（一）涉及领域广泛

这些创新案例，覆盖了银行、证券、保险三大领域，从政策性很强的外汇管理改革、利率市场化，到操作性很强的具体产品和业务创新都有涉及，既包括面向客户的产品和服务，也包括科技等中后台支持服务功能，还包括金融监管方面的创新。

（二）跨境交易特征明显

除了人民币跨境使用、外汇管理改革、跨境资金集中运营管理、外汇交易、跨境融资、离岸金融、自由贸易账户等涉及跨境交易的领域，保险、融资租赁、航运金融等领域中的多个创新案例也都涉及跨境交易的内容。

（三）各自贸区金融创新的侧重点有所区别

上海自贸区的金融创新主要在自由贸易账户体系建设、人民币跨境使用、跨境融资、跨境资金集中管理等领域，体现了上海作为国际金融中心处于开放最前沿的特点；在交易平台建设领域的创新较多，体现了上海作为要素市场的特点；在保险领域的创新较多，体现了上海丰富的金融业态。广东前海片区则是在金融科技领域的创新较多，在保险领域的创新次之。天津的创新首先是集中在融资租赁领域，其次是在跨境融资、境内融资领域。福建在融资领域创新较多，面对台湾的市场准入创新也不少。

（四）相当一部分金融创新是跨领域的创新

比如，跨境人民币双向资金池业务，涉及资金集中运营管理、人民币跨境使用两个领域；FT 账户体系下的多项创新涉及人民币跨境使用。天津多个资产证券化创新案例涉及融资租赁，比如，以飞机租赁公司旗下的 SPV 公司通过财产权信托计划模式的外币飞机租赁资产证券化业务、以租赁公司为主体的保理应收账款资产证券化业务。

（五）注重服务实体经济

从数量上看，融资、保险等领域的创新案例较多，大部分是具体的业务和产品创新，体现了金融服务实体经济的导向。

（六）推动外汇和跨境交易管理改革

各自贸区都有进一步简化经常项目外汇收支手续、外汇资本金意愿结汇业务、直接投资外汇登记下放到银行等创新案例，都开展跨境人民币双向资金池业务。政策性较强的外汇管理改革、跨境人民币使用等领域的创新案例内容相对一致。从重要性来看，外汇管理改革、FT 账户体系、跨境资金集中运营管理等领域创新的含金量则比较突出。

（七）金融创新并未完全按照自贸区总体方案来开展

比如，相当一部分创新案例是境内融资，这在自贸区总体方案中没有提及；又如，上海自贸区总体方案中只提到人民币跨境再保险，但是其很多保险创新并不属于再保险领域。从另一个角度来看，总体方案中部分金融开放创新的内容没有案例落地。比如，即便在金融创新水平最高的上海，截至 2021 年没有资本项目可兑换的创新案例；第二批自贸区都提到要"探索实行本外币账户管理新模式"，但是天津、广东是 2019 年 11 月才复制自由贸易账户体系，福建并没有复制；在多个自贸区总体方案的融资租赁和航运金融内容中，相当一部分还没有创新案例，比如开展租赁产业配套外汇制度创新试点、设立专业化地方法人航运保险机构等。

三、自贸区金融创新经验的推广

截至 2021 年末，国务院及商务部等相关部委先后集中复制推广 6 批自贸区改革试点经验，各部委也自行复制了 74 项自贸区改革试点经验。

在上述复制推广的自贸区改革试点经验中，金融领域有 27 项（见表 3 - 2），主要集中在外汇管理改革、跨境人民币、非银行金融机构准入限制放宽等领域，具有很强的政策性。在外汇管理方面，主要是便利化措施，即原来由外汇局审批的内容简化手续或者下放到银行直接办理。在跨境人民币方面，除了简化流程手续，进一步放宽了跨境人民币的使用范围，开展跨境人民币双向资金池业务，并逐渐降低门槛。此外，融资租赁也是试点经验推广较为集中的领域，集中推广的 15 项试点经验中有 6 项与融资租赁相关。

表 3 – 2　　　　　　向全国复制推广的自贸区金融领域改革试点经验

批次	内容	时间
第一批	个人其他经常项下人民币结算业务	2014. 12
	外商投资企业外汇资本金意愿结汇	
	银行办理大宗商品衍生品柜台交易涉及的结售汇业务	
	直接投资项下外汇登记及变更登记下放银行办理	
	允许融资租赁公司兼营与主营业务有关的商业保理业务	
	允许设立外商投资资信调查公司	
	允许设立股份制外资投资性公司	
	融资租赁公司设立子公司不设最低注册资本限制	
第 三 批	融资租赁公司收取外币租金	2017. 7
第六批	"融资租赁 + 汽车出口"业务创新	2020. 7
	保理公司接入央行企业征信系统	
	分布式共享模式实现"银政互通"	
	绿色债务融资工具创新	
	融资租赁公司风险防控大数据平台	
	知识产权证券化	
人民银行单独推广的改革试点经验	跨境电子商务人民币结算业务	2014. 6
	进一步简化跨境贸易和直接投资人民币结算业务办理流程	2014. 6
	个人跨境贸易人民币结算业务	2014. 6
	跨境双向人民币资金池业务	2014. 11
	经常项下跨境人民币集中收付业务	2014. 11
	区内机构从境外借入人民币资金	2017. 1
外汇局单独推广的改革试点经验	取消境外融资租赁债权审批	2014. 2
	取消对外担保事前审批和向境外支付担保费行政审批	2014. 6
	改进跨国公司总部外汇资金集中运营管理、外币资金池及国际贸易结算中心外汇管理试点政策，简化办理流程及账户管理	2014. 6
	允许使用电子单证集中收结汇和轧差结算，允许银行按照"了解你的客户""了解你的业务""尽职调查"等原则办理经常项目收结汇、购付汇业务	2014. 6
	将企业境外外汇放款金额上限由其所有者权益的 30% 调整至 50%	2015. 8
	外债资金意愿结汇	2016. 6

资料来源：商务部网站，作者整理。

自贸区外汇管理和跨境人民币改革试点经验的推广，与宏观经济金融形势是密切相关的。外汇管理改革经验推广集中在 2014 年，这是我国外汇储备达到高点的时期，之后外汇储备从 2014 年 6 月的 39932 亿美元下降到 2017 年 1 月的 29982 亿美元，再逐渐回升至 3.1 万亿美元。几乎在同一时间段，人民币汇率从 2014 年到 2015 年上半年小幅波动，到 2015 年 8 月开始出现较大幅度的贬值、升值、再贬值。因此，自贸区的外汇管理改革出现了一定程度的放缓。

从跨境人民币来看，由于人民币在跨境贸易和跨境投资方面都保持了稳步上升的势头，因此 2015 年以来无论是已经上线自由贸易账户的上海自贸区，还是没有自由贸易账户的第二批三个自贸区，都有跨境人民币使用的创新案例。

四、自贸港和自贸区金融开放创新的异同

（一）相同之处

一是都以扩大开放为主要方向。自贸区和自贸港的金融开放创新都主要聚焦于：开展外汇管理改革，提高跨境资金进出的便利程度；着眼于推动人民币国际化，多措并举促进人民币跨境交易；放宽外资机构准入限制，吸引外资金融机构集聚；注重跨境金融、国际金融领域的产品创新，提升产品和服务的国际化水平；建设金融交易平台，增强区域性金融体系的辐射力。

二是都是基于现有的金融体系。自贸区和自贸港的金融开放创新都是在现有的金融制度、金融监管规则之下进行，并不是重起炉灶，更不是照搬照抄发达国家的模式，而是通过局部的、渐进的、累积性的创新，推动金融开放和发展，很多金融创新都具有明显的中国特色。

三是都以中央主导、地方协调。金融是中央事权，金融监管权主要集中在国家层面。自贸区和自贸港的金融开放创新都是以中央主导，人民银行、银保监会、证监会、外汇局等先后对第一批、第二批自贸区和海南自贸港下发了金融支持的意见，人民银行、银保监会等在部分自贸区的分支机构也下发了对当地自贸区的金融支持意见，作出各个自贸区和海南自贸港的金融改革开放的顶层设计。各地的地方金融局也在金融开放创新中发挥协同配合的作用。

四是都高度注重金融风险防范。都把金融风险防范作为底线，强调"管得住才能放得开"，成熟一项、推进一项，尤其是对涉及资本项目开放、外汇管理的改革创新，在当前国际经济日趋复杂多变、国际金融市场波动加大的形势下，更加强调稳妥推进。

（二）不同之处

一是发展定位不同。海南自贸港定位于"引领我国新时代对外开放的鲜明

旗帜和重要开放门户""我国深度融入全球经济体系的前沿地带",到 21 世纪中叶建成具有较强国际影响力的高水平自贸港,开放目标高,需要相应的高水平金融开放进行配套支持。

二是授权力度不同。为支持海南自贸港建设,国家专门制定《自由贸易港法》,这是我国第一部专门针对一个特殊经济区域的国家立法,采取特殊授权的方式,将一部分中央事权授予海南,授权力度最大。《海南自由贸易港法》中涉及金融的有 3 条,其中"办理离岸金融业务"是离岸金融业务第一次写入法律层面。

三是对标目标不同。习近平总书记指出,海南自贸港建设要"试验最高水平开放政策"。中央强调海南自贸港建设要"对标最高水平开放形态"。因此,海南自贸港金融开放要对标国际金融市场的开放前沿,要对标 CPTPP 等高标准自由贸易协定。

四是起步的基础不同。与其他自贸区相比,海南自贸港经济规模、发展水平、金融总量、开放程度都居中下水平,特别是与上海、广东、天津、福建等第一批、第二批自贸区相比,差距更大。在目标高、基础差的情况下,需要克服的困难更多,需要制度集成创新的力度更大。

第四章　海南自贸港的金融政策

作为一个经济和金融发展水平都相对落后、市场规模偏小的地区，海南自贸港的金融开放首先来自政策推动，而不是来自市场驱动。海南自贸港的政策体系采取的是"1＋N"模式，"1"即《总体方案》，明确基本的战略定位、指导思想、发展目标、制度设计和分步骤分阶段重点工作，"N"即各部委、海南省出台的各方面的配套支持政策。

海南自贸港金融政策采取的也是这种模式，在《总体方案》中明确了以"跨境资金流动自由便利"为核心的金融政策制度设计。在此基础上，在国家层面有《海南自由贸易港法》中关于金融的条款，在部委层面有中国人民银行、银保监会、证监会、外汇局联合下发的《关于金融支持海南全面深化改革开放的意见》（银发〔2021〕84号），在海南省层面有省政府办公厅转发的中国人民银行海口中心支行、海南省地方金融监督管理局、海南银保监局、海南证监局、国家外汇管理局海南省分局联合制订的《关于贯彻落实金融支持海南全面深化改革开放的意见的实施方案》。此外，国家发展改革委和商务部公布的《海南自由贸易港外商投资准入特别管理措施（负面清单）》（2020年版）、《海南自由贸易港跨境服务贸易特别管理措施（负面清单）》（2021年版）中均有关于金融业的规定。这些政策规定确立了海南自贸港金融政策的"四梁八柱"。

第一节　《总体方案》出台前的金融政策

2020年6月1日，《总体方案》公布，海南自贸港建设正式起航。在此之前，"4·13"重要讲话、《中共中央　国务院关于支持海南全面深化改革开放的指导意见》、《中国（海南）自由贸易试验区总体方案》等讲话和文件中均有多项金融领域的政策，这些政策是海南自贸港金融政策出台的先导，也为海南自贸港金融政策的研究制定提供了基础。

一、"4·13"重要讲话中的金融政策

2018 年 4 月 13 日，习近平总书记在庆祝海南建省办经济特区 30 周年大会上郑重宣布，党中央决定支持海南全岛建设自由贸易试验区，支持海南逐步探索、稳步推进中国特色自由贸易港建设，分步骤、分阶段建立自由贸易港政策和制度体系。

习近平总书记在讲话中指出，海南"要大幅度放宽市场准入，扩大服务业特别是金融业对外开放""在内外贸、投融资、财政税务、金融创新、入出境等方面，探索更加灵活的政策体系、监管模式、管理体制""加快推进财税金融体制等方面的改革""支持海南设立国际能源、航运、大宗商品、产权、股权、碳排放权等交易场所""重点发展旅游、互联网、医疗健康、金融、会展等现代服务业"。

"4·13"重要讲话为海南自贸港建设和海南金融开放明确了定位、指明了方向，将金融业对外开放摆到了突出位置，强调加快探索金融制度创新，为后续的金融开放政策制定奠定了坚实的基础。

二、中央 12 号文件中的金融政策

2018 年 4 月 14 日，《中共中央 国务院关于支持海南全面深化改革开放的指导意见》公布。该文件在"4·13"重要讲话中提出的"在金融创新等方面探索更加灵活的政策体系、监管模式、管理体制""支持依法合规在海南设立国际能源、航运、大宗商品、产权、股权、碳排放权等交易场所"等内容的基础上，将金融风险放在加强风险防控体系建设的首位，提出"打好防范化解重大风险攻坚战，有效履行属地金融监管职责，构建金融宏观审慎管理体系，建立金融监管协调机制，加强对重大风险的识别和系统性金融风险的防范，严厉打击洗钱、恐怖融资及逃税等金融犯罪活动，有效防控金融风险。"

三、海南自贸试验区总体方案中的金融政策

2018 年 9 月 24 日，国务院发布《中国（海南）自由贸易试验区总体方案》（以下简称《自贸区总体方案》），以自贸试验区建设作为自贸港建设的前奏。

《自贸区总体方案》关于金融领域的政策主要包括以下几方面。

（一）明确发展目标

《自贸区总体方案》提出到 2020 年，努力建成投资贸易便利、法治环境规

范、金融服务完善、监管安全高效、生态环境质量一流、辐射带动作用突出的高标准、高质量自贸试验区。

（二）加快金融开放创新

《自贸区总体方案》提出，充分发挥金融支持自贸试验区建设的重要作用，出台金融领域的一揽子政策措施，以服务实体经济、促进贸易投融资便利化为出发点和落脚点，以制度创新为核心，大力推动自贸试验区金融开放创新。进一步扩大人民币跨境使用、探索资本项目可兑换、深化外汇管理改革、探索投融资汇兑便利化，扩大金融业开放，为贸易投资便利化提供优质金融服务。

（三）支持交易场所建设

支持在海关特殊监管区域设立国际文化艺术品交易场所。建设以天然橡胶为主的国际热带农产品交易中心、定价中心、价格指数发布中心。设立热带农产品拍卖中心。支持开展橡胶等大宗商品现货离岸交易和保税交割业务。支持建立知识产权交易中心，鼓励探索知识产权证券化，完善知识产权交易体系与交易机制。

（四）鼓励创新金融新业态

一是支持航运金融发展。支持境内外企业和机构开展航运保险、航运仲裁、海损理算、航运交易、船舶融资租赁等高端航运服务，打造现代国际航运服务平台。支持设立专业化地方法人航运保险机构。二是支持离岸贸易发展。支持跨国公司、贸易公司建立和发展全球或区域贸易网络，打造区域性离岸贸易中心。三是鼓励探索知识产权证券化，完善知识产权交易体系与交易机制。

（五）加强金融风险防控

强调建立健全金融风险防控体系，打好防范化解重大风险攻坚战，有效履行属地金融监管职责，建立区域金融监管协调机制，加强对重大风险的识别和对系统性金融风险的防范，严厉打击洗钱、恐怖融资、逃税等金融违法犯罪活动，有效防范金融风险。确保进出口货物的交易真实、合法，防范不法企业借助货物进出口的便利化措施从事非法融资、非法跨境资金转移等违法活动。

（六）支持引进金融人才

允许具有港澳执业资格的金融、建筑、规划、专利代理等服务领域专业人才经备案后为自贸试验区内企业提供专业服务。

四、海南自贸试验区的金融开放创新

2018 年 4 月 13 日，习近平总书记宣布海南建设自贸试验区、中国特色自贸港后，海南的改革开放进入了一个新的阶段。在加快推进改革开放和自贸试验区建设的新形势下，从 2018 年 4 月到 2020 年 5 月《总体方案》发布前的两年时间里，海南金融业出现了多项金融创新，主要包括以下几方面。

（一）自由贸易账户复制上线

2019 年 1 月 1 日，自由贸易账户（Free Trade Account，以下简称 FT 账户）成功在海南上线，海南成为第一个复制上海自贸试验区自由贸易账户的区域。首批上线银行为中国银行和浦发银行，后来上线银行陆续增加到 10 家。FT 账户的上线，在海南建立了一个区域性的账户体系，为海南跨境资金流动构建起了初步的"电子围网"，为跨境金融创新提供了一块新的"试验田"。

（二）全国首单知识产权证券化

2018 年 12 月 21 日，中国信达海南分公司、信达证券作为奇艺世纪知识产权供应链资产支持证券的组织协调方、发行方，在上海证券交易所成功发行全国首单"奇艺世纪知识产权金融资产支持专项计划"，募集资金 4.7 亿元。12 月 25 日，在上海证券交易所正式挂牌上市。这意味着海南省在探索知识产权证券化的道路上取得了实质性的突破。这为中小企业提供了全新的融资模式，有利于加快创新价值流动，推动科技成果转化，对推动全国知识产权证券化具有开创性意义。

（三）天然橡胶价格（收入）保险

2018 年，海南天然橡胶年产量为 36 万吨，占全国的 44.12%，涉及胶农 70 多万人。在海南中部地区，售胶收入在当地农民生产收入中的比重高达 60% ~ 70%。针对当时面临的国际胶价持续下跌、胶工和胶农的收入大幅下降的问题，海南推出天然橡胶价格（收入）保险，分成两种模式：一是国营海胶集团收入保险，采取全省一张保单的统保业务模式；对于民营胶价格（收入）保险，本着"就近、就简、快捷"和"公开透明"等原则，主要采取单户自行投保、若干户联合投保（主要是种植合作社投保）、村委会或乡镇统一组织投保等多种形式相结合。截至 2019 年 2 月，已有农垦国有橡胶 213 万亩和 1.76 万农户（其中贫困户胶农 6193 户）约 22.68 万亩民营橡胶实现参保，提供风险保障达 18.73 亿元。在提高胶农胶企抵御市场风险的能力，促进胶农特别是贫困胶农增收，保证天然橡胶产业持续健康发展等方面取得了良好的成效。

（四）国际热带农产品交易中心

2018 年 12 月 18 日，海南国际热带农产品交易中心在海口揭牌，标志着全国首家国际热带农产品交易中心正式成立。交易中心立足现货交易，为国内外投资者提供多样化的互联网＋热带农产品线上线下于一体的交易平台，发挥市场在农产品资源配置中的基础性作用，完善价格形成机制，健全农产品市场体系。

（五）全国首单沪琼自由贸易账户联动业务

FT 账户上线后，中国银行海南省分行作为首批上线试点行，于 2019 年 1 月 29 日联动中行上海分行，在 FT 账户项下成功办理了全省首单自贸区联行代付项下融资性风险参与业务，实现海南、上海两地 FT 账户业务的合作联动及资金的有效互通运用。该业务是海南 FT 项下首笔融资性风险参与业务，更是上海、海南两地 FT 账户体系首笔银行间资金运用的创新，为进一步扩大两地自贸区合作，继续探索自由贸易账户功能拓展创新奠定基础。

（六）在全国率先实施境外游艇入境关税保证保险制度

我国对境外游艇自驾入境实行关税担保制度，过高的入境担保金和繁杂的办理手续成为制约游艇自由行的瓶颈。海口海关在全国率先将关税保证保险制度应用于境外游艇入境关税担保领域。境外游艇所有人委托的游艇服务企业或其他经海关注册登记的企业作为投保人，承担税款缴税义务；经海关总署和银保监会批准，在海南省开展关税保证保险业务试点的保险公司作为保险人，为投保企业提供担保服务；海关为被保险人，凭保险单为境外进境游艇办理入境手续。这一创新大幅降低境外游艇入境成本，助力海南发展游艇产业。

（七）全国首单人才租赁住房 REITs

2019 年 3 月 26 日，海南省成功发行首期人才租赁住房房地产信托投资基金（Real Estate Investment Trusts，REITs），4 月 8 日在深圳证券交易所挂牌上市，首期规模为 8.7 亿元，期限 18 年，可提供 1035 套人才租赁住房。这是海南省首单 REITs，也是全国首单省级人才租赁住房 REITs。

海南自贸区上述金融创新有几个特点：一是开放导向，尤其是 FT 账户复制上线，提升了海南跨境资金流动的便利程度；二是注重解决实体经济中的实际困难，比如橡胶价格保险、游艇关税保证保险；三是实现在多个细分领域的资产证券化突破，比如全国首单知识产权证券化、人才租赁住房 REITs。

在这一时期，海南在跨境资金流动便利化方面也进行了改革创新。2019 年 7 月 25 日，国家外汇管理局海南省分局发布《关于在中国（海南）自由贸易试验区开展外汇创新业务的通知》（琼汇发〔2019〕12 号），是海南省成立自贸区后关于外汇创新业务的首个政策文件，主要从简政放权、贸易和投资便利化、总部经济发展、离岸金融服务四个领域开展了试点创新。此外，海南还落实了多项全国性的外汇管理改革措施,比如贸易外汇收支便利化试点、跨境金融区块链平台等。这些改革措施提升了海南贸易和投资项下跨境结算的便利化程度,为海南自贸港的金融开放进行了必要的"预热"。

第二节　海南自贸港金融政策的主要内容

2020年6月1日,中共中央、国务院印发《总体方案》,这是海南自贸港建设的基础性、纲领性文件。在海南自贸港"1+N"的政策体系框架下,金融领域的政策主要来自"三个文件/法律、两份清单",即《总体方案》《海南自由贸易港法》、"一行两会一局"《关于金融支持海南全面深化改革开放的意见》和海南自贸港外商投资准入负面清单、跨境服务贸易负面清单。

一、《总体方案》中的金融政策

《总体方案》中有关金融制度安排的篇幅较多,在制度设计39项政策中有4项,在2025年前18项重点任务中有3项,在2035年前7项重点工作中有1项。

（一）跨境资金流动自由便利

跨境资金流动自由便利是海南自贸港到2035年需要实现的发展目标之一,也是海南自贸港金融政策的核心目标。在《总体方案》第二部分"制度设计"中,金融领域就直接以"跨境资金流动自由便利"为题,强调"坚持金融服务实体经济,重点围绕贸易投资自由化便利化,分阶段开放资本项目,有序推进海南自由贸易港与境外资金自由便利流动",其内容包括构建多功能自由贸易账户体系、便利跨境贸易投资资金流动、扩大金融业对内对外开放、加快金融改革创新四个方面的措施。

（二）阶段性重点工作

《总体方案》第三部分"分步骤分阶段安排"中部署了2025年前、2035年前的重点任务,其中金融领域分别有3项和1项。

在2025年前的重点任务中,金融领域的3项任务分别是:一是试点改革跨境证券投融资政策（此项任务后被写入国家"十四五"规划纲要）;二是加快金融业对内对外开放;三是增强金融服务实体经济能力。

在2035年前的重点任务中,金融领域是实现跨境资金流动自由便利。允许符合一定条件的非金融企业,根据实际融资需要自主借用外债,最终实现海南自贸港非金融企业外债项下完全可兑换。这是我国第一次明确提出资本项目开放时间表，虽然这只是一个子项目的区域性开放的时间表。

（三）金融服务实体经济

在《总体方案》中，除了上述集中部署的金融政策，在其他方面的政策中也有涉及金融的内容，充分体现了金融服务实体经济的原则。一是在推进服务贸易自由便利中提出"实施与跨境服务贸易配套的资金支付与转移制度"；二是在运输政策中提及"为船舶和飞机融资提供更加优质高效的金融服务，取消船舶和飞机境外融资限制，探索以保险方式取代保证金"；三是在 2025 年前加大中央财政支持力度中明确"鼓励在海南自由贸易港向全球符合条件的境外投资者发行地方政府债券""设立海南自由贸易港建设投资基金，按政府引导、市场化方式运作"；四是在 2035 年前实现贸易自由便利中提出"建立健全跨境支付业务相关制度，营造良好的支付服务市场环境，提升跨境支付服务效率"；五是在 2035 年前实现数据安全有序流动中提出"建立区块链金融的标准和规则"。

上述政策制度搭建起了海南自贸港金融开放和发展的"四梁八柱"，一方面扩大金融开放，推动作为生产要素的资本和资金的跨境流动自由便利，另一方面深化金融改革，进行制度创新，推动对接国际规则的制度型开放。

二、《海南自由贸易港法》的金融条款

2021 年 6 月 10 日，《海南自由贸易港法》公布，这是我国第一个专门针对一个特殊经济区域的国家立法，是海南自贸港建设的"基本法"。

《海南自由贸易港法》中关于金融的条款有 3 条：

第五十条"海南自由贸易港坚持金融服务实体经济，推进金融改革创新，率先落实金融业开放政策。"这明确了海南自贸港金融发展的原则（服务实体经济）和方式（改革创新、率先落实开放政策）。

第五十一条"海南自由贸易港建立适应高水平贸易投资自由化便利化需要的跨境资金流动管理制度，分阶段开放资本项目，逐步推进非金融企业外债项下完全可兑换，推动跨境贸易结算便利化，有序推进海南自由贸易港与境外资金自由便利流动。"这从法律层面明确了海南自贸港金融开放的目标，围绕跨境资金流动自由便利的目标，提出了制度（跨境资金流动管理制度）、领域（资本项目开放、贸易结算便利化）、分阶段目标（非金融企业外债项下完全可兑换）等。

第五十二条"海南自由贸易港内经批准的金融机构可以通过指定账户或者在特定区域经营离岸金融业务。"这是离岸金融业务第一次写入法律，是我国金

融开放的重要突破。虽然离岸金融在国际金融市场上具有重要地位，但我国离岸金融业务发展长期滞后，在《海南自由贸易港法》之前，我国关于离岸金融业务的最高层级的法规是人民银行 1997 年 10 月 23 日发布的《离岸银行业务管理办法》，在此基础上，国家外汇管理局 1998 年 5 月 13 日发布《离岸银行业务管理办法实施细则》。这两个办法和细则仅规定了作为离岸金融业务的一部分的离岸银行业务，只允许外币业务，实施中仅批准了交通银行、浦发银行、招商银行、平安银行四家银行经营（并且限于总行，2013 年随着自贸试验区的设立，允许将权限下放到这四家银行在部分自贸试验区、自贸港的分行）。此次《海南自由贸易港法》以法律形式对在海南开展离岸金融业务（不仅仅是离岸银行业务）作出规定，并且不限制币种，是一个飞跃性的突破。

此外，《海南自由贸易港法》第二章"贸易自由便利"第十七条规定："海南自由贸易港对跨境服务贸易实行负面清单管理制度，并实施相配套的资金支付和转移制度。"这为对标国际先进水平、建立自由便利的服务贸易结算制度提供了法律基础依据。

需要指出的是，海南自贸港金融开放，在法律层面，并不是要建立一套全新的金融法律制度，而是主要基于我国现有的金融法律制度。这体现在《海南自由贸易港法》第二条规定上，"海南自由贸易港建设和管理活动适用本法。本法没有规定的，适用其他有关法律法规的规定。"

三、《关于金融支持海南全面深化改革开放的意见》

2021 年 4 月 9 日，经国务院同意，中国人民银行、银保监会、证监会、外汇局联合发布《关于金融支持海南全面深化改革开放的意见》（银发〔2021〕84 号，以下简称《意见》），从六个方面提出 33 项具体措施，不但对《总体方案》中金融制度设计做了进一步细化，而且在提升人民币可兑换水平、完善金融市场体系建设、促进金融产品创新等方面，提出了多项政策支持。特别是在跨境金融领域，提出了多项具有突破性的政策措施，以制度创新支持海南加快金融全面改革开放，以资金流动自由便利提升贸易投资自由便利的水平。

（一）加快金融开放的战略导向鲜明

《意见》充分体现了国家加快海南金融开放的战略导向。

一是凸显海南自贸港金融开放试验田的地位。四家中央金融监管部门联合下发金融支持某一重点区域的意见并不多见。此前，"一行两会一局"曾针对上海建设国际金融中心、上海国际金融中心建设和长三角一体化、粤港澳大湾区建设，分别于 2015 年 10 月、2020 年 2 月 2020 年 4 月发布关于金融支持相关意见的文件，此次《意见》是第四个文件。这意味着在政策顶层设计上，海南自贸港已成为我国金融开放的前沿之一。根据《意见》，海南自贸港金融开放的试点安排与上海、粤港澳大湾区各有侧重，充分体现了海南自贸港作为"双循环"重要交汇点的地位，也凸显了海南自贸港在"全面深化改革开放试验区"的战略定位下，承担着金融开放先行先试的创新探索责任。

二是支持措施覆盖领域全面。《意见》中的 33 项措施既包括跨境资金流动、金融服务业开放、金融市场体系建设、金融产品创新、金融风险防范等各个方面，又覆盖银行、证券、保险三大领域，涉及跨境金融、产业金融、普惠金融、绿色金融、科技金融、消费金融等诸多细分市场；既有扩大对外开放先行先试探索的内容，也有针对海南金融现状诸多补短板的改革举措；既加大开放和改革的力度，又强调加强金融风险防控体系建设。

三是政策创新突破力度大。《意见》包括开展跨境资产管理试点、放宽个人跨境交易、保险资产管理公司向境外发行人民币计价的资管产品等，也包含已经在个别区域开展试点的一些措施，比如本外币合一跨境资金池业务等，体现了新发展形势下国家对海南自贸港金融支持力度持续加大。

四是注重金融风险全面防控。《意见》除了强调《总体方案》中提出的构建金融宏观审慎管理体系、完善反洗钱制度、建立金融监管协调机制等宏观领域的金融风险防控措施，还特别提出加强消费者权益保护、建立金融与破产专业审判机构等措施，这有利于完善微观领域的金融风险防控体系，为化解微观金融风险提供了必要的市场化手段，有利于将金融风险化解于"青萍之末"。

（二）跨境金融领域的制度创新突出

《意见》的制度创新以跨境金融领域最为突出，主要体现在以下方面。

一是针对跨境资金流动的核心问题进行突破。资金自由流动是自贸港的基本特征，跨境资金流动管理制度是自贸港最为核心的金融制度安排。与中国香港、新加坡等成熟自贸港以美元作为贸易和投资的主要结算货币、资本项目高度开放的情况不同，人民币是海南自贸港的法定货币，资本项目开放程度与成熟自贸港相比还存在差距。这是海南自贸港金融开放的最大挑战，也是海南自贸港的"中国特色"在金融方面的重要体现。在《意见》33 项支持措施中，有18 项涉及跨境金融领域，占到一半以上，充分体现了对标国际加快制度创新、推动海南自贸港金融开放的导向。

二是明确海南自贸港银行账户体系创新的方向。海南自贸港建设既要面向国际市场进行高水平开放，又要充分发挥背靠超大规模的国内市场的优势，因此在资金流动安排上必须兼顾内外两头，需要采取特殊的银行账户体系。《总体方案》提出构建多功能自由贸易账户体系，建立资金"电子围网"，为海南自贸港与境外实现跨境资金自由便利流动提供基础条件。《意见》在此基础上提出"服务国内其他地区与海南自由贸易港资金往来和跨境贸易投资自由化便利化"，进一步明确了既要实现与境外流动自由便利，也要确保与内地流动自由便利的原则。同时，《意见》中多处提到账户安排，包括探索开展本外币合一银行账户体系试点，支持保险资产管理公司在账户独立、风险隔离的前提下向境外发行人民币产品，便利境外居民在海南使用移动电子支付工具等，这些都需要以账户体系作为基础。海南自由贸易账户自2019年1月上线以来，推动了区域开放，积累了改革经验，但也存在一些亟待突破的瓶颈。《意见》的这些政策措施为下一步海南自贸港银行账户体系的完善提供了比较清晰的指引。

三是跨境资产管理业务试点扩展资本市场开放领域。《意见》提出，支持境外投资者投资海南自贸港内金融机构发行的理财产品、证券期货经营机构私募资产管理产品、公募证券投资基金、保险资产管理产品等资产管理产品。这是首次允许境外投资者购买理财产品和资管产品，也是除了合格境外机构投资者（QFII）和人民币合格境外机构投资者（RQFII）首次允许其他境外投资者购买境内公募基金产品。这是我国资本市场一个新的开放领域，在原来以"沪港通""深港通""债券通"等"管道式"部分放开国内股票市场、债券市场等交易所交易的标准化产品的基础上，将理财、资管等非标准化产品领域对外开放。对于海南自贸港而言，在国内外存在利差的情况下，海南面向境外投资者（特别是海外华人华侨）的理财、基金和资管产品的市场具有很大发展空间，将推动海南成为面向东南亚乃至全球的跨境资产管理中心。

四是推动海南自贸港打造跨境投融资中心。成熟的自贸港一般都是投融资中心，其基础是证券交易所和股票交易所，吸引周边区域乃至全球的企业来上市、发债，从而发挥金融门户的作用。但海南没有证券交易所、期货交易所，这决定了海南自贸港要打造开放门户，在金融方面必须另辟蹊径。《意见》在《总体方案》提出的探索新的跨境投融资管理体制、2035年前实现非金融企业外债项下完全可兑换等政策的基础上，进一步进行了多点布局。其中，具有突破性的措施包括开展跨境资产管理业务试点（"引进来"），支持在海南设立的保险资产管理公司在账户独立、风险隔离的前提下向境外发行人民币计价的资产管理产品（"走出去"）。同时，《意见》将已经在个别地方开展局部试点的政策措施扩大到海南，包括扩大跨境资产转让范围、提高非金融企业跨境融资上限、开展合格境外有限合伙人（QFLP）和合格境内有限合伙人（QDLP）试点、支持保险机构开展境外投资业务等。这将有助于海南以制度创新打造以非标准化产品为主的跨境投融资中心，推进落实国家"十四五"规划纲要中提出的海南自贸港"开展跨境证券投融资改革试点"。

五是发展离岸金融业务。离岸金融业务是成熟自贸港的"标配"，也是金融高水平开放的体现。海南自贸港是否能够在离岸金融业务上取得突破，一直都是备受关注的焦点。《意见》对海南发展离岸金融业务从银行、证券、保险三个方面都提出了措施，包括：允许有离岸银行业务资格的中资商业银行总行授权海南自贸港内分行开展离岸银行业务；允许海南市场主体在境外发行人民币计价的债券等产品引入境外人民币资金；探索制定适合再保险离岸业务的偿付能力监管政策。上述政策是针对《海南自由贸易港法》第五十二条"海南自由贸易港内经批准的金融机构可以提供指定账户或者在特定区域经营离岸金融业务"的具体政策，有利于逐步推动自贸港法中离岸金融条款的落地。

（三）扩展人民币国际化新领域

推动人民币国际化是海南自贸港的重要任务。使用尚未完全可兑换的人民币作为主要交易货币，推动人民币国际化，是海南自贸港有别于其他自贸港的中国特色，也是海南自贸港作为开放前沿承担的重要任务。目前离岸人民币的使用主体主要是企业，其他国家的境外个人还很少使用人民币。如果海南能够利用自贸港政策和"国际旅游消费中心"的定位，扩大人民币在境外个人中的使用，将离岸人民币的使用主体从境外企业扩展到境外个人，将从最终用户的层面、从根本上加快人民币国际化的步伐。

一是放宽境外个人境内投资的限制。《意见》提出，支持在海南自贸港内就业的境外个人开展包括证券投资在内的各类境内投资；允许符合条件的非居民按实需原则在海南购买房地产；研究进一步便利海南居民个人用汇。个人资本项目管理，尤其是非居民个人的境内证券投资的放开，是此次的重大突破。

二是提升跨境移动支付便利化水平。《意见》提出便利境外居民在海南使用移动电子支付工具。目前，只有持有长期签证（定居、长住、学习等）的境外个人可以开立银行账户，并以账户为基础使用手机银行、支付宝、微信支付等移动电子支付工具。如果放宽对短期境外游客开户和使用移动电子支付工具的限制，既能够提高对境外游客和商务人士的金融服务水平，也能够扩大人民币的境外使用群体，进一步拓展人民币国际化的空间。同时，在海南已成为数字人民币试点地区的情况下，此项措施也为今后将数字人民币用户扩展到境外个人提供了可能性。

三是丰富离岸人民币市场的投资产品。从"走出去"的角度看，《意见》提出，允许海南市场主体在境外发行人民币债券，支持海南的保险资产管理公司向境外发行人民币资管产品。这将为人民币离岸市场提供新的投资产品。从"引进来"的角度看，《意见》鼓励海南自贸港创新面向国际市场的人民币金融产品及业务，扩大境外人民币投资海南金融产品的范围。上述措施有助于海南发展以人民币为主要交易货币的离岸金融市场，逐步成为全球离岸人民币市场的重要组成部分。

（四）强调金融创新服务实体经济

《意见》中有 8 项金融支持措施涉及具体的产业方向，围绕海南自贸港的旅游业、现代服务业和高新技术产业三大主导产业，鼓励产业金融创新发展，包括海洋金融、医疗金融、旅游金融、科技金融、航运金融、房地产金融、文化金融、体育金融等多个领域。此外，《意见》还鼓励海南在绿色金融和金融科技等前沿领域进行探索创新，推动海南建设国家生态文明示范区和落实《总体方案》中"建立区块链金融的标准和规则"的任务。

一是提升贸易和投资的便利化水平。其一是开展本外币合一跨境资金池业务试点。2020 年金融支持上海和粤港澳大湾区的政策先后发布，均提出开展此项试点。2021 年 3 月 12 日外汇局宣布在深圳和北京首批试点，海南是第三批试点地区。其二是贸易结算便利化试点，包括实现银行真实性审核从事前审查转为事后核查、完善服务贸易的支付制度。《意见》中本外币合一跨境资金池、在全口径跨境融资宏观审慎管理政策框架下提高海南非金融企业跨境融资上限、开展本外币合一银行账户试点、贸易结算便利化试点四项措施的叠加，将极大方便跨国企业（包括中资跨国企业）的资金跨境调配，有助于吸引企业结算中心落户海南。

二是注重补齐海南金融发展的短板。虽然 2018 年以来海南金融业有多项创新，但在发展规模、市场体系、机构数量、经营业态、产品创新、对外开放等诸多方面都存在差距。《意见》以创新试点开辟多个潜力较大细分市场，如跨境资产管理业务试点、QFLP 和 QDLP 试点、岛内就业境外个人的境内投资、保险资产管理公司境外发债和境外投资等，有利于吸引金融机构进入、完善市场体系、提升开放程度。同时，《意见》提出加强金融产品和服务创新，鼓励提高直接融资规模，调整融资结构。

三是吸引金融机构尤其是外资金融机构进入。外资金融机构是体现自贸港金融开放水平的重要标志。《意见》在多个领域鼓励金融机构入驻海南：银行业方面，鼓励境外金融机构落户海南，支持设立中外合资银行，支持海南的银行引进境外战略投资者；保险业方面，支持保险机构在海南设立保险资产管理公司；基金业方面，支持公募基金落户海南，支持在海南设立合资公募基金管理公司；期货业方面，支持境外金融机构在海南全资拥有或控股参股期货公司；此外，支持外资参股地方性资产管理公司。

四是以金融开放吸引国际人才。建设高水平的自贸港需要吸引国际人才。《意见》提出了多项有助于吸引国际人才的金融支持措施，包括：海南就业的境外人员可以开展包括证券投资在内的各类境内投资，按实需购买房地产，便利境外居民在海南使用移动电子支付工具等。这些措施不仅提升了对国际人才的金融服务水平，便利其工作和生活，更使其能够通过投资分享中国经济发展和海南自贸港建设的成果。

四、海南自贸港负面清单中的金融开放

2020 年 12 月，国家发展改革委、商务部发布《海南自由贸易港外商投资准入负面清单（2020 年版）》。2021 年 7 月，商务部发布《海南自由贸易港跨境服务贸易负面清单（2021 年版）》，这是我国首张跨境服务贸易清单。这两张负面清单的出台，意味着海南自贸港负面清单全面覆盖了服务贸易项下的跨境交付、境外消费、商业存在、自然人移动四种模式。

这两张负面清单均涉及金融领域，其既是对上述三份基础性的文件/法律中关于金融开放的政策措施的落实，也构成了海南自贸港金融开放政策有机组成部分。

（一）外商投资准入负面清单中的金融内容

海南自贸港外商投资准入负面清单（2020 年版）共 27 条，为全国最短的负面清单。其中对于金融业无限制措施，但是，在负面清单"说明"的第六项规定："《自由贸易港负面清单》中未列出的文化、金融等领域与行政审批、资质条件、国家安全等相关措施，按照现行规定执行。"这就存在出现例外情况的可能性，也就是说，金融业的负面清单有可能没有完全覆盖可能的限制措施。

（二）跨境服务贸易负面清单中的金融内容

《海南自由贸易港跨境服务贸易特别管理措施（负面清单）》共 70 条，其中

金融业 17 条，占比 24.9%，涉及银行、证券、保险、基金、期货、支付等领域的业务范围。其主要的内容包括：

一是在银行领域，未经中国银行监督管理机构批准，境外服务提供者不得以跨境交付方式从事银行业金融机构、金融资产管理公司、信托公司、财务公司、金融租赁公司、消费金融公司、汽车金融公司以及经中国银行监督管理机构批准设立的其他金融机构的业务活动；仅在中国境内设立的商业银行可申请期货保证金存管银行资格。

二是在证券领域，既明确了可以采取跨境交付或境外消费模式提供的服务（比如 B 股经纪业务和承销业务），也明确了不得采取跨境交付方式提供的服务（比如公募基金或私募基金的管理人），明确了仅依中国法在中国设立的证券公司经批准可经营所列明的证券业务。

三是在保险领域，保险业务需要商业存在方式提供，跨境交付只限于：再保险，国际海运、空运和运输保险，大型商业险经纪、国际海运、空运和运输保险经纪及再保险经纪；境外消费仅限于除保险经纪外的保险服务。

四是在其他金融领域，在货币经纪业，仅经批准在中国境内设立的货币经纪公司可从事货币经纪业务；在支付领域，仅在中国境内设立的有限责任公司或股份有限公司，且为非金融机构法人可申请"支付业务许可证"，从事非金融机构支付服务。

第三节　海南自贸港金融政策的层次

上述三份基础性文件/法律和两份负面清单共同构建起了海南自贸港政策的"四梁八柱"。在不同的文件、法律、清单中，相同或者相近的政策所在章节的标题各异，在负面清单中限制措施是以罗列的方式加以表述，各份文件或法律中的政策表述虽然有自身的逻辑，但是放在一起来看，有些涉及宏观层面，有些涉及微观层面，有些涉及跨境资金流动，有些涉及服务业开放，缺乏统一的逻辑架构，而且部分内容在多份文件中重复表述，因此，有必要进行梳理，以更加系统性的逻辑框架来进行阐述，以更好地深化对海南自贸港政策的系统性理解。

从海南自贸港金融政策的内容上看，可以分为跨境资金流动、金融市场建设、金融机构引进、金融产品创新、金融科技应用、金融监管体系六大方面。

一、跨境资金流动

跨境资金流动是海南自贸港金融开放需要解决的首要问题，只有解决了跨境资金流动自由的问题，才能充分体现自贸港金融开放的特点，才能为贸易投资自由便利以及金融领域其他方面的发展提供基础。因此，跨境资金流动相关政策是海南自贸港金融政策的主要内容，集中体现在《总体方案》和《关于金融支持海南全面深化改革开放的意见》（以下简称 84 号文）中。

（一）《总体方案》中的跨境资金流动政策

《总体方案》第二部分"制度设计"和第三部分"分步骤分阶段安排"中对跨境资金流动自由提出相关政策详见表 4 - 1。

表 4 - 1　　　　　　　　《总体方案》中跨境资金流动政策

制度设计	重点任务
1. 分阶段开放资本项目	（2035 年前）允许符合一定条件的非金融企业，根据实际融资需要自主借用外债，最终实现海南自贸港非金融企业外债项下完全可兑换
2. 构建多功能自由贸易账户体系	—
3. 外汇管理改革 （1）进一步推动跨境货物贸易、服务贸易和新型贸易结算便利化，实现银行真实性审核从事前审查转为事后核查 （2）跨境直接投资交易：按照准入前国民待遇加负面清单模式简化管理，提高兑换环节登记和兑换的便利性，探索适应市场需求新形态的跨境投资管理；放宽外资企业资本金使用范围 （3）跨境融资：探索建立新的外债管理体制，试点合并交易环节外债管理框架，完善企业发行外债备案登记制管理，全面实施全口径跨境融资宏观审慎管理，稳步扩大跨境资产转让范围，提升外债资金汇兑便利化水平 （4）跨境证券投融资：重点服务实体经济投融资需求，扶持海南具有特色和比较优势的产业发展，并在境外上市、发债等方面给予优先支持，简化汇兑管理	（2025 年前） （1）跨境证券投融资：支持在海南自贸港内注册的境内企业在境外发行股票，优先支持企业通过境外发行债券融资，将企业发行外债备案登记制管理下放到海南省发展改革部门 （2）探索开展跨境资产管理业务试点，提高跨境证券投融资汇兑便利 （3）试点海南自贸港内企业境外上市外汇登记直接到银行办理
4. 实施与跨境服务贸易相配套的资金支付与转移制度	（2035 年前）建立健全跨境支付业务相关制度，营造良好的支付服务市场环境，提升跨境支付服务效率

（二）84 号文中的跨境资金流动政策

作为部委层面的文件，"一行两会一局"《关于金融支持海南全面深化改革开放的意见》，在《总体方案》的基础上，细化或拓展了海南自贸港金融政策（见表 4-2）。

表 4-2　　　　　　　　　　84 号文中跨境资金流动的政策

序号	内容	备注
1	服务国内其他地区与海南自由贸易港资金往来和跨境贸易投资自由化便利化	在《总体方案》跨境资金流动自由便利的基础上，明确了海南与内地资金往来也要自由化便利化
2	进一步推动跨境货物贸易、服务贸易以及新型国际贸易结算便利化	在重申《总体方案》提出的货物贸易结算从事前审查到事后核查、实施与跨境服务贸易相配套的资金支付与转移制度的同时，提出进一步便利真实合规新型国际贸易的跨境结算
3	探索适应市场需求新形态的跨境投资外汇管理（QFLP 按照余额管理模式自由汇出、汇入资金；QDLP 给予基础额度，每年增加额度）	对《总体方案》跨境投资管理改革的具体化
4	完善全口径跨境融资宏观审慎管理政策框架（可适当提高非金融企业跨境融资上限）	对《总体方案》跨境融资管理改革的具体化
5	探索开展跨境资产管理业务试点 支持境外投资者投资海南自由贸易港内金融机构发行的理财产品、证券期货经营机构私募资产管理产品、公募证券投资基金、保险资产管理产品等资产管理产品	对《总体方案》2025 年前重点工作的具体部署，提出了此项的基本框架
6	探索放宽个人跨境交易政策 支持在海南自由贸易港内就业的境外个人开展包括证券投资在内的各类境内投资。允许符合条件的非居民按实需原则在海南自由贸易港内购买房地产，对符合条件的非居民购房给予汇兑便利。研究进一步便利海南居民个人用汇	新的政策拓展，其中支持在海南就业的外国个人开展国内投资，特别强调包括证券在内，实际上是赋予了这部分非居民在金融投资领域的国民待遇，这是首次在个人外汇管理领域的重大突破。按实需原则购买房地产对原有政策的重申
7	在海南开展本外币合一跨境资金池业务试点	新政策，原仅在北京、深圳试点（2021 年 4 月给予海南之后，2022 年 1 月又列入上海临港、广东南沙、海南洋浦、浙江宁波北仑区等区域开展跨境贸易投资高水平开放试点政策）

续表

序号	内容	备注
8	支持符合资格的非银行金融机构开展结售汇业务试点	新政策
9	支持在海南探索开展本外币合一银行账户体系试点	将原在北京、深圳等地开展的试点扩大到海南
10	稳步扩大跨境资产转让范围	原有政策的扩展
11	鼓励创新面向国际市场的人民币金融产品及业务，扩大境外人民币投资海南金融产品的范围	新政策
12	支持保险资产管理公司在账户独立、风险隔离的前提下，向境外发行人民币计价的资产管理产品	新政策
13	提升跨境移动支付便利化水平（便利境外居民在海南使用移动电子支付工具；境内机构在境外开展业务）	新政策

（三）《海南自由贸易港法》中的跨境资金流动规定

《海南自由贸易港法》第五十一条规定："海南自由贸易港建立适应高水平贸易投资自由化便利化需要的跨境资金流动管理制度，分阶段开放资本项目，逐步推进非金融企业外债项下完全可兑换，推动跨境贸易结算便利化，有序推进海南自由贸易港与境外资金自由便利流动。"这一条款是对《总体方案》关于跨境资金流动自由便利政策的高度概括，将政策上升到了法律层面，提供了法律依据。但这一条款是原则性的规定，有待于通过后续具体的配套金融立法加以落实。

二、金融市场建设

金融市场建设是海南自贸港金融发展的基础，也是自贸港金融服务实体经济的主要平台，在海南金融业态相对少的情况下，创新发展金融市场、丰富金融业态的需求尤其突出。海南自贸港金融政策关于金融市场建设的内容主要包括两方面：一是交易场所建设，体现在《总体方案》的政策内容中。二是离岸金融市场建设，体现在《海南自由贸易港法》和84号文中。

（一）交易场所

《总体方案》在"制度设计"中提出"支持建设国际能源、航运、产权、股权等交易场所",并且在"2025 年前重点任务"中明确了四个方面的政策:一是支持海南在优化现有交易场所的前提下,推动产权交易场所建设,研究允许非居民按照规定参与交易和进行资金结算。二是支持海南自贸港内已经设立的交易场所在会员、交易、税负、清算、交割、投资者保护、反洗钱等方面,建立与国际接轨的规则和制度。三是建设海南国际知识产权交易所,在知识产权转让、运用和税收政策等方面开展制度创新,规范探索知识产权证券化。四是推动发展相关的场外衍生品业务。

虽然《总体方案》中只提到了 5 个交易场所的名称,但是结合习近平总书记"4·13"重要讲话、中央 12 号文件和《中国(海南)自由贸易试验区总体方案》中关于交易场所建设的有关内容,海南自贸港的交易场所建设是"6 + 3",其中"6"指的是"4·13"重要讲话和中央 12 号文件指出的"支持海南设立国际能源、航运、大宗商品、产权、股权、碳排放权等交易场所","3"指的是海南自贸区总体方案提出的"支持在海关特殊监管区域设立国际文化艺术品交易场所""建设以天然橡胶为主的国际热带农产品交易中心""支持建立知识产权交易中心"。

这些政策的突破力度还是比较大的,尤其是在允许非居民参与交易场所交易和按照国际标准进行改造方面,是首次提出。因为,目前我国对交易场所的管理相对严格,定位为现货交易场所,不允许进行连续性报价交易,不允许金融机构和个人参与,更不允许境外机构和个人参与,并且原则上不新增,现有的交易场所数量要压缩。在这种严格管理的趋势下,虽然多个自贸试验区总体方案中都提到建设各类交易场所,但是进展都不乐观。海南自贸港能够提出建设多个交易场所(其中航运、碳排放等是新增加的),实属不易。

从交易产品层面上看,目前,除了上海能源交易中心的人民币原油期货、20 号胶期货、低硫燃油期货、铜期货,大连商品交易所的铁矿石期货、郑州商品交易所的 PTA 期货,其他交易品种不允许非居民参与交易。地方性交易场所更谈不上对非居民的交易。海南自贸港被允许非居民参与交易场所的交易和结算,是很大力度的支持政策。

同时,自贸港政策赋予了海南的交易场所更加国际化的发展空间,支持海南自贸港内已经设立的交易场所在会员、交易、税负、清算、交割、投资者保护、反洗钱等方面,建立与国际接轨的规则和制度,这将有助于海南的交易场所更为国际投资者所熟悉,并更好地与全球主要交易所对接,税负也将对标国际惯例将进一步减轻,同时投资者保护进一步加强将吸引更多的投资者。

交易场所是自贸港金融辐射能力的重要基础，海南自贸港交易场所的国际化发展，是提升海南自贸港竞争力的重要方面，也是打造面向太平洋和印度洋重要开放门户的重要体现。

（二）离岸金融市场

从全球来看，离岸金融市场是自贸港的"标配"。从我国来看，虽然金融开放取得了巨大的成就，但是离岸金融市场的发展滞后，目前我国境内只有交通银行、浦发银行、招商银行、平安银行四家银行获准开展外币离岸银行业务，无论是经营主体、经营币种、经营地域（只限于总部，即上海和深圳）都受到很大限制，规模也很小。虽然四家银行并没有系统地公布其离岸业务数据，监管机构也未披露相关数据，但是从上述四家银行中业务规模较大、披露程度较高的招商银行来看，其 2020 年离岸存款为 260 亿美元，仅占其本外币存款的 3%。2013 年自贸试验区开始设立以来，虽然小部分自贸试验区总体方案中提及发展离岸金融业务，但是整体而言并无实质推进，只有个别自贸试验区内上述四家银行的分支机构获得总行开展离岸银行业务的授权。

海南自贸港作为我国唯一自贸港，其离岸金融市场建设的政策有两条：一是《海南自由贸易港法》第五十二条规定："海南自由贸易港内经批准的金融机构可以通过指定账户或者在特定区域经营离岸金融业务。"这是我国离岸金融业务第一次写入法律。二是 84 号文提出："允许已取得离岸银行业务资格的中资银行总行授权海南自贸港内分行开展离岸银行业务。"目前，上述四家具有离岸银行业务资质的银行总行均已授权其在海南的分行办理离岸银行业务。

三、金融机构引进

金融机构是金融市场最重要的主体。与中国香港、新加坡等自贸港外资金融机构云集相比，海南自贸港目前金融机构数量少、规模小、业态传统、外资金融机构数量少、业务占比极低的状况亟待改变。因此，"率先在海南自贸港落实金融业扩大开放政策"在《总体方案》《海南自由贸易港法》和 84 号文三份基础性文件/法律中都有提出。

（一）《总体方案》中的支持政策

《总体方案》强调"培育提升海南金融机构对外开放能力"，在 2025 年前重点任务中提出：支持符合条件的境外证券基金期货经营机构在海南自贸港设立独资或合资金融机构；在符合相关法律法规的前提下，支持在海南自贸港设立财产险、人身险、再保险公司及相互保险组织和自保公司。

为什么《总体方案》没有提及支持引进银行机构？因为引进金融机构的目的是将海南自贸港的金融业务或金融市场与全球相连通，从银行业来看，岛内的多家国有大型银行均是全球排名居前的银行，其在境外有较为广泛的机构网络，尤其是中国银行；从银行业务的角度，海南通过这些国有大行的分支机构网络已经能够实现连通世界。但是，在证券、基金、期货领域，海南的机构及其母公司均缺乏境外网络，在全球资本市场上影响力很弱；在保险领域，虽然国内几大保险公司在海南均有分支机构，但是我国保险机构在境外的覆盖面窄、竞争力弱，因此，在证券业和保险业，海南引进外资金融机构的迫切性要远远高于银行业。

（二）84号文中的支持政策

部委层面的84号文在《总体方案》的基础上，对各个领域的引进金融机构支持政策作了进一步的拓展。

一是在银行业，在支持引进外资机构（鼓励境外金融机构落户海南；支持设立中外合资银行；支持海南引进外资参股地方性资产管理公司）的同时，也注重引进内资机构（支持海南引进全国性股份制商业银行设立分行），还注重存量机构的改革（研究海南农村信用社改革；支持海南的银行引进符合条件的境外战略投资者）。

二是在证券业，也是外资和内资机构并重：支持公募基金落户海南，支持符合条件的机构在海南依法申请设立合资公募基金管理公司，支持符合条件的境外金融机构在海南全资拥有或控股参股期货公司。

三是在保险业，支持符合条件的保险机构在海南设立保险资产管理公司。

四是在其他金融业态，支持符合条件的外资机构在海南依法合规获取"支付业务许可证"。

四、金融产品创新

金融产品创新既是金融市场建设政策落地的具体体现，也是金融机构适应新政策新形势展业的结果，更是金融服务实体经济、支持贸易投资自由便利最直接的抓手，因此，在海南自贸港金融政策中，金融产品创新占有较大的篇幅，主要聚焦于三个方面：产业金融、直接融资、保险产品。

（一）产业金融

《总体方案》提出"支持金融机构立足海南旅游业、现代服务业、高新技术产业等重点产业发展需要，创新金融产品，提升服务质效""稳步拓展多种形式的产业融资渠道"，并提到了以下几个产业金融领域：一是在服务贸易领域开展保单融资、仓单质押贷款、应收账款质押贷款、知识产权质押融资等业务。二是规范、稳妥开发航运物流金融产品和供应链融资产品。三是为船舶和飞机融资提供更加优质高效的金融服务、取消船舶和飞机境外融资限制，探索以保险方式取代保证金。四是创新科技金融政策、产品、工具。五是支持涉海高新技术企业利用股权、知识产权开展融资。上述政策集中在两个领域：一是贸易领域，包括贸易融资、供应链金融、航运金融等。二是科技领域，尤其是海洋科技。

84 号文一是延续了《总体方案》强调的服务贸易和科技创新的要求，提出支持海南加快发展航运金融、船舶融资租赁等现代服务业，强化海洋产业、高新技术产业等领域的金融服务，支持科技金融发展，推动发展海洋科技。二是结合当前全国金融政策导向，增加了绿色金融、普惠金融、农村金融等方面的内容，包括：鼓励绿色金融创新业务在海南先行先试；支持构建小微企业综合金融服务平台；支持海南探索推进农垦国有农用地使用权抵押担保试点；支持商业银行、中国银联联合产业各方推进开展小微企业卡、乡村振兴卡等业务。三是针对海南主导特色产业，强化文化、体育和旅游领域金融服务。建设区域文化和旅游金融服务平台，重点支持邮轮游艇产业集聚园区和相关公共服务配套设施建设。

（二）直接融资

《总体方案》提出：一是支持住房租赁金融业务创新和规范发展。二是支持发展房地产信托投资基金（REITs）。三是支持发行公司信用类债券、项目收益票据、住房租赁专项债券。四是对有稳定现金流的优质旅游资产，推动开展证券化试点。五是鼓励在海南自贸港向全球符合条件的境外投资者发行地方政府债券。六是设立海南自贸港建设投资基金。

84 号文在直接融资方面，一是重申了"总体方案"的部分政策，如支持海南在住房租赁领域发展房地产投资信托基金（REITs），支持住房租赁市场规范发展。二是与海南自贸港实现外债项下完全自由兑换的目标相呼应，注重债券融资，包括支持海南企业发行债券融资。积极支持符合条件的海南企业在银行间市场和交易所市场发行公司信用类债券。允许海南市场主体在境外发行人民币计价的债券等产品引入境外人民币资金，重点支持高新技术、医疗健康、旅游会展、交通运输等产业发展。推广文化、体育和旅游产业专项债券，优化文化、体育和旅游产业融资结构，逐步降低融资成本。三是支持海南企业通过资产证券化盘活存量、拓宽资金来源。

（三）保险产品

《总体方案》提出：探索建立与国际商业保险付费体系相衔接的商业性医疗保险服务；支持保险业金融机构与境外机构合作开发跨境医疗保险产品。上述聚焦于医疗保险产品，与海南利用得天独厚的自然资源和全国力度最大的医疗开放政策发展医疗康养产业的布局是相互呼应的，体现了金融服务实体经济。

84 号文提出，加强研究海南与港澳地区保险市场深度合作，探索制定适合再保险离岸业务的偿付能力监管政策，围绕环境、农业、旅游、健康、养老等领域，研发适应海南需求的特色保险产品。

（四）金融产品创新政策的特点

在《总体方案》中，尤其是 2025 年前重点任务中，金融产品创新有较大篇幅的表述，这既反映了金融服务实体经济的导向，说明在"早期安排"阶段金融的主要任务是支持产业发展，也反映了金融政策"稳步推进"的阶段性安排（跨境资金流动、金融市场建设等层面的突破需要更长时间）。

但是，从产品本身来看，上述政策中提及的除保险外的其他产品，虽然在海南尚待突破，但是在国内已经都有叙做。一方面，表明海南自贸港金融的重点在于制度创新，产品层面更多的是服务产业发展，船舶和飞机融资租赁、REITs、旅游资产证券化、航运金融、科技金融等均是服务于海南重点产业的金融产品，这些产品在现有制度下容易复制落地，能够在制度创新突破前有效支持产业发展。在制度创新有突破、跨境资金流动自由便利后，产品创新的机会更多、空间更大。另一方面，也反映了海南目前金融市场发展水平较低、实体经济偏弱，难以承载金融创新前沿的产品。

另外，《总体方案》中提及的金融产品绝大部分属于直接融资，这既是目前海南存贷款规模小、资金来源有限的考虑，也是转变融资方式、充分利用境内境外两个市场金融资源的需要。在《总体方案》出台前的 2019 年末，海南整个银行市场的贷存比（贷款/存款）达到 97.8%，2020 年 6 月末更上升到 99.6%，接近 100%（见图 4 - 1）。在银行贷款资金主要来源于存款、贷存比约束趋强的情况下，银行贷款的空间已经相对有限，而直接融资在国家"十四五"大力发展多层次资本市场的战略导向之下，空间很大。

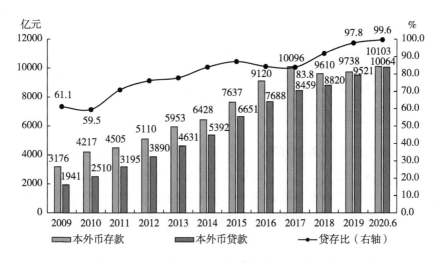

图 4 - 1 2009—2020 年 6 月海南省银行存贷款情况

（资料来源：海南省统计局《统计月报》，作者整理）

五、金融科技应用

金融科技虽然不是海南自贸港金融政策的重点，但是在数字经济快速发展、海南自贸港"数据安全有序流动"开放政策全国力度最大、"智慧海南"建设定位为"打造全球自由贸易港智慧标杆"的背景下，作为数据应用非常广泛的金融业，不仅需要有相应的金融政策来支持和服务数字经济和数据跨境流动，金融自身也面临科技转型的挑战，还需要以前沿的金融科技应用来提升海南金融业发展水平。

《总体方案》提出"依法有序推进人工智能、大数据、云计算等金融科技领域研究成果在海南自贸港率先落地"。84 号文提出，"在依法合规、风险可控前提下加强金融科技创新应用。支持海南自由贸易港在金融管理部门统筹下开展金融科技创新业务试点，稳妥推进科技与金融业务深度融合"。

值得关注的是，《总体方案》提出"（2035 年前）建立区块链金融的标准和规则"。虽然确定的时间表较远，但是这条政策具有非常大的想象空间。从历史上看，2013 年前后开始的互联网金融，带动了非常多的金融产品和服务创新，带来了指数化的增长，也产生了一批带有浓厚的互联网基因的新型金融机构，包括微众银行、网商银行等一批民营新型银行，在所在的细分领域非常具有竞争力。从现实来看，区块链是下一步信息科技发展的主要方向之一，虽然还未形成成熟的商业模式，但是很多在尝试中的区块链商业模式（包括区块链技术在金融领域的应用）已经催生了一批具有独创性的市场或产品。因此，展望未来，区块链金融空间巨大，潜力可期，如果海南利用高度的开放环境和独特的政策优势，建立区块链金融的标准和规则，不仅将催生巨大的市场，而且也会提升我国在全球数字经济、数字金融领域规则制定的软实力和话语权。

六、金融监管体系

坚持底线思维是《总体方案》的指导思想之一，强调加强重大风险识别和系统性风险防范，建立健全风险防控配套措施。海南自贸港作为高度开放的小型经济体，在全球金融市场波动加大、金融风险不断累积的宏观背景下，金融风险防范是重中之重，在"管得住才能放得开"的要求下，需要完善监管体系，强化金融监管。

《总体方案》关于金融风险防控体系，聚焦于四个方面：一是金融法治环境，要优化金融基础设施和金融法治环境，加强金融消费者权益保护。二是跨境资金流动风险防范，要依托资金流信息监测管理系统，建立健全资金流动监测和风险防控体系。建立自由贸易港跨境资本流动宏观审慎管理体系，加强对重大风险的识别和系统性金融风险的防范。三是反洗钱，要加强反洗钱、反恐怖融资和反逃税审查，研究建立洗钱风险评估机制，定期评估洗钱和恐怖融资风险。四是完善监管机制，要构建适应海南自由贸易港建设的金融监管协调机制。

84号文关于金融风险防控，在《总体方案》的基础上作了进一步拓展：一是在宏观风险防范层面重申了《总体方案》的内容，即构建金融宏观审慎管理体系，加强对重大风险的识别和对系统性金融风险的防范。依托资金流信息监测管理系统，建立健全资金流动监测和风险防控体系。完善反洗钱、反恐怖融资和反逃税制度体系和工作机制，研究建立洗钱风险评估机制，定期评估洗钱和恐怖融资风险。构建适应海南自由贸易港建设的金融监管协调机制，有效履行属地金融监管职责，确保风险防控能力与金融改革创新相适应。二是就《总体方案》关于优化金融基础设施和完善金融法治环境的要求，具体提出支持海南设立金融与破产专业审判机构，集中审理海南金融与破产案件，提升金融与破产案件专业化审理水平，为当事人提供更加优质高效的司法保障。三是就《总体方案》中关于金融消费者权益保护的内容，进一步明确了相关要求，支持海南银行、证券、保险领域消费纠纷调解组织充分发挥作用，建立公正、高效、便民的金融纠纷非诉第三方解决机制。加强与当地人民法院和司法行政部门的沟通合作，落实银行、证券、保险领域矛盾纠纷诉调对接机制，发挥金融行业调解组织专业化优势，探索建立金融行业纠纷调解协议司法确认制度。开展集中性金融知识普及活动，在海南建立金融知识普及教育示范基地。进一步发挥证券期货投资者教育基地作用。总的来看，84 号文既强调了宏观层面金融风险的管理，也具体部署了微观层面金融风险管理的措施要求，为金融开放扩大后处理和化解境外投资者相关金融交易的纠纷作了前瞻部署。

海南自贸港的金融政策覆盖了跨境资金流动、金融市场建设、金融机构引进、金融产品创新、金融科技应用、金融监管体系等多个层面，并且着眼长远规划了 2025 年和 2035 年的重点工作，政策措施具有全面性和系统性的特点。在这些政策中，有一些政策具有基础性的特点，为海南自贸港的基金开放提供必需的基础设施，比如多功能自由贸易账户体系；也有一些政策措施是服务贸易和投资自由便利的金融安排，是全岛封关运作之后在金融服务模式上的必要调整，比如货物贸易、服务贸易、离岸贸易等方面的结算便利化；还有一些政策具有开创性的特点，是中央赋予海南自贸港独有的开放政策，落地实施后能够打开新的市场空间，比如跨境资产管理试点、离岸金融业务等。这些政策是海南自贸港金融政策的重中之重，需要抓紧推进落实，既是全岛封关运作准备工作的重要内容，也是吸引和集聚金融资源，更好地服务实体经济的需要。

第五章　海南自贸港多功能
自由贸易账户体系

《总体方案》提出："构建多功能自由贸易账户体系。以国内现有本外币账户和自由贸易账户为基础，构建海南金融对外开放基础平台。通过金融账户隔离，建立资金'电子围网'，为海南自由贸易港与境外实现跨境资金自由便利流动提供基础条件。"

银行账户是资金存放、交易、结算、清算的基本载体，是银行与客户进行各类交易的基础，也是金融监管当局进行金融运行统计监测、监督管理的基础，是金融市场运行的基础设施之一。多功能自由贸易账户是海南自贸港金融政策中最重要的内容，也是在金融领域实现自贸港"境内关外"特点的基础设施。

第一节　自由贸易账户

自由贸易账户（Free Trade Account，以下简称 FT 账户）是我国自贸试验区的一项重要金融制度创新，是推动区域性资本项目开放的重要探索，为海南自贸港的账户体系建设提供了基础和经验。

一、上海自贸试验区 FT 账户

2014 年 5 月，人民银行上海总部发布《中国（上海）自由贸易试验区分账核算业务实施细则（试行）》和《中国（上海）自由贸易试验区分账核算业务风险审慎管理实施细则（试行）》（银总部发〔2014〕46 号），FT 账户在上海自贸试验区上线，这是我国第一个区域性账户体系。

上海自贸试验区分账核算业务是指上海市金融机构设立分账核算单元，通过 FT 账户为区内客户提供金融服务，并按照准入前国民待遇原则为境外机构提供金融服务。分账核算单元是指金融机构为开展分账核算业务，在市一级机构内部建立的自由贸易专用账户核算体系（Free Trade Accounting Unit，FTU），并建立相应机制实现与金融机构的其他业务分开核算。FT 账户是金融机构根据客户需要在自贸试验区分账核算单元开立的规则统一的本外币账户。FT 账户根据"先本币、后外币"的原则推进，以人民币账户为主账户，2014 年 5 月上线时先开展人民币业务，2015 年 7 月外币业务功能上线，可以办理的业务范围为：（1）经常项下；（2）全国范围内允许开展的资本项目；（3）按规定开展适用于上海的投融资汇兑创新及相关业务。

FT 账户体系包括 5 种子账户，其中机构账户 3 种，分别是区内机构自由贸易账户（FTE）、境外机构自由贸易账户（FTN）、同业机构自由贸易账户（FTU）；个人账户 2 种，分别是区内个人自由贸易账户（FTI）、境外个人自由贸易账户（FTF）。

FT 账户的原则是"标识分设、分账核算、独立出表、专项报告、自求平衡"，其与境外账户、境内区外非居民机构账户以及 FT 账户之间的资金流动按照宏观审慎原则实施监管，其与境内（含自贸试验区内）其他银行账户之间的资金流动根据有限渗透加严格管理的原则按跨境业务实施管理（见图 5 - 1）。FT 账户与同名境内账户之间可以办理以下业务的人民币资金划转：（1）经常项下业务；（2）偿还海南岛内的银行发放 6 个月以上人民币贷款；（3）新建投资、并购投资、增资等实业投资；（4）人民银行允许的其他跨境交易。FT 账户不能办理现金业务。

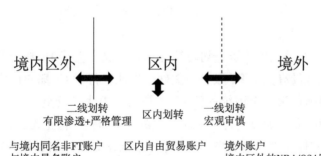

图 5 - 1　FT 账户资金划转规则

二、海南复制 FT 账户

2019 年 1 月 1 日，FT 账户正式在海南自贸试验区复制上线。这是 FT 账户首次被复制到上海自贸试验区之外（2019 年 10 月，FT 账户被复制到广东、天津自贸试验区)。首批上线银行为中国银行海南省分行和浦发银行海口分行,之后工商银行、建设银行、农业银行、光大银行在海南的分行逐步上线 FT 账户,截至 2022 年 3 月,上线银行数量达到 10 家。

截至 2020 年末,海南省共开立 FT 主账户 7235 个,子账户 21648 个。2020 年 FT 账户资金收付 313.25 亿元,同比增长 130%。FT 账户优质客户从 2019 年末的 43 家扩大至 2020 年末的 103 家,同比增长 139%①,便利化服务覆盖面更加广泛。2020 年 3 月,首个基于 FT 账户的全功能型跨境双向人民币资金池成功落地。总体来看,FT 账户为海南扩大金融开放、服务贸易投资自由便利发挥了积极的作用。

三、海南自由贸易账户存在的问题

从 FT 账户的实践来看,虽然 FT 账户对促进海南贸易和投资起到了一定作用,但是没有完全达到设计目标,客户体验与预期存在差距,主要表现在:

一是未能实现"一线放开"。FT 账户在与境外账户划转时(跨"一线")需按照现行外汇管理规定提交相关材料,在与二线境内账户划转时(跨"二线")根据 FT 账户管理办法也要提供相关材料,导致一线没有放开、二线又要管住。另外,FT 账户是规则统一的本外币账户,但在实践中,账户内还需遵守外汇管理规定,无法做到仅凭客户交易指令兑换,并且资本项下仍需按照外汇管理要求分具体项目分别开立专户,出现一个客户多个同币种账户的情况。

二是未能实现本外币一体化。FT 账户内同名的人民币账户和外币账户的资金不能自由兑换和划转。

三是 FT 账户与境内账户资金划转缺乏规定。除了上线 FT 账户的 4 个自贸试验区,其他地区没有关于 FT 账户的文件,当地银行对 FT 账户的资金汇划规定缺乏了解,目前也没有全国统一的 FT 账户与境内账户资金划转规定,FT 账户跨行尤其是跨省划转需要进行"一对一"的沟通协调,甚至无法办理。

四是 FT 账户体系内异名账户之间外币不能自由划转。如要异名外币划转业务还必须采取资金池的方式,限于资金池成员企业。

五是个人 FT 账户只是个别开户。个人开户除了要求在区内工作一年以上、有一个以上的所得税纳税证明,还需要按照"先人民币再外币"的要求从境外先汇入一笔人民币资金才能开户,开户的客户极少。个别已经开立的个人 FT 账

---

① 资料来源:中国人民银行海口中心支行官网(haikou. pbc. gov. cn/haikou/132969/4194085/index. html)。

户没有后续业务办理。

六是相当一部分没有资金跨境流动需求的市场主体也开立了 FT 账户。比如一些从事本地化业务的公司，如餐饮企业、园林公司、装修公司等，其没有跨境交易，没有使用 FT 账户的需求，但也开立了 FT 账户，除了增加其成本，没有达到宣传中的预期目的，反而产生了负面的客户体验。

上述问题原因在于 FT 账户管理办法与现行的外汇管理规定存在不相协调之处。FT 账户管理办法由人民银行上海总部出台，在相关政策的协调上有不完善的地方。更深层次的原因，一是 FT 账户开户主体同时包括居民和非居民，其分账核算内容包括离岸业务、在岸业务、跨境业务，与现行按照居民和非居民划分的跨境业务管理规定不相匹配。二是资金划转的"二线"与货物海关监管的"二线"范围不同，后者是具体的、有限的、可以以物理围网隔离的，前者则覆盖整个境内市场（比如，某企业从上海自贸区的 FT 账户付款到内地某地的账户，在这两个账户之间就形成了"二线"），管理难度要大得多。三是目前我国银行账户体系的管理是人民银行管人民币账户、外汇局管外汇账户，作为本外币一体化的 FT 账户需要同时符合二者的规定。

简言之，FT 账户既同时包括居民和非居民两类交易主体，也同时包括境内、跨境、离岸三种类型的资金流动，与现行的将居民和非居民分开管理，将资金的境内流动、跨境流动、离岸流动分开管理的跨境交易管理制度框架不一致，导致其同时受到 FT 账户本身的规则和现行跨境交易管理制度两套体系的约束。

实际上，海南自贸港的市场主体包括居民和非居民，资金流动可以分为三种类型：海南岛内的流动、岛内与内地的境内流动、岛内与境外的跨境流动。依靠一个账户体系无法同时满足三种类型资金流动的自由便利。应以境内账户为主来满足海南与内地资金流动的自由便利，以 FT 账户为主来满足海南与境外资金流动的自由便利。

FT 账户的实践为多功能自由贸易账户的设计提供了探索经验，特别是遇到的瓶颈很可能是未来多功能自由贸易账户的突破口。但是，海南多功能自由贸易账户体系要比 FT 账户复杂，其中很重要的一点是，上海自贸试验区面积只有 120 公里，区内的市场主体以企业为主，在区内常住的个人居民很少，海南则是 3.54 万平方公里，除了企业还有 960 多万常住人口、8300 多万游客（2019 年数据），个人业务需求需要充分考虑。

第二节　构建多功能自由贸易账户体系的探索

一、现实基础和迫切需求

虽然《总体方案》已经对"多功能自由贸易账户体系"提出了基本要求，但是目前关于如何构建海南全岛封关之后的银行账户体系还有待达成共识。其主要原因：一是在我国金融开放的过程中，在资本项目开放程度不高的情况下，根据不同时期不同市场主体的资金跨境流动需求，形成了多套银行账户体系并行的状况（见表5－1），其中既有在岸账户，又有离岸账户，既有全国性账户，又有区域性账户，并且呈现出在原有的账户体系基础上只做加法不做减法、不断叠加的特点，账户体系相对复杂。二是在传统理论中，自贸港具有"境内关外"的特点，在金融上表现为具有离岸特征，但是海南作为中国特色自贸港，在现实制度安排上与国际上的自贸港存在差异，既要高度开放对接国际市场，也要保持作为国内大市场的一部分，还要在国际市场和国内市场之间筑起"防火墙"。三是海南自贸港已经存在境内账户和离岸账户（OSA）、非居民境内账户（NRA）、自由贸易账户（FT）等多套账户体系，未来的账户体系是基于现有账户基础进行升级完善还是另起炉灶再新建一套，各种观点并不一致。

表5－1　　　　　　　　　　我国的银行账户体系

账户	币种	账户性质	覆盖范围	推出时间	开户银行	开户主体	监管机构
境内账户	人民币	在岸	全国	—	所有银行	境内机构和个人	人民银行
	外币	在岸	全国	—	具有外汇业务资格的银行		外汇局
离岸账户（OSA）	外币（可兑换货币）	离岸	全国	1997	交行、浦发、招行、平安	境外机构和境外个人	外汇局
境外机构境内账户（NRA）	外币	在岸	全国	2009.7	具有外汇业务资格的银行	境外机构	外汇局
	人民币	在岸	全国	2010.9	具有办理国内外结算资格的银行		人民银行
自由贸易账户（FT）	人民币	在岸	上海、海南、广东、天津自贸区	2014.6	FT账户系统通过验收的银行	区内机构、境外机构、区内个人、境外个人	人民银行

资料来源：作者根据公开资料整理。

注：此外，还有2013年8月在新疆霍尔果斯国际边境合作中心开展的离岸人民币账户试点，但是仅限于该区域内，规模也很小。

从实践上看，人流、物流、资金流自由流动是自贸港的基本特征，《总体方案》提出了贸易、投资、资金、人员、运输五个"自由便利"，其中跨境资金流动自由便利既是重要内容，又是重要基础。《总体方案》发布后，海南自贸港在贸易、投资、税收、人才、运输、数据等方面的一系列政策陆续推出，对跨境资金流动自由便利的需求日益迫切。目前，《海南自由贸易港法》已公布实施，2025 年前海南全岛封关运作各项准备工作已启动，金融是其中的重要内容，作为金融基础设施的银行账户体系又是重中之重。因此，有必要以满足跨境资金流动自由便利为主要目的，深入分析海南自贸港市场主体的性质、资金流动的类型、现有账户体系现状等问题，厘清未来海南自贸港银行账户的性质、特点和选择路径，研究提出适应海南自贸港全岛封关运作需要的银行账户体系建设的思路，推动形成共识，并留出充足的准备和实施时间。

二、相关的研究观点

（一）关于 FT 账户体系的研究

长期以来，研究银行账户的文献多是针对境内账户从支付结算的角度进行研究，从跨境资金流动的角度研究各个账户体系的文献相对较少，并主要集中在对自由贸易账户（FT 账户）的研究方面。

目前关于 FT 账户的研究，主要是针对上海 FT 账户，由于海南 FT 账户是复制上海 FT 账户，相关研究对海南也有参考价值。

从账户体系选择看，施俐娅（2014）[①] 认为，金融服务需要通过制度创新来为自贸试验区实体经济的贸易投资提供更加便利的、接近国际水平的金融服务。在全国实施尚未具备条件而资金又无法以物理形式进行围网式管理的情况下，通过建立分账核算管理制度来为自贸区实体经济提供便利化的账户服务，就成为一个虽非最优也是次优的选择。从账户体系的性质看，刘健、马丽靖（2020）[②] 和谢裕华、张剑涛（2019）[③] 认为，FT 账户是具有离岸功能的在岸账户体系，介于在岸、离岸账户体系之间。

从账户体系的实践看，左娜（2018）[④] 认为，FT 账户有助于推进各项探索投融资汇兑便利，扩大金融市场开放政策的落地，但还存在一些短板，如跨境

① 施俐娅. 分账核算试验 [J]. 中国外汇，2014（14）：40 – 43.

② 刘健，马丽靖. 自由贸易账户体系发展现状、问题及未来展望 [J]. 清华金融评论，2020（1）：60 – 62.

③ 谢裕华，张剑涛. 探索自由贸易账户体系创新应用 [J]. 中国外汇，2019（17）：68 – 70.

④ 左娜. 为什么是自由贸易账户？[J]. 上海金融，2018（12）：1 – 5.

金融服务的国际竞争力还不足、金融服务创新所受到的来自其他监管部门的约束还较多。周诚君（2018）① 认为，FT 账户具有过渡性，不是一个稳定、可持续、有竞争力的账户体系，并非我国账户体系的改革发展方向。

（二）关于"境内关外"环境下的账户体系研究

由于 FT 账户上线的上海自贸试验区，以及后来复制到的海南、广东、天津等自贸试验区都是基于现有制度框架下"境内关内"的环境，但是，海南自贸港封关运作后是"境内关外"，而目前对于海南自贸港封关之后银行账户体系的研究还很少。周诚君（2020）② 认为，2025 年海南全岛封关运作后，海南自由贸易港市场主体及其商品、劳务和金融资产都将具有离岸法律属性，遵守以《海南自由贸易港法》为核心的离岸法律法规，既有的内地在岸银行账户体系，以及 FT 账户体系都将无法满足为海南市场主体及其离岸经济活动提供金融服务和基础设施支持的要求，有必要尽快着手建立适应海南自由港经济金融活动需求的、独立于内地既有银行账户体系的海南离岸银行账户体系。

上述研究的出发点着眼于市场主体的居民或非居民属性，其前提是海南自贸港在封关后人财物具有离岸的法律性质，但这一前提是否成立值得商榷。因为，一是《总体方案》中并未提及这方面的内容。二是作为海南自贸港"基本法"的《海南自由贸易港法》第二条规定，"海南自由贸易港建设和管理活动适用本法。本法没有规定的，适用其他有关法律法规的规定"，在此部法律中也没有涉及海南居民（这里指的是广义的居民概念，含企业法人和各类非政府性组织，下同）身份、财产、资金等性质变化的规定。因此，海南自贸港封关后，港内居民的身份、财产、资金的性质与封关前没有发生变化，至少是在法律没有明确作出调整规定之前没有变化。

三、自贸港银行账户建设的经验

（一）国际经验

从国际上看，全球主要经济体均没有以银行账户形式进行区域性的资金隔离和管控的先例。美国、日本、加拿大、韩国、德国等国家的自贸区均只涉及货物由海关进行"境内关外"的特殊监管和关税优惠，在金融方面实行的是与

---

① 周诚君. 关于我国银行账户体系的若干思考——兼论 FT 账户和海南自贸区（港）账户体系选择问题 [J]. 上海金融，2018（11）：1 - 6.

② 周诚君. 自由贸易港需要什么样的金融服务？——再论 FT 账户和海南自由贸易港的账户选择问题 [J]. 金融研究，2020（12）：40 - 55.

境内一样的账户体系。美国和日本的境内离岸金融账户，并不是针对自贸区等特殊区域单独实施的，而是在全国范围内实施的，符合条件的银行获批后都可以开展。

从全球主要自贸港来看，中国香港和新加坡作为城市型经济体，不存在"二线"的问题。中国香港是单一账户体系，新加坡虽然有一套在岸账户体系（Domestic Business Unit，DBU，国内业务单元）和一套离岸账户体系（Asian Currency Unit，ACU，亚洲货币单元），但以居民和非居民进行划分，不存在区域隔离的问题。迪拜的国际金融中心自由区虽然实行区域隔离，但实行的是离岸账户体系，按照居民和非居民进行区分，区内银行不允许吸收本地居民存款，不得从事本地货币迪拉姆业务。全球主要自贸港也没有可供海南借鉴的经验。

（二）国内经验

从国内来看，21 个自贸试验区中只有上海、海南、广东、天津 4 个自贸试验区上线了自由贸易账户（FT 账户）。FT 账户按照"标识分设、分账核算、独立出表、专项报告、自求平衡"的原则，开户主体包括区内企业、区内金融机构、区内个人、区内境外个人和境外机构，与境外账户、境内区外 NRA 账户、FT 账户之间的资金划转凭客户的收付款指令办理，与境内（含区内）非 FT 账户之间的资金划转根据有限渗透加严格管理的原则按跨境业务进行管理，本外币头寸在区内或境外进行平盘。

FT 账户是我国第一个区域性账户体系，其制度上的突破点：一是开户主体同时包括居民与非居民。二是实行"一线放开、二线有限渗透"，FT 账户与境外账户资金往来自由，与境内账户资金往来按照跨境交易进行管理。三是包括人民币和外币，以本币优先原则，跨二线交易以人民币结算。四是本外币一体化的账户，账户内可自由兑换。上海 FT 账户对上海自贸区建设尤其是金融改革开放起到了很大的推动作用，但目前在实践中还面临一些瓶颈，包括：资金流动跨"一线"还要按照外汇管理制度进行审核，账户内还不能实现自由兑换，还没有开展个人业务，与境内账户之间的资金划转规则还没有统一规范等。FT 账户体系对于海南自贸港银行账户体系设计具有重要的参考价值。

第三节　海南自贸港银行账户体系设计原则

海南自贸港银行账户体系设计应坚持"金融服务实体经济"的原则，以市场主体的属性、市场交易的性质、资金流动的需求作为账户体系设计的出发点，目的是在自贸港的特殊制度环境下，在有效防控风险的情况下，实现海南跨境资金流动和与内地资金流动的自由便利。

一、海南自贸港具有"关外"和"关内"双重性质

根据国际海关组织 1973 年《京都公约》的定义，自由贸易区（Free Trade Zone）是指一国的部分领土，在这部分领土内运入的任何货物，就进口税及其他各税而言，被认为在关境以外，并免于实施惯常的海关监管制度，其特点是"境内关外"。我国的自由贸易试验区并不都是海关特殊监管区域，只有其中的保税区、保税港区等海关特殊监管区域具有"境内关外"的性质。

海南自贸港是"海关监管特殊区域"，不仅像保税区那样有"境内关外"的安排，更重要的是通过制度创新，使海南同时具有"关外"和"关内"双重性质（王方宏，2020）[①]。这也是海南自贸港为什么在海关监管制度安排上，不沿用已有的"海关特殊监管区域"的概念，而使用新的"海关监管特殊区域"的概念的原因。

《总体方案》明确了海南自贸港特殊的"一线放开、二线管住、岛内自由"的贸易自由便利制度安排。"一线"是指海南自贸港和我国关境外的其他国家和地区之间，"二线"是指海南自贸港与内地之间。一方面，货物从境外进入海南（跨"一线"），除了列入海南自贸港征税商品目录的货物，免征进口关税，进入海南后免于海关常规监管，岛内自由。只有货物从海南进入内地（跨"二线"）才按照进口办理。另一方面，内地进入海南的商品按照国内流通管理，只有从海南离境的货物才按照出口管理。"岛内自由"是指境外启运到海南再运往其他国家的货物，简化海关手续办理，同时"零关税"货物在岛内免于海关常规监管。

《海南自由贸易港法》第十四条规定，"货物、物品以及运输工具由内地进入海南自由贸易港，按国内流通规定管理"。虽然第二十九条规定，"货物由内地进入海南自由贸易港，按照国务院有关规定退还已征收的增值税、消费税"，但是全国人大法工委解释此条规定的目的是平衡由内地进入海南自贸港的商品与境外进口商品的税负，由此可见内地货物到海南不是出口。

在这种特殊制度安排下，2025 年全岛封关后，海南将成为国内市场和国际市场的融合点，既是国内市场的一部分，也是国际市场的一部分（见图 5-2）。

---

① 王方宏. 新发展格局下的海南自贸港建设 [N]. 海南日报，2020-12-24（A07）.

图 5 - 2　海南自贸港货物贸易的特殊安排

（资料来源：作者根据《海南自由贸易港建设总体方案》绘制）

因此，海南自贸港具有"境内关内"和"境内关外"双重性质，或者说既是国内市场又是国际市场，这是海南自贸港的中国特色，与国际上主要自贸港的制度安排上有本质区别。这也是《总体方案》要求海南自贸港既要"打造我国深度融入全球经济体系的前沿地带"，又要"充分发挥海南背靠超大规模国内市场和腹地经济等优势"的独特安排。

二、海南自贸港内存在在岸和离岸两种性质的资金

海南自贸港具有"境内关内"和"境内关外"双重特征，反映到金融上，就是在海南自贸港内流通着包括在岸和离岸两种性质不同的资金。"境内关内"的经济交易对应的资金就是在岸性质，而"境内关外"的经济交易对应的资金就具有离岸性质。比如，内地货物进入海南属于国内流通，交易双方的资金往来就是在岸性质；"一线放开"后，境外货物免税进入海南，如果交易的资金还是按照在岸资金进行管理，就无法达到国际市场上资金自由便利的程度，就无法对标中国香港、新加坡等自贸港的资金运作方式，就无法真正实现高水平的贸易和投资自由便利。因此，无论是从金融服务实体经济的角度、着眼于"一线放开"后海南与境外交易的属性，还是从对标国际自由贸易港、形成具有国际竞争力的开放政策和制度来看，都应该将"境内关外"经济交易的资金视为离岸资金。

传统上，离岸资金的特征是非居民和非本币。但在诸多国际金融中心，尤其是内外一体型离岸金融中心和避税港型离岸金融中心，居民持有非本币离岸资金或资产已经是普遍的现象，比如，伦敦、中国香港、新加坡、开曼、巴哈马等地的居民均可持有离岸美元等离岸资金，在迪拜的金融自由区——迪拜国际金融中心（DIFC）内注册的公司可以持有离岸美元等。但是，居民持有本币

离岸资金的情形，国际上还缺乏先例，因为其前提条件是本币是国际储备货币（因为离岸资金主要以美元、日元、欧元等国际储备货币的形态存在），存在境内离岸市场，居民允许进入境内离岸市场。在国际储备货币发行国中，存在境内离岸市场的只有美国（IBF）和日本（JOM），但其均不允许居民参与。在人民币国际化、境外形成离岸人民币市场的背景下，海南作为中国唯一自贸港，离岸人民币将不可避免地进入海南。目前，海南 FT 账户体系中 FTE 账户（境内企业账户）下既有外汇存款和结算，也有人民币存款和结算，其中人民币存款绝大部分来源于境外，并且采用离岸人民币汇率结算。海南自贸港内居民持有离岸人民币，既是我国金融开放中的创新，也是海南自贸港贸易和投资自由便利的需要，是大势所趋。

在海南自贸港内同时存在在岸和离岸两种性质不同的资金的情况下，需要进行隔离，防止离岸资金对境内金融市场的冲击，这就是"二线管住"。

三、资金流动的"二线"的设计思路

理解资金流动"二线管住"的实质是海南自贸港银行账户体系设计的关键。从货物贸易的角度，《总体方案》的定义是，"在海南自由贸易港与中华人民共和国关境内的其他地区（以下简称内地）之间设立'二线'"，其目的是对境外进入海南的货物再进入内地市场时进行控制。与之相类似，海南与内地资金流动的"二线管住"，并不是在海南与内地之间完全按照跨境交易来管理，而是将海南自贸港内的离岸资金与在岸资金进行隔离，使离岸资金在进入境内金融市场时必须遵守我国跨境资金流动的相关管理规定。

海南与内地之间资金流动"二线"设计，目前有几种选择的思路。

（一）以地域来划分

将海南岛视为一个整体，岛内的资金与内地的流动都视为"跨二线"。优点是整个海南的资金都可以与境外自由便利流动；缺点是将海南与内地市场割裂，将海南的资金都视为离岸资金，海南与内地的资金往来都要按照跨境交易管理，增加巨大的成本。从市场主体看，增加企业和个人的成本，改变交易习惯；从商业银行看，原先无须审单的大量境内交易变成跨境交易后，审单量的巨大增加将远远超出银行现有的处理能力；从交易内容看，一些在目前理所当然的经济行为可能变得无法实现，有些交易（尤其是证券投资交易）在跨境管理的状态下无法办理（例如，目前海南的居民可以进行上市股票的交易，但如果按地域隔离，将这些资金视为离岸资金之后，按照现有的资本项目管理规定，将无法进行境内股票交易）。

（二）以时间来划分

将全岛封关前的存量资金和金融资产视为在岸资金，将全岛封关后进入海南（不管是来自内地还是境外）的增量资金和金融资产视为离岸资金。其缺点，一是离岸资金与内地往来存在上述以地域划分所述的问题。二是由于资金的循环流动性，当存量资金流出海南后，再流回时就变成了增量资金，最后会导致存量大幅减少，增量占据主导，逐渐形成上述以地域划分的结果。三是2025年前封关是一个渐进的过程，如果洋浦保税港区等先行封关的区域按此进行划分，将涉及大量的细节规定和频繁的调整，不仅政策设计难度大，而且给市场主体和银行都造成很大的不便。

（三）以账户来划分

采用不同的账户来分别核算在岸资金和离岸资金，以境内账户来核算在岸资金，以另一个账户来核算离岸资金。优点：以境内账户为主来处理海南内部和海南与内地的交易需求，最大限度地保持海南与内地的资金往来自由的现状；以另一个账户来处理海南与境外的交易需求，实现海南与境外资金流动自由便利。缺点：要实行双重账户体系。

综合考虑上述三种选择，以银行账户来划分"二线"，以不同的银行账户分别核算在岸、离岸资金，相互隔离（相互之间的流动按照跨境交易管理），是合理和可行的选择。

四、从资金流动类型来看"二线管住"

根据金融服务实体经济的原则，"二线"设立要依据实体经济的资金流动实际需求，要便利而不能是阻碍资金流动。海南自贸港资金流动可以分为三种类型：一是海南内部的流动，二是海南与内地之间的流动，三是海南与境外之间的流动。目前，海南绝大部分市场主体具有的是岛内流动和与内地流动的需求，只有数量不多的外向型企业有跨境流动需求（个人的跨境需求主要是旅游、留学方面的需求，金额较小，频率较低）。在未来全岛封关后，海南与境外资金流动所占的比重会上升，同时，由于海南仍然具有"关内"性质，仍然是国内大市场的组成部分，海南与内地资金流动仍然占有重要地位。

实现海南跨境资金流动自由便利，应以维持海南与内地资金目前的自由流动作为前提，不能将海南从国内大市场中割裂出来，不能阻碍或者降低现有的海南与内地资金流动的自由便利程度。因此，以地域或者以封关时间作为资金

"二线"划分标准是不合适的，只有以账户来划分"二线"，对在岸资金和离岸资金进行分别核算、相互隔离，以境内账户来满足海南与内地资金流动自由，以另一个账户来满足海南与境外资金流动自由，才是兼顾两头的可行选择。

第四节　海南自贸港银行账户体系建议方案

海南自贸港的资金流动，有广泛共识的是"跨境资金流动自由便利"，这在《总体方案》和《海南自由贸易港法》以及多个政策中都有明确表述。但是常常被忽略的一个重要方面是海南与内地的资金流动，这也是导致目前账户体系选择思路难以达成共识的主要原因。2021 年 4 月，中国人民银行、银保监会、证监会、外汇局联合发布《关于金融支持海南全面改革开放的意见》，其"总体原则"的第二点指出，"服务国内其他地区与海南自由贸易港资金往来和跨境贸易投资自由化便利化"，说明了未来海南自贸港银行账户体系，既要能够实现海南与内地资金往来的自由便利（也就是维持现状），也要能够实现海南与境外资金往来的自由便利。

一、海南自贸港银行账户体系的框架

《总体方案》提出"以国内现有本外币账户和自由贸易账户为基础，构建海南金融对外开放基础平台"，这与上述以账户来设置"二线"、隔离在岸资金和离岸资金的分析结论是一致的，即未来海南自贸港银行账户体系是双重账户体系，以境内账户来核算在岸资金，满足海南与内地资金流动的自由便利；以 FT 账户来核算离岸资金，满足海南与境外资金流动的自由便利。FT 账户与境内账户（包括岛内和内地）的资金往来按跨境交易进行管理。

虽然海南 FT 账户已经具备离岸资金核算的部分功能，也已经实际办理了包括离岸人民币在内的离岸资金存、贷、汇等业务，但是其目前仍然是按照在岸账户的模式进行管理，并且在运行中存在诸多瓶颈，亟待进行完善，以其为基础构建多功能自由贸易账户，核心是实现"一线放开"、按照离岸账户进行管理，使其具有与中国香港、新加坡等自贸港开放程度基本相同的离岸资金核算功能。

采用多功能自由贸易账户的概念出于以下考虑：一是《总体方案》中明确提出此概念。二是目前的 FT 账户是在岸账户，调整后是离岸账户，此概念既体现了调整前后的延续性，又反映了性质和功能的不同。三是 FT 账户目前上海、海南、广东、天津 4 地都有，海南进行了调整，需要以不同名称进行区分。

初步理解，多功能自由贸易账户的功能包括：一是一般性的账户功能，包括资金收付、汇兑结算、大宗商品交易计价等。二是"电子围网"功能，将境外资金与境内资金相互隔离，实现海南与内地、与境外资金流动自由便利。三是"试验田"功能，在账户内，按照国际规则，对标中国香港、新加坡等自贸港，进行资本项目开放、金融产品创新等先行先试。

境内账户和多功能自由贸易账户共同构成了海南自贸港银行账户体系。在双重账户的模式下，"一线"和"二线"的资金流动便利模式（见图 5-3），与封关运作后贸易自由便利"一线"和"二线"的模式（见图 5-2）是一致的，充分体现了银行账户与实体经济相匹配。

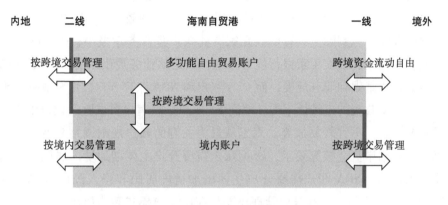

图 5-3　海南自贸港银行账户体系

多功能自由贸易账户与境内账户并行多久、未来是否需要合并，应视市场情况而定，从不增加市场主体资金交易障碍和成本的角度来考虑。在未来全岛封关后，离岸资金规模和跨境交易会增加，但是由于海南自贸港具有"关内"性质，仍然是国内大市场的组成部分，在岸资金规模和与内地的交易有可能仍然占据重要甚至主导地位，因此海南自贸港双重账户体系有可能存在相当长的时间。

二、为什么选择改造 FT 账户的方式

由于历史原因，我国形成了多套银行账户体系。目前海南可以核算离岸资金的账户体系有离岸账户（OSA）、境外机构境内账户（NRA）和 FT 账户三套账户体系，构建核算离岸资金的账户可以选择以上述其一为基础进行改造，还有观点认为应新建一套离岸账户体系（周诚君，2020）。

海南现有的 OSA、NRA 和 FT 三套账户体系均不能满足未来海南全岛封关后核算离岸资金的要求，如果要承担这一职责，均需要对账户规则进行调整。虽然从账户性质来看，OSA 账户为离岸账户，比作为在岸账户的 NRA 账户和 FT 账户更加适合用于核算离岸资金，但是从以下几个方面来看，FT 账户的优势相对突出：一是从开户主体来看，FT 账户包括海南的机构（含金融机构）、个人、在海南工作的境外个人，以及境外机构，覆盖全面，而 OSA 账户限于境外机构和个人，NRA 账户限于境外机构。二是从本外币一体化来看，OSA 账户只包括外汇，NRA 账户虽然有人民币账户和外币账户，但人民币 NRA 账户和外币 NRA 账户是各自独立的，只有 FT 账户同时在一个账户内包括人民币和外汇。三是从开户银行来看，FT 账户目前在海南已有 10 家银行上线（中行、浦发、工行、光大、兴业、建行、农行、交行、中信、招行），覆盖面较宽；NRA 账户虽然各家银行都能开立，但实际上只有少数几家有此账户且业务量极小；OSA 账只有交行、浦发、招商、平安 4 家银行能够办理。四是从业务规模来看，FT 账户已经有一定的客户基础和业务规模，而 OSA 账户和 NRA 账户开户数量和业务规模都很小。五是从政策的延续性来看，海南 FT 账户是海南自贸试验区建设中金融开放的重要成果，不宜轻易放弃。六是从最为关键的账户规则调整来看，要满足全岛封关后离岸资金核算要求，OSA 账户需要开户主体增加境内居民和经营币种增加人民币，NRA 账户需要开户主体增加境内居民和将人民币 NRA、外汇 NRA 两套账户合并，并且账户管理还要从在岸账户模式转为离岸账户模式，调整的内容均相对较多，而 FT 账户只需要将账户管理从在岸账户模式转为离岸账户模式，调整的内容相对较少。七是从账户覆盖的地域范围来看，OSA 账户、NRA 账户是覆盖全国的账户体系，如进行针对海南自贸港进行局部性的规则调整，实际上是在原有的账户体系下再分出一个区域性的账户体系，难度较大；而 FT 账户是区域性账户体系，上海、海南、广东、天津 4 地的 FT 账户虽然规则基本一致，但是相互之间资金流动不多，彼此之间相对独立，可以只针对海南需求在海南进行调整，难度相对较小。因此，就现有的三套账户体系的比较而言，FT 账户是较好的选择。

还有一个选项是设计一套全新的离岸账户体系，其优点是可以对标国际先进水平，高标准设计，可能高水平起步，但是其缺点也很明显，一是从整个账户体系改革的角度看，仍然延续之前不动存量、做增量的思路，进一步增加了我国银行账户体系的数量，使整个银行账户体系更加碎片化，增加资金流动的壁垒和成本。二是从市场主体的角度看，增加了市场主体的账户选择成本和适应新账户体系的成本。三是从银行机构的角度看，在维持原来账户系统的情况下增加新的账户系统，增加了账户管理和系统投入的成本，同时账户体系的增加也意味着银行内部操作风险的上升。四是从金融监管机构的角度看，需要增加新的监管系统，增加监管成本。因此，在现有账户体系可以改造的情况下，不建议再设计新的账户体系。

三、将 FT 账户升级为多功能自由贸易账户

从金融服务实体经济的角度出发，需要将 FT 账户的性质从在岸账户调整为离岸账户，这也是其升级为核算离岸资金的多功能自由贸易账户的根本手段。FT 账户从在岸账户调整为离岸账户后，账户内的资金在"跨一线"时就自然不再适用在岸的外汇管理和跨境交易管理规定，就可以对标中国香港、新加坡，资金收付凭客户付款指令办理，只保留"反洗钱、反恐怖融资、反逃税"的监管规定，真正实现跨境资金流动自由便利。

在离岸账户的定位下，多功能自由贸易账户与 OSA、NRA 和境外账户的资金往来，银行均凭客户交易指令直接办理。鉴于上海、广东、天津等地 FT 账户实行的是"二线有限渗透"的安排，与内地市场形成隔离，海南 FT 账户"一线放开"后升级为多功能自由贸易账户后，与上述三地的 FT 账户资金划转，海南方面按照"一线放开"原则来处理，即不视为跨境交易管理，汇入有资金汇到即入账，汇出凭付款指令进行资金划转；上海、广东、天津 FT 账户的交易对手，按照其所在地 FT 账户的规则进行业务处理。

在海南自贸港内同时存在在岸资金和离岸资金、海南自贸港建设需要依托内地大市场的情况下，需要提高多功能自由贸易账户和境内账户之间资金流动的便利程度。一是完善多功能自由贸易账户与境内账户之间的资金流动规则。建议由人民银行总行制定多功能自由贸易账户与境内账户（包括岛内与内地）之间资金划转规定，按照跨境交易原则管住"二线"。二是推进外汇管理改革。落实《总体方案》中关于贸易结算便利化、直接投资、跨境融资、跨境证券投融资等方面的外汇管理改革政策，提高多功能自由贸易账户与境内账户之间资金流动的便利性。三是利用跨境资金池产品扩大境内账户与多功能自由贸易账户之间的便利性。利用跨境资金池和跨境融资宏观审慎管理制度，并争取扩大额度，提高两个账户体系之间资金流动的自由度，重点落实好"一行两会一局"《关于金融支持海南全面深化改革开放的意见》中给予的"本外币合一跨境资金池"的试点政策。

四、构建多功能自由贸易账户的三个层面调整

账户体系的管理可以分为三个层面：一是客户端，银行面向客户的层面，即客户使用银行账户的规则规定，也就是从客户视角的体验。二是银行端，银行的中后台管理，即银行进行账户的资金清算、头寸管理等工作。三是监管端，金融监管机构的监测和管理，即金融监管机构对账户的管理、监测、统计和规则调整等，如存款准备金、国际收支申报、反洗钱等。

将 FT 账户改造为多功能自由贸易账户，即从在岸账户到离岸账户，上述三个层面的调整内容是不同的。

（一）从客户端来看

最大的变化就是资金跨境流动不再受国内现行的外汇管理和跨境交易管理规定的约束，可以凭借客户的支付指令办理，实现了自由便利，但是 FT 账户内的存款资金不能再采用境内利率，需要采用离岸利率。没有变化的是多功能自由贸易账户与境内账户仍然保持"分账核算"、资金隔离，与境内账户的资金往来要按照跨境交易进行管理以实现"二线管住"，以及账户内兑换采用离岸汇率。总体上看，客户端的调整相对简单，客户的政策红利感受会比较强烈。

（二）从银行端来看

一是在科技系统方面，需要改变目前 FT 账户采取的在境内在岸系统中以账户标识进行区分和分账核算的方式，采取海外行的模式建立海南多功能自由贸易账户的系统，并将目前 FT 账户系统中的客户和交易信息迁移过去，落实离岸账户管理的要求（目前国内五家国有大型银行和招行等均有海外行系统，实际上就是在现有科技系统的基础架构上，按照增加一家海外机构的方式增设一个海外行行号及相应的账户）。二是在资金清算方面，由于账户体系与清算体系是相对独立的，账户体系的规则调整并不影响清算体系，不需要清算体系进行调整。在调整后初期，离岸人民币可以使用 CIPS 清算，离岸外汇可以采取海外行模式通过总行清算。长远来看，从推进人民币国际化的角度出发，可以考虑采取区域性设立清算中心或者清算行模式，推动离岸人民币优先在海南自贸港内进行头寸平盘，扩大离岸人民币规模。三是在头寸管理方面，在当前乃至全岛封关后初期海南自贸港内离岸资金规模不大的情况下，可以继续沿用 FT 账户下委托境外分行（主要是中国香港或新加坡的分行）进行平盘的方式，以及总行与海南分行 FT 账户项下资金上存下借的安排，在清算行模式落地后，尽快过渡到以清算中心或清算行本地支持为主、总行支持为辅的模式。四是在代客外汇

交易方面，可以继续沿用现有 FT 账户下各家海南分行根据其系统内负责 FT 账户项下集中外汇交易的上海机构的报价进行背对背平仓的方式，待交易量达到一定规模后再申请总行授权按照海外行模式在海南建立独立的交易台。总体上看，银行作为账户的管理者，处理资金流动的汇划、清算、平盘等具体工作，需要调整的方面比较多，但国有大型银行和部分股份制银行都有海外行账户管理的经验，并且可以采取渐进的方式。

（三）从监管端来看

一是在账户规则上，明确多功能自由贸易账户的离岸性质，并明确其不适用在岸账户的相关管理制度、外汇管理制度、跨境交易管理制度等，以及多功能自由贸易账户与境内账户的资金"跨二线"划转的相关规定。二是在账户管理上，需要将原来由人民银行上海总部负责的 FT 账户管理系统 FTZMIS 中海南 FT 账户的信息统计、资金监测、风险预警的职能调整到海南。三是在清算安排上，要考虑建设由人民银行管理的海南区域性清算中心或者采取海外人民币清算行模式，作为海南自贸港内离岸人民币的主要清算方式，并明确人民银行对商业银行进行流动性支持的规则。四是在国际收支申报上，由于多功能自由贸易账户并没有改变居民、非居民的性质，因此，现有的国际收支申报体系不需要调整。五是在反洗钱、反逃税、反恐怖融资上，由于多功能自由贸易账户"一线放开"后风险增加，需要学习借鉴中国香港、新加坡的经验，进一步强化监控和管理。尤其是要重视反洗钱方面的监管，可以考虑借鉴中国香港、新加坡、迪拜等地的经验，在开户前进行客户尽职调查，从源头上加强洗钱风险防控。

第六章　海南自贸港外汇管理改革

第一节　贸易结算便利化

以金融服务促进贸易自由便利是海南自贸港金融政策的重要内容。近年来，我国加快外汇管理改革和人民币国际化步伐，持续推进跨境贸易结算便利化，再加上金融科技的应用，贸易结算便利化程度得到了很大提高。海南自贸港也陆续出台了多项推进贸易结算便利化的措施，但是，与中国香港、新加坡等自贸港在贸易结算中资金可以凭客户指令支付相比，海南自贸港的贸易结算便利化水平仍需要提升。因此，《总体方案》提出"进一步推动跨境货物贸易、服务贸易和新型国际贸易结算便利化"。

一、货物贸易结算便利化

（一）自贸港政策推动货物贸易快速增长

2020 年，虽然受到新冠肺炎疫情的严重冲击，但是 6 月《总体方案》发布后，海南货物贸易迅速增长，下半年增速扭负为正，进出口额创出历史新高达到 933 亿元，同比增长 3.0%，高于全国的 1.9%。其中主要是进口带动增长，尤其是自贸港政策带来的保税物流增长和免税品进口增长。货物进口额 656.6亿元，同比增长 16.8%，在进口中，保税物流、免税品分别为 163.2 亿元、239.5 亿元，增速分别为 107.1%、80.5%，两者在货物进口总额中占比达到 61.3%。

2021 年，海南货物贸易增长进一步加快，进出口总值达到 1476.8 亿元，增长 57.7%，增速较全国快 36.3 个百分点，居全国第三。其中，进口 1144 亿元，增长 59.1%，高于全国 51.8 个百分点，连续 12 个月保持 50% 以上的进口增速，全年累计进口规模突破千亿元，增幅达 73.6%，高居全国第二；出口 333 亿元，增长 20.1% （见图 6-1）。

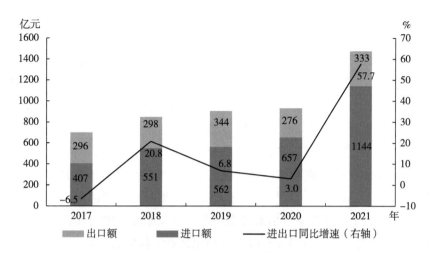

图 6-1 2017—2021 年海南货物贸易情况
（资料来源：海南统计月报，作者整理）

海南的货物贸易依存度（货物进出口额/GDP）2021 年为 22.8%，虽然与 2020 年相比大幅提升 5.9 个百分点，但是仍然低于全国 34.2% 的平均水平（见图 6-2），更低于沿海发达城市的上海（94.0%）、深圳（115.6%）、广州（38.6%）、厦门（126.2%），与中国香港、新加坡、迪拜相比的差距更大。未来随着自贸港政策效应逐步发挥，尤其是封关运作之后，海南的贸易依存度将会持续上升。2022 年 1—2 月，海南货物进出口继续保持了快速增长势头，同比

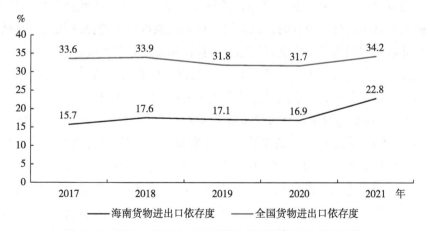

图 6-2 2017—2021 年全国和海南货物进出口依存度比较
（资料来源：海南统计月报，作者整理）

增长达到72%。

（二）海南自贸港货物贸易结算便利化的政策

基于《总体方案》提出的贸易结算"实现银行真实性审核从事前审查转为事后核查"的政策，"一行两会一局"《关于金融支持海南全面深化改革开放的意见》提出，根据"了解客户、了解业务、尽职审查"原则，审慎合规的海南自由贸易港银行可试点凭支付指令为优质客户办理真实合规货物贸易和服务贸易结算，实现银行真实性审核从事前审查转为事后核查。

在海南层面，2019年以来，结合国家外汇管理总局的改革部署，海南外汇局先后下发了多个推进贸易结算便利化的文件，包括2019年7月25日下发的《关于在中国（海南）自由贸易试验区开展外汇创新业务的通知》，2020年2月7日下发的《关于支持海南自由贸易港外汇创新业务政策的通知》，2020年6月19日下发的《关于开展贸易外汇收支便利化试点工作的通知》。

（三）洋浦跨境贸易投资高水平开放外汇管理改革试点

2022年1月4日，国家外汇管理局发布消息，经国务院批准，在上海自贸区临港新片区、广东自贸区南沙新区片区、海南自贸港洋浦经济开发区、浙江宁波北仑区等区域开展跨境贸易投资高水平开放试点。洋浦开发区在货物贸易方面的试点政策包括以下三点。

一是便利优质企业经常项目资金收付。在切实履行对客户尽职调查等义务的基础上，符合条件的试点银行可根据客户指令为试点区域内的优质企业办理经常项目相关外汇业务。

二是有序扩大贸易收支轧差净额结算企业范围。试点区域企业与境外交易对手开展经常项目外汇业务时，试点银行可为试点区域企业办理轧差净额结算，并按国际收支申报有关规定进行实际收付数据和还原数据申报。

三是货物贸易特殊退汇免于登记。试点银行可直接为试点区域企业办理货物贸易特殊退汇业务，试点区域企业无须事前在外汇局登记。

（四）海南全岛封关后货物贸易结算的变化

海南全岛封关运作的准备工作已经全面展开。2025年前全岛封关运作后，货物贸易的模式将发生很大的变化。海南自贸港将制定两套清单，一是海南自贸港禁止、限制进出口的货物、物品清单，清单外货物、物品自由进出，海关依法进行监管。二是海南自贸港进口征税商品目录，目录外货物进入自贸港免征进口关税。封关之后，货物从境外进入海南"跨一线"将视同进口，"跨二线"进入内地市场才按进口管理。海南自贸港全岛封关后，海南与境外市场之间跨"一线"进出和海南与内地市场之间跨"二线"进出的货物、运输工具、行李物品和邮递物品需要制定专门的管理办法，目前的海关监管规定、通关操作规程、相关单证格式有可能发生变化。海南自贸港封关后的货物贸易结算需要根据海关监管的变化进行必要的调整。

二、服务贸易结算便利化

(一) 海南自贸港服务贸易的发展

一是服务贸易自由便利是海南自贸港的重要特征。《总体方案》《海南自由贸易港法》和"一行两会一局"《关于金融支持海南全面深化改革开放的意见》都明确提出"推进服务贸易自由便利"。服务贸易自由便利是贸易自由便利的重要内容。海南也是我国首批服务贸易创新发展试点地区。《海南自由贸易港跨境服务贸易负面清单》是全国首张跨境服务贸易负面清单，体现了海南自贸港作为我国服务贸易高水平开放试验区的地位。

二是海南自贸港产业结构以服务业为主导。2020 年和 2021 年前三季度，海南服务业同比分别增长 5.7% 和 17.4%，高于全国平均水平 3.6 个和 7.9 个百分点。2021 年前三季度，服务业在海南经济中的占比达到 61.8%，高于全国平均水平 7 个百分点。截至 2021 年 9 月底，海南自由贸易港市场主体约 145 万户，同比增长 29.51%，主要集中在批发和零售业，住宿和餐饮业，信息传输、软件和信息技术服务业，累积占全省实有市场主体总数的 66.11%。海南自由贸易港服务贸易板块中，批发和零售业，租赁和商务服务业，信息传输、软件和信息技术服务业，累积占新增市场主体总数的 72.36%。根据海南"十四五"发展规划，到 2025 年，服务业增加值达 6480 亿元，占地区生产总值比重达到 64.8%，在经济中占比进一步提升。

三是服务贸易在海南贸易中的地位日益重要。2018—2020 年，海南服务贸易进出口额分别为 188 亿元、220 亿元和 185 亿元，分别增长 16.8%、20.3% 和 -15.8%。2020 年，服务贸易占全部贸易的 20%，高于全国平均水平 5.8 个百分点。2021 年三季度海南自由贸易港服务贸易出口收汇 5.1 亿美元，同比增长 80.03%；进口支出 17.03 亿美元，同比增长 87.27%。以知识密集和技术密集为特征的新兴服务贸易保持快速增长态势，主要为电信、计算机和信息服务。根据海南"十四五"发展规划，预计到 2025 年，海南服务贸易进出口额将达到 330 亿元，年均增长 12%。

(二) 目前海南服务贸易结算的基本规定

在跨境服务贸易结算方面，目前适用的基本规定主要有三个，分别是《经常项目外汇业务指引（2020 年版）》（汇发〔2020〕14 号）、《关于服务贸易等项目对外支付税务备案有关问题的公告》（国家税务总局　国家外汇管理局公告 2013 年第 40 号）和《关于服务贸易等项目对外支付税务备案有关问题的补充公告》（国家税务总局　国家外汇管理局公告 2021 年第 19 号）。

《经常项目外汇业务指引（2020 年版）》精简了服务贸易的非必要流程与材料，对展业材料不再进行列举，增加了银行展业的自由度，实现了经常项目外汇业务办理"一本通"。同时，积极推广便利服务贸易对外支付，实现"总对总"服务贸易付汇税务备案信息交换，支持银行统一通过"数字外管"平台，跨地区、跨银行核验全国税务备案信息。

2020 年 7 月，国家税务总局、外汇局发布《关于服务贸易等项目对外支付税务备案有关问题的补充公告》，扩大了免于税务备案的范围，规定同一笔合同项下多次对外支付，只需一次税务备案，并扩展了网上办理渠道。

海南外管局 2020 年 6 月发布的《关于开展贸易外汇收支便利化试点工作的通知》规定，符合条件的境内银行备案成为货物贸易或服务贸易外汇收支便利化试点银行后，在确保交易真实、合法，符合合理性和逻辑性的基础上，可为试点企业实施提供优化单证审核及其他经备案的其他贸易外汇便利化措施。

（三）海南服务贸易结算便利化水平的国内国际比较

在国内方面，海南现行出台的政策与上海和深圳的服务贸易结算便利化政策基本持平。在国际方面，目前海南服务贸易结算便利化仍较中国香港、新加坡等发达地区存在差距。目前，中国香港、新加坡已做到凭客户支付指令办理，即对于服务贸易结算，若客户办理收付汇业务不涉及融资业务，也不涉及"三反"（反洗钱、反恐怖融资和反逃税）审核，银行凭客户的支付指令就能办理；海南的服务贸易结算便利化还需要对交易背景进行真实性审核，但已出台相应政策，实现了试点银行对优质企业凭支付指令的便利化，服务贸易结算便利化程度得到提升。

（四）当前服务贸易结算便利化试点的问题

海南自贸港已开展货物和服务贸易便利化试点，被纳入服务贸易便利化试点的优质企业可以凭支付指令付款。但是，由于试点是有条件的、特殊的安排，不是普适性的政策，出于风险防控和逐步推进的考虑，只适用于优质客户群体，覆盖的范围相对有限，相当一部分企业达不到试点企业标准。

从银行的角度来看，服务贸易结算便利化还需要推动解决以下三方面的问题：

一是现有信息共享平台相对薄弱，对企业经营信息披露、关联公司架构等相关信息查询渠道较少，银行在涉外业务操作中收集信息的手段和渠道有限，难以掌握客户及海外经营业务和关联公司等全面信息，排查贸易背景的真实性和有效性难度很大。例如，在办理支付咨询服务费业务时，银行对贸易背景的调查方式有限，只能通过收付款人的注册文件了解收付款日常经营范围是否与所支付的服务费内容相符，通过发票、合同号判断服务价格、服务内容等信息，只能达到表面真实性的调查要求。

二是银行在履行尽职调查职能时有时候会遇到客户不理解、不配合的情况。例如银行在展业过程中，要求提供的信息涉及企业具体的交易信息或个人信息时，有些客户会以涉及商业机密、个人隐私、人员流动等理由拒绝。

三是单笔 5 万美元以下的服务贸易外汇业务完全便利化存在困难。根据外汇局关于《经常项目外汇业务指引（2020 年版）的通知》规定，单笔等值 5 万美元以下（含）的服务贸易外汇收支业务，银行原则上可不审核交易单证。但银行为尽职落实"了解客户、了解业务、尽职调查"展业三原则及"反洗钱、反恐怖融资、反逃税"三反原则，仍会要求企业提供真实性材料以备事后查验，要完全实现银行真实性审核从事前审查转为事后核查，"监管与便利"的兼顾方式还有待探索。此外，对于新增客户跨境业务、存量客户非经营范围之外贸易等特殊交易，银行目前也较难做到在简化单证的情况下办理业务。

服务贸易自由便利需要配套的结算支持。海南服务贸易结算存在的上述问题需要在实践探索中加以解决，以更好地适应海南服务贸易自由便利的发展需要。应坚持金融服务实体经济的原则，针对海南自贸港服务贸易自由便利的需要，对标国际高水平开放的实践，不断提升海南服务贸易结算便利化水平。

三、离岸贸易结算便利化

（一）中央支持海南自贸港发展离岸贸易

2018 年《自贸区总体方案》提出"支持跨国公司、贸易公司建立和发展全球或区域贸易网络，打造区域性离岸贸易中心"。2020 年 6 月《总体方案》提出，"进一步推动跨境货物贸易、服务贸易和新型国际贸易结算便利化"，其中新型国际贸易指的就是离岸贸易。2021 年 4 月"一行两会一局"《关于金融支持海南全面深化改革开放的意见》提出，"支持海南自由贸易港试点银行，在强化对客户分级管理的基础上，进一步便利真实合规新型国际贸易的跨境结算"。这些具有试点性质的突破性政策，为海南发展离岸贸易业务奠定了政策基础。

（二）关于离岸贸易结算的规定

2020 年 8 月，国家外汇管理局关于印发《经常项目外汇业务指引（2020 年版）》，其中对离岸转手买卖（离岸贸易）外汇收支业务办理原则、报送要求等做了规定，对离岸贸易结算管理比一般贸易更加严格。该指引关于离岸贸易外汇业务的规定主要包括：一是要具有真实、合法的交易基础，不存在涉嫌构造或利用虚假离岸转手买卖进行投机套利或转移资金等异常交易情况，并且交易要具有合理性、逻辑性；二是同一笔离岸转手买卖业务原则上应在同一家银行，采用同一币种（外币或人民币）办理收支结算；三是银行以审核电子单证方式办理货物贸易外汇收支业务，对离岸转手买卖外汇收支业务要审慎审核（对一般贸易的外汇收支是合理审核）；四是 B 类和 C 类企业不得办理离岸转手买卖外汇收支业务；五是离岸转手买卖外汇收支业务不适用贸易外汇收支便利化试点措施；六是跨国公司主办企业、境内成员企业的离岸转手买卖业务，原则上不得参加经常项目资金集中收付和轧差净额结算。

随着国际国内经济形势的变化，在 2020 年 12 月国家发展改革委、商务部将新型离岸国际贸易（离岸转手买卖、离岸交易有关商品服务）列入鼓励《外商投资产业目录（2020 年版）》后，2021 年 7 月，国务院办公厅印发了《关于加快发展外贸新业态新模式的意见》，要求稳步推进离岸贸易发展，鼓励银行探索优化业务真实性审核方式，按照展业原则，基于客户信用分类及业务模式提升审核效率，为企业开展真实合规的离岸贸易业务提供优质的金融服务，提升贸易结算便利化水平。提出在自贸试验区进一步加强离岸贸易业务创新，支持具备条件并有较强竞争力和管理能力的城市和地区发展离岸贸易。

2021 年 12 月，中国人民银行、国家外汇管理局印发了《关于支持新型离岸国际贸易发展有关问题的通知》，主要包括：支持基于实体经济创新发展需要的新型离岸国际贸易业务，对相关跨境资金结算实现本外币一体化管理；鼓励银行完善内部管理，实施客户分类，优化自主审核，提升服务水平，为真实、合规的新型离岸国际贸易提供跨境资金结算便利；强化风险监测管理，防范跨境资金流动风险。该通知对提升贸易自由化便利化水平，促进外贸新业态新模式健康持续创新发展有重要意义。

（三）海南支持离岸贸易发展的政策

2020 年 7 月，海南省地方金融监督管理局公布《关于打造区域性离岸贸易中心先导性项目的工作实施方案》，明确打造区域性离岸贸易中心的指导思想和工作措施。

2020 年 11 月，国家外汇管理局海南省分局发布《关于支持海南开展新型离岸国际贸易外汇管理的通知》，进一步明确了新型离岸国际贸易的定义，明确了新型离岸国际贸易包括的内容，更易于市场主体理解；鼓励在海南注册经营的银行依据海南自贸港战略定位和国际贸易发展特点，优化金融服务，提供跨境资金结算便利；明确银行应遵守的展业原则，赋予银行更多的审单自主权；要求同一笔离岸转手买卖业务原则上应在同一家银行，采用同一币种办理收支结算，对无法按此规定办理的银行在确认其真实、合法后可直接办理 5 日内报告。

2021 年 1 月，国家发展改革委、财政部、税务总局公布《海南自由贸易港鼓励类产业目录（2020 年本）》，将离岸新型国际贸易列入该目录，在海南自贸港内的内外资新型离岸国际贸易企业都可以享受 15% 的企业所得税优惠税率。

2021 年 1 月，海南省地方金融监督管理局、海南省商务厅、国家外汇管理局海南省分局、洋浦经济开发区管委会联合印发《海南省关于支持洋浦保税港区开展新型离岸国际贸易的工作措施》，借鉴新加坡等离岸贸易中心和上海外高桥保税区发展离岸贸易的相关做法，在洋浦保税港区打造新型离岸国际贸易先行区，并从支持外汇结算便利创新、支持监管措施创新、健全信息共享机制、支持企业享受税收优惠、加大财政奖励力度、完善金融配套服务、提升银行展业能力、成立新型离岸国际贸易行业协会、优化人才发展政策、合力推进招商引资十个方面明确了具体措施。

2021 年 3 月 31 日，洋浦保税港区发布与新加坡同名的"全球贸易商计划"，吸引国际贸易企业以洋浦为基地开展新型离岸贸易，提出力争在"十四五"期间国际贸易规模达到 4000 亿元，其中离岸贸易规模超过 1000 亿元。

2021 年 5 月，海南省外汇和跨境人民币业务展业自律机制发布了《海南自由贸易港新型离岸国际贸易展业规范（2021 年版）》，规范体现了对客户分级、业务分类采取差异化的展业措施，倡导诚信经商的经营理念，进一步优化了诚信企业、可信客户的审核流程，推动自贸港贸易收支便利化开展。

（四）海南离岸贸易发展情况

在中央、地方对新型离岸贸易的政策推动支持下，2020 年以来海南新型离岸国际贸易规模突飞猛进。2020 年海南全省新型离岸国际贸易收支规模超过 18 亿美元，同比增长了 10 倍；2021 年继续呈倍数扩大，新型离岸国际贸易收支 74.8 亿美元，同比增长 4.15 倍。

（五）进一步推动新型离岸贸易发展

下一步，建议重点从以下三个方面进一步推动海南新型离岸贸易加快发展。

一是逐步扩大离岸贸易业务白名单范围。目前，出于限制部分市场主体纯粹进行套利套汇的投机行为，监管部门通过白名单的方式管理开展离岸贸易的企业。离岸贸易短期内不宜取消白名单管理，但从目前鼓励海南离岸贸易发展角度，应建立动态的离岸贸易业务白名单制度，选取具备一定规模、有离岸型跨境贸易业务经验、无监管不良记录的大型企业作为优质企业纳入"白名单"，同时根据业务开展情况对企业"白名单"进行动态管理，及时进行评估与调整。

二是推动解决离岸贸易结算真实性审核难点。新型离岸国际贸易具有两头在外、见单不见货、资金跨境但货物不进关等典型特征，贸易背景甄别难度较大、且由于该业务类型涉及的主要产品为大宗商品，部分交易存在境外多次转卖的情况。银行在展业的过程中主要依赖船舶航行轨迹、货权凭证信息、交易商品信息等进行交易合理性和逻辑性的综合审核，对海外货物物权流转及交易意图的真实情况均难以掌握。此外，目前缺乏具有公信力的第三方信息查询及共享平台，并且各家银行的查询数据并未进行共享和批注，可能会出现同一家企业同一批货物多头收付款的情况；同时，在价格波动较大的大宗商品贸易方面，采取哪个平台作为交易货品价格的公允性第三方查询没有统一标准和渠道。

三是探索实行更有吸引力的离岸贸易税政策。税率的高低是企业选择在何地开展离岸转手贸易考虑的重要因素，目前海南自贸港执行"内外资新型离岸国际贸易企业都可以享受15%的企业所得税优惠税率"，虽较国内其他地区税率有一定优惠，但与新加坡等发达自贸港比较仍有差距（新加坡"国际贸易商计划"GTP等政策允许符合要求的企业从事特定范围的离岸贸易活动，缴纳低至5%～10%的企业所得税）。建议对标新加坡，研究针对不同类型或规模的离岸贸易活动，给予差异化的税收鼓励政策。

四、高水平贸易结算便利化需要提升配套条件

（一）贸易结算便利化需要坚持真实性的底线

我国1996年就已经宣布接受国际货币基金组织章程第8条款，实现经常项目可兑换，但是由于我国尚未实现资本项目完全可兑换，一些资本项目下的资金为了规避监管，往往采取绕道经常项目流动的方式，因此，我国对经常项目下的跨境资金流动，采取审核贸易背景真实性要求。也就是说，我国是基于贸易真实性的经常项目可兑换，这既符合国际货币基金组织章程第8条款的要求，也是我国金融安全、贸易安全的需要。

近年来，外汇局持续推出了多项贸易结算便利化措施，以及金融科技的应

用、相关部门之间的信息共享加强等，贸易结算的便利化程度持续提高，在"了解客户、了解业务、尽职审查"的"展业三原则"之下，银行已经拥有较大的业务自主权，但是仍然需要坚持真实性审核的基本要求（只不过很多业务已经从事前审核变成了事后核查，从纸质文件变成了电子单据，从柜台办理变成了线上办理）。

（二）贸易结算便利化需要社会营商环境支持

在贸易背景真实性审核的前提下，由于贸易涉及的行业、地域、客户都非常广泛，不同行业和企业的贸易模式、运输方式、产品服务也千差万别，银行的审核能力面临着很大的挑战。一般货物贸易有作为政府监管部门的海关的报关单据作为权威的、确定的依据，真实性审核相对容易，但是，对于离岸贸易、服务贸易的真实性审核难度就很大，因为离岸贸易货物不进入我国关境，没有报关单；服务贸易不仅标的多种多样，金额差异很大，而且很多时候价格很难找到可比较的市场价格、公允价格，缺乏具有权威性、公认性的凭证，目前采取的是对于超过 5 万美元的服务贸易结算进行核验税务备案表的方式。

因此，提升贸易结算便利化水平，需要依托整个社会营商环境的提升。比如，完善社会信用体系，按照信用等级对企业进行分类，这样银行就有依据对优质客户简化审核要求；加强政府部门、金融监管机构和商业银行之间的信息共享，建立或完善相关的信息共享平台，这样就能够实现信息的快捷传播和查询；建立行业协会协同机制，使银行能够依靠行业协会的专业力量验证贸易的真实性，同时也提高了行业内部的自律水平，尤其是在服务贸易方面，旅游、设计、咨询、知识产权等无形服务的金额、价格等真实性，行业协会最有发言权；最后是强化法治建设，对于失信企业、提供虚假材料的企业要有惩罚机制。

（三）提升贸易结算便利化需要提高银行展业能力

银行展业能力是贸易结算便利化的核心因素。一方面，随着监管从"规则监管"到"原则监管"的变化，很多原则性的政策需要银行创造性地进行落实；另一方面，面对各式各样的业务和客户，需要银行差异性地采取不同的业务模式和服务手段。银行展业能力的提高，一方面，需要加强培训，尤其是学习和借鉴来自先进地区的经验；另一方面，贸易结算更多的是一种专业性、操作性都很强的业务，更需要在实践中"干中学"，在续做新业务、处理新问题、化解新风险中总结自己的经验，培养自己的人才。贸易结算是跨境金融的基础性业务，也是提升海南自贸港内银行在不断扩大的金融开放环境下展业的基础能力。海南的银行应加强向中国香港、新加坡的银行学习取经，采取人员交流、海外培训、业务联动等多种"请进来"和"走出去"并重的方式，加快提升跨境金融尤其是贸易结算的展业能力，以适应金融开放的需要。

（四）提高贸易结算便利化需要提升金融监能力

提高贸易结算便利化对金融监管能力提出了更高要求。从"规则监管"到"原则监管"，从自身审批到放权给银行，从事前审核到事后核查，需要金融监管机构提升把握全局的能力、前瞻判断的能力、业务指导的能力，既要能够"放得开"，也要能够"管得住"，既要有微观管理和指导，更要有宏观体系和监测。这也是金融领域"放管服"改革的要求，在这一过程中，要充分学习借鉴中国香港、新加坡等自贸港的金融监管经验，尤其是高度放开之后如何前瞻防范风险的经验。

（五）基于多功能自由贸易账户实现更高水平的贸易结算便利

在 FT 账户改造成为离岸账户、海南自贸港"双重账户体系"实施后，可以基于离岸性质、不适用境内贸易结算规则的多功能自由贸易账户，实现贸易结算资金凭客户支付指令的划转，便利化将大幅提升，自由度可以对标中国香港、新加坡。尤其是对于服务贸易、离岸贸易这些贸易背景真实性难以完成穿透核查或者核查成本高、时间长的贸易。这就能够以高度便利化的贸易结算来支持贸易自由便利，从而为吸引跨国公司在海南自贸港设立结算中心增添重要的金融砝码，并且将带动贸易融资、供应链金融等领域的发展，在跨境资金划转自由的基础上，催生贸易金融领域的产品创新，尤其是离岸人民币贸易金融产品的创新，从而完善多功能自由贸易账户的功能，并扩大市场规模。

第二节 跨境资产管理试点

2021 年 4 月 9 日，中国人民银行、银保监会、证监会、国家外汇管理局联合发布《关于金融支持海南全面深化改革开放的意见》（银发〔2021〕84 号）提出，"探索开展跨境资产管理业务试点。支持境外投资者投资海南自由贸易港内金融机构发行的理财产品、证券期货经营机构私募资产管理产品、公募证券投资基金、保险资产管理产品等资产管理产品"。

跨境资产管理试点是一项突破力度很大、含金量很高的金融开放政策，上述四类金融投资产品是第一次向境外投资者开放，具有很强的先行先试特点，需要创造性地加以落实。

一、海南自贸港开展跨境资产管理试点的意义

（一）推进分阶段开放资本项目

"分阶段开放资本项目"是《总体方案》和《海南自由贸易港法》中明确规定的重要任务，也是跨境资金流动自由便利的重要内容。国家"十四五"规划纲要提出，海南自贸港要"开展跨境证券投融资改革试点"。开展跨境资产管理试点是落实上述要求的重要措施。

（二）推进我国资本市场扩大开放

虽然近年来我国陆续推出沪港通、深港通、债券通等境内外资本市场互联互通的开放举措，也取消了 QFII 和 RQFII 的投资额度限制，但与发达经济体相比，我国资本市场对外开放的程度还存在差距。此次海南跨境资产管理试点涉及的四类金融投资产品，是目前我国资本市场开放程度较低的领域。此项试点将拓展境外资金投资境内市场渠道，推动我国资本市场进一步开放。

（三）提供人民币国际化的新动力

目前，我国资本项目开放存在诸多限制，离岸人民币回流境内资本市场存在不少障碍，影响离岸人民币投资功能的发挥，成为人民币国际化发展的瓶颈。海南自贸港开展跨境资产管理试点，为离岸人民币回流提供了新的渠道，有利于推动人民币国际化。

（四）扩大我国金融服务业开放

2018 年以来，我国金融服务业开放步伐加快，多个领域的准入门槛、展业限制等被大幅度降低或取消。在海南自贸港这样一个高度开放的市场上开展跨境资产管理试点，放开境外资金进入境内理财、基金、私募等市场的通道，有利于吸引外资金融机构特别是证券、期货、基金、资管类金融机构进入海南。

（五）提升海南作为"双循环"交汇点的地位

在新发展格局下，海南自贸港是国内国际"双循环"的重要交汇点。但是，海南金融市场规模偏小，尤其是没有资本市场，影响了海南自贸港在金融领域连通境内外市场作用的发挥。开展跨境资产管理试点，有利于补齐短板，丰富金融业态，扩大市场规模，提升海南自贸港的金融辐射力。

二、目前境外投资者开展境内金融投资的主要渠道

海南自贸港开展跨境资产管理试点，必须着眼于我国资本市场开放的大局，

既要充分吸收现有开放措施的经验，更要拓展开放领域，从而使海南自贸港在某些金融领域处于开放前沿，充分利用海南作为"全面深化改革开放试验区"的战略定位进行先行先试。

目前，境外投资者进行境内金融投资的渠道可以分为四类：一是向所有境外投资者开放的特定市场，如 B 股。二是向特定境外投资者开放的特定市场或特定产品，如合格境外机构投资者（QFII）和人民币合格境外机构投资者（RQFII）可以投资部分一级和二级市场产品，境外金融机构、中央银行、国际金融组织和主权财富基金可以参与境内银行间债券市场等。三是境外投资者可以通过中国内地与中国香港资本市场互联互通机制投资境内特定的资本市场产品，如沪股通、深股通、债券通、内地与香港基金互认、粤港澳大湾区跨境理财通等。四是将特定的境内投资产品转换为境外上市产品，供境外投资者在境外市场上投资，如沪伦通、中日 ETF 互通等，但这属于境外投资者间接进行境内投资，其投资行为发生地、适用的监管规定均在境外。如表6－1所示，上述渠道在境外投资者的类型、可投资的境内金融产品种类以及相关安排各有不同。

表 6－1　　　　　　　　　境外投资者投资境内金融市场渠道

开放渠道	境外投资者范围	市场/产品	额度	币种
B 股	外国的自然人、法人和其他组织；我国港澳台地区的自然人、法人和其他组织	上海和深圳证券交易所上市的 B 股	无额度限制	面值人民币，认购交易为外币（上交所为美元，深交所为港元）
QFII/RQFII	境外机构投资者，包括境外基金管理公司、商业银行、保险公司、证券公司、期货公司、信托公司、政府投资机构、主权基金、养老基金、慈善基金、捐赠基金、国际组织等中国证监会认可的机构（需证监会审批认定）	证券、基金、期货、期权等（2020 年 11 月，投资范围新增全国中小企业股份转让系统挂牌证券、私募投资基金、金融期货、商品期货、期权等）	已取消额度限制	外币/人民币

续表

开放渠道	境外投资者范围	市场/产品	额度	币种
沪股通、深股通	无限制（委托中国香港经纪商，经由香港联交所交易）	上交所：上证 180 指数和 360 指数的成分股，A + H 股上市公司的 A 股；深交所：深证成分指数及深证中小创新指数的成分股，且前 6 个月 A 股日均市值不低于人民币 60 亿元，A + H 股上市公司的 A 股	每日额度实时监控，2018 年 5 月开始每日资金流入额度为 520 亿元	人民币
银行间债券市场	境外商业银行、保险公司、证券公司、基金管理公司及其他资产管理机构等各类金融机构及其发行的投资产品，以及养老基金、慈善基金、捐赠基金等中国人民银行认可的其他中长期机构投资者	债券现券等经中国人民银行许可的交易	无额度限制	外汇
	境外央行、国际金融组织、主权财富基金（事先向中国人民银行提交中国银行间市场投资备案表）	债券现券、债券回购、债券借贷、债券远期，以及利率互换、远期利率协议等其他经中国人民银行许可的交易	自主决定投资规模	人民币
债券通（北向通）	上述参与银行间债券市场的境外投资者	银行间债券市场交易流通的所有券种，包括国债、地方政府债、中央银行债券、金融债券、公司信用类债券、同业存单、资产支持证券等（包括发行认购）	无额度限制	人民币/外汇
内地与香港基金互认（内地基金在香港销售）	无限制（中国香港市场销售交易）	经香港证监会认定的内地基金	总额度 3000 亿元，单只基金募集规模不超过基金总资产的 50%	人民币

资料来源：作者根据公开资料整理。

随着中国经济不断释放发展红利，金融市场不断扩大开放，境外投资者持有的境内金融资产数量呈现较快上升态势。境外机构和个人持有的境内股票和债券金额分别从 2013 年末的 3348 亿元和 3989 亿元上升到 2020 年末的 34065 亿元和 33350 亿元，年均增长率分别为 39.29% 和 35.44%。但是，境外投资者持有境内金融资产的占比还相对偏低。截至 2020 年末，境外机构和个人持有的境内股票和债券分别占境内股票和债券流通市值的 5.29% 和 4.30%；经监管部门认可在中国香港发售的内地基金仅 50 只，总资产规模 8.74 亿元人民币，分别占境内公募证券投资基金数量和总资产的 0.63% 和 0.004%；2021 年 6 月末，上交所和深交所的 B 股流通市值分别占股票流通市值的 0.17% 和 0.19%[①]。相比较而言，截至 2020 年 6 月末，外国投资者持有的美国证券占全部美国证券的比例约为 20%，其中，国债占比约为 40%，公司债占比约为 20%，股票占比约为 14%[②]。

三、海南自贸港跨境资产管理试点的突破

《关于金融支持海南全面深化改革开放的意见》给予海南自贸港开展跨境资产管理的试点政策，在以下五个方面实现了突破。

（一）扩大了境外投资者的境内投资产品范围

此次海南跨境资产管理试点涉及的理财产品、私募资管产品、公募证券投资基金、保险资管产品，均属于 IMF 定义的"集合投资工具"（Collective Investment Instruments）。在这个领域，我国的开放程度还很低，仅允许 QFII 和 RQFII 投资于公募证券和私募投资基金，以及境外投资者通过内地与香港基金互认方式在香港投资经认可的内地基金。

（二）扩展了境外个人投资者直接投资中国市场的方式

目前，除了通过内地与香港资本市场互联互通安排，境外个人直接进行境内金融投资只有两个渠道：一是允许境外个人购买 B 股；二是允许在境内工作并连续居住满 1 年的外国人（外国驻华外交人员和国际组织驻华代表除外）用来源于境内的收入购买商业银行发行的外币或人民币理财产品[③]。海南跨境资产管理试点将境外个人境内金融投资的产品扩大到上述四种集合投资产品，扩展

---

① 在中国香港发售的中国内地基金数量和总资产数据来源于香港证监会《2020 年资产与财富管理活动调查》，债券市值数据来源于中国债券信息网，其余数据来源于 Wind。

② 数据来源于美国财政部。

③ 国家外汇管理局《个人外汇管理办法实施问答》第一期第十六条：在境内工作，居住满一年的境外个人可以用来源于境内的收入购买商业银行发行的外币或人民币理财产品。

了境外个人直接进入中国金融市场的方式。

（三）为外资金融机构提供了一个在中国市场上竞争的独特机会

虽然目前我国已经取消了银行、证券、保险等金融机构的外资股比限制，但外资金融机构在对境内客户的竞争中，与中资金融机构相比并没有明显优势，有时还处于劣势。海南跨境资产管理试点给外国金融机构提供了一个非常有利的市场机会。外资金融机构可以在海南设立子公司，发行面向境外投资者的产品，一方面，可以发挥其在境外的客户基础优势，吸引、募集境外资金；另一方面，也可以为其客户提供进入中国市场的新渠道。同时，外资金融机构还可以利用海南自贸港日益开放的市场环境，借助跨境资产管理试点的政策，将海南作为其全球资产配置的一个重要支点。

（四）为海南自贸港吸引外资金融机构提供了独特的吸引力

目前，海南外资金融机构仅有两家外资银行，与自贸港的地位非常不相称。在此项试点政策下，由于海南自贸港内设立的金融机构可以发行面向境外投资者的理财、基金、资管等产品，不仅能够吸引外国金融机构进入，丰富金融业态，在一定程度上弥补海南缺乏资本市场的短板，做大金融市场规模，而且能够通过提供进入中国资本市场的独特通道，将海南打造成为连接国内国际资本市场的一个独特支点，在金融开放领域展现海南自贸港作为"双循环"重要交汇点的战略地位。

（五）有利于探索资本项目开放的风险可控方式

从国际经验看，海南跨境资产管理试点涉及的理财产品、私募资管产品、公募证券投资基金、保险资管产品四类产品，均是个人投资占比较高的产品。个人投资具有参与者多、单笔金额小、资金沉淀性强的特点。一方面，这有利于境外投资者的多元化和分散化，在一定程度上对冲机构投资者资金流动性高的特点；另一方面，这四类产品都是非上市的集合投资产品，与上市的金融产品相比，具有分散风险、流动性较低（大部分产品都有赎回期限限制）的特点，有利于防控跨境资金流动风险。

四、海南跨境资产管理试点与大湾区"跨境理财通"比较

2021年9月10日，人民银行广州分行和深圳市中心支行、广东和深圳银保监局、广东和深圳证监局联合发布了《粤港澳大湾区"跨境理财通"业务试点实施细则》，10月21日"跨境理财通"正式启动。从业务框架上看，海南跨境资产管理试点与粤港澳大湾区跨境理财通（北向通）各有侧重，体现了我国针

对不同区域的开放定位采取不同的开放措施、多管齐下探索金融创新与开放的特点，其差异主要体现在以下四个方面。

（一）投资主体不同

海南跨境资产管理试点面向境外投资者，没有国家和地区的限制，包括机构和个人。大湾区"跨境理财通（北向通）"的投资者为港澳地区居民个人，并且须符合港澳金融监管部门规定的相关要求。

（二）投资产品不同

海南跨境资产管理试点包括理财产品、私募资管产品、公募证券投资基金、保险资管产品四类产品。大湾区"跨境理财通（北向通）"的投资产品为"一级"至"三级"风险的非保本净值化理财产品（现金管理类理财产品除外）和"R1"至"R3"风险的公募证券投资基金。海南的投资产品范围要大于大湾区的产品范围。

（三）产品发行主体不同

海南跨境资产管理试点投资产品的发行主体为海南自贸港内的金融机构，大湾区"跨境理财通（北向通）"投资产品的发行主体为内地的理财公司（包括银行理财子公司和外资控股的合资理财公司）和公募证券投资基金公司，并不限于大湾区范围内广东九市的金融机构。

（四）跨境开放模式不同

海南跨境资产管理试点采取的是单边主动开放的模式，也就是面向全球开放，不限特定区域，也没有与境外监管机构签署有关协议。大湾区"跨境理财通（北向通）"是面向港澳开放，采取的是双边协定开放的方式，是双向开放。2021 年 2 月，三地金融监管机构就"跨境理财通"的监管合作签署了谅解备忘录，根据《粤港澳大湾区"跨境理财通"业务试点实施细则》，境内、境外都有指定的银行，明确银行的业务责任，境内、境外监管机构都对投资者的资格有明确标准。开放模式的不同与两地的开放定位相关。大湾区的主要目标之一就是粤港澳三地的融合，理财互通是重要内容，而海南作为自贸港，是更大力度、更高水平面向全球自主开放的新平台。由于开放模式不同，海南跨境资产管理试点的风险防控难度可能比大湾区"跨境理财通"要大。

五、落实海南跨境资产管理试点的政策建议

下一步，需要在《关于金融支持海南全面深化改革开放的意见》的基础上，抓紧研究制定海南自贸港跨境资产管理试点实施细则，具体明确境外投资者资

格、投资产品准入、产品发行机构要求、代销银行选择标准、跨境资金管理、投资管理原则、投资者权益保护、金融监管要求等方面的内容，使这一政策能够尽早落地实施。

在制定海南自贸港跨境资产管理试点业务实施细则的过程中，建议采取以下框架思路。

（一）在投资主体上坚持高度开放的原则

基于海南自贸港高度开放的定位和"试验最高水平开放政策的优势"，对于境外机构投资者，不作国家和地区限制，对于境外个人投资者，考虑到投资者适当性和往来海南便利性，建议参照免签证进入海南的59国范围确定；对于投资资金来源，应包括来自境外和境内的资金；对于在海南自贸港内设立发行投资产品的金融机构，应同时面向境内和境外引进，应包括子公司和分公司等多种形式，并且根据海南自贸港开放的定位，鼓励设立外资金融机构或者合资金融机构。

（二）在资金来源上坚持分类管理的原则

对来自境内、境外的投资资金采取不同的管理模式，对于来自境内的投资资金采取与境内投资者相同的管理模式，不得以信贷资金、以直接投资名义进入境内的资金、境外融资资金进行投资；对于来自境外的投资资金，采取投资专户、原路进出、闭环管理的模式。

（三）在跨境资金上采取额度管理的方式

借鉴沪港通、深港通、内地与香港基金互认、大湾区"跨境理财通"等对跨境资金流入采取额度监控的方式，研究确定海南跨境资产管理试点初期的跨境资金流入总额度、各类境外投资者的单个额度，以及额度的测算、公布、管控的具体方式。

（四）在投资管理上坚持国民待遇的原则

对于境外投资者开展境内投资，在管住跨境资金的基础上，对于进入投资专户的境外资金和允许投资的境内资金，在开展投资的过程中，应与境内投资者一视同仁，在业务办理的方式、渠道、流程、要求等方面与境内投资者一致。

（五）在投资产品上坚持监管一致的原则

对于海南自贸港内金融机构发行的面向境外投资者的四类资管产品，应与境内其他地区的金融机构发行的面向境内投资者的相同类型的产品适用相同的监管规定，而不是在监管制度上另起炉灶或者在监管过程中差别对待。包括发行金融机构的资质标准、投资者适当性要求、资金募集、销售管理、资金投向、投资管理、投资者保护、风险监管等各个领域都应当监管一致，充分利用现有金融服务设施，实现改革开放成本最小化。允许海南自贸港内面向境外投资者发行的四类资管产品，与中国的同类资管产品一样，投资于境内各类金融市场和进行股权投资；同时，在发行主体取得 QDII、QDLP 等海外投资资格的情况下，可以面向境内和境外投资者发行投资于境外的产品，实现全球资产统筹配置，更好地发挥和体现海南自贸港作为国内国际两个市场连接点的作用。

（六）在风险防控上坚持全面可控的目标

首先，要严格落实相关管理规定，确保客户充分了解投资风险，并针对境外投资者的特点做好投资者权益保护工作。其次，配套落实好《关于金融支持海南全面深化改革开放的意见》提出的"加强金融消费者权益保护"的一系列措施和"支持海南设立金融与破产专业审判机构"的要求，建立健全微观层面的解决跨境金融投资纠纷的能力与机制。最后，要严格落实中国人民银行、国家外汇管理局 2021 年联合发布的《银行跨境业务反洗钱和反恐怖融资工作指引（试行）》，确保反洗钱、反恐怖融资风险可控。

（七）在落地实施上采取试点先行的方式

跨境资产管理试点既有宏观层面的跨境资金流动风险，又有微观层面的针对境外投资资金来源的反洗钱、反恐怖融资等风险，对银行的跨境金融展业能力提出了很高的要求。特别是海南跨境资产管理试点属于单向主动开放，缺乏境外金融监管机构协助，资管产品代销银行的选择就更为重要。建议采取分步走的试点方式，选择跨境业务规模大、外汇合规管理评价高、在境外有广泛分支机构网络的银行先行开展试点，发挥内外联动的优势，提升跨境资金流动风险和反洗钱风险的防控能力，在试点一段时间后，在总结经验的基础上，再逐步扩大实施范围。

第三节　个人跨境交易开放

2021 年 4 月 9 日，中国人民银行、银保监会、证监会、国家外汇管理局联合发布《关于金融支持海南全面深化改革开放的意见》，提出"探索放宽个人跨境交易政策。支持在海南自由贸易港内就业的境外个人开展包括证券投资在内的各类境内投资。允许符合条件的非居民按实需原则在海南自由贸易港内购买房地产，对符合条件的非居民购房给予汇兑便利。研究进一步便利海南居民个人用汇。"

一、我国需要逐步扩大个人资本项目开放

（一）我国个人资本项目仍存在较多管理措施

根据 IMF 2019 年关于兑换安排的年度报告，我国个人资本项目仍存在较多管理措施，体现在以下几个方面。

一是在金融投资方面，包括股票、债券、货币市场工具、集合投资工具、衍生工具和其他工具 6 个方面 20 项开放指标中，我国均不允许境内个人参与境外投资，也不允许境外个人参与境内投资。

二是在不动产交易方面，不允许境内个人在境外购买不动产，仅允许境外个人基于实际需要和自用的原则购买境内不动产。

三是在个人借贷方面，境内个人向境外个人提供借款，或者境外个人向境内个人提供借款，均需要经过批准。

四是在馈赠、捐赠、继承和遗产方面，无论是境内个人向境外个人，还是境外个人向境内个人，每年不超过 5 万美元可以凭身份证在银行直接办理，超过 5 万美元则需要提供法律证明或者其他相关证明文件。

五是在资产转移方面，境内个人移民境外，可以在取得移民资格前，清算其在中国境内合法拥有的财产并购买外汇汇往境外。移居国外的移民转移财产到境外所购买和支付外汇需要外汇局批准；境外个人移民境内，境外资金汇入没有限制。境内个人在境外获得的博彩和奖金收入汇回境内也没有限制。

（二）我国迈向高收入国家需要逐步开放个人资本项目

2021 年，我国人均 GDP 已经达到 80976 元，折合 12551 美元，超过世界平均的人均 GDP（1.21 万美元左右），如果按照世界银行原来的高收入国家标准（人均 GDP12535 美元），我国已经步入高收入国家行列；即使按照世界银行最新公布的高收入国家标准（人均 12616 美元），我国也已经相当接近，将在 2022 年或 2023 年超过该标准。

随着收入水平的上升，我国已开始步入居民收入和人口结构发生根本性变化时期，家庭财富跨境配置成为必然需求。一方面，如果"十四五"跨越"中等收入陷阱"并继续维持增长态势，2035 年我国中等收入群体将由目前的 4 亿人上升到 8 亿～9 亿人，超越美国、欧盟和日本的人口总和。另一方面，在中国即将成为全球中等收入以上人口最多的国家的同时，"十四五"期间也是我国人口总量和结构发生转折的时期。2025 年，我国 65 岁人口占总人口的比重将超过 15%，不仅进入中度老龄化社会，而且进入长寿化时代，为养老准备资金日益

成为中国家庭的重要考虑和基本财务安排。上述两方面的变化使家庭财富管理成为中国金融发展必须面对的现实，也是中国金融改革发展的重点领域和重要环节。其中，国际化资产配置组合，尤其对高净值人群来讲，又成为平衡风险和收益的重要手段。从短期看，这有利于校正因国内金融产品不丰富而造成的家庭财富集中于房地产等特定资产的偏好，从而缓解系统性金融风险的集中度；从长期看，这有利于激励居民从流动性角度平衡配置资产，在扩大为养老储备资产的同时，为今后可能出现的养老金缺口进行平滑，从而为经济社会可持续发展提供金融支持。因此，需要逐步开放个人资本项目。

（三）海南自贸港是个人资本项目开放的最佳压力测试区

从政策层面看，海南自贸港是开放前沿，具有"全面深化改革开放试验区"的战略定位，具有分阶段开放资本项目的重要任务。国家"十四五"规划纲要明确提出"稳步推进海南自由贸易建设""开展跨境证券投融资改革试点"。

从海南实际看，在海南自身经济体量偏小且缺乏资本市场的情况下，以跨境财富管理为抓手，在个人跨境证券投融资领域进行试点突破，是现实的选择。现代服务业是海南的主导产业之一。金融是现代服务业的重要组成部分，国际上成熟自贸港金融业在经济中的占比均超过10%，海南自贸港金融发展和金融开放需要放宽个人资本项目，以跨境财富管理作为新的增长点。另外，海南作为传统的侨乡，一部分居民个人与境外有着较多的联系，尤其是与我国港澳地区和东南亚国家的联系非常密切，有跨境交易的需求。并且海南的居民类型比较全面，既有一般的城镇居民和农村居民，还有非常特殊的候鸟人群和养老群体，这些外来人口一般具有较高的收入水平和财富积累。另外，海南自贸港的开放也吸引了境外人才的进入，放宽个人资本项目也是海南自贸港吸引国内外高端人才的重要金融配套措施。

从风险防控看，2021年末海南常住人口1020万人，全省个人本外币存款仅11338亿元，规模偏小。海南自贸港实行"双账户"所形成的"电子围网"，为个人资本项目开放的风险防范提供了基础，再加上海南是岛屿经济，有利于风险防控。

二、在海南就业的境外个人的境内投资

（一）目前境外个人进行境内投资的渠道非常有限

目前我国基本上不允许境外个人直接进行境内金融投资，只有两个例外：一是境外个人可以进入上海证券交易所和深圳证券交易所的B股市场买卖B股。

二是在境内居住满一年的境外个人可以以境内收入购买银行发行的理财产品。

此外，允许境外个人间接投资境内资本市场的互联互通方式包括：一是沪港通、深港通的北向通，境外个人可以通过香港的证券公司进行 A 股指定股票的交易。二是香港与内地基金互认，境外个人可以在香港购买经香港证监会认定的内地公募基金。三是粤港澳大湾区跨境理财通，港澳地区符合条件的居民个人可以通过指定银行购买境内理财产品和公募基金。

境外个人直接进行境内投资和通过互联互通安排投资有着根本不同，虽然两者的投资标的都是境内金融资产，但是前者适用的是境内的金融交易规则和监管规定，基于的是境内的经济金融法律，而后者适用的是投资发生地（如中国香港）的金融交易规则和监管规定，基于的是境外交易发生地的经济金融法律。

（二）给予境外个人境内投资的国民待遇是重大突破

《关于金融支持海南全面深化改革开放的意见》提出"允许在海南自由贸易港内就业的境外个人开展包括证券投资在内的各种境内投资"，是一项重大的个人资本项目开放突破，是国内独有的开放政策，是落实国家"十四五"规划提出的在海南自贸港"开展跨境证券投融资管理改革"的具体体现。

这一政策专门注明"包括证券投资在内"，突破了长期以来不允许境外个人直接参与境内证券投资的规定，实际上赋予了在海南自贸港内就业的境外个人开展境内投资的国民待遇。并且，政策没有限制必须以境内收入来进行投资，这就意味着符合条件的境外个人可以以境外合法的自有资金来进行境内投资。

允许在海南就业的境外个人开展境内投资，让进入海南的国际人才能够享受到中国经济发展和海南自贸港建设的成果，有助于海南吸引国际人才。

（三）在海南就业境外个人境内投资应分步放开

虽然在海南就业的境外个人规模不大（截至 2021 年 6 月末约为 1600 人），但是作为一项突破性大的政策，可以采取分步实施的方式。在政策落地第一阶段，可以先允许其以国内合法收入开展投资；第二阶段，可以采取额度制的方式，允许其使用在境外的自由资金汇入境内开展投资，具体方式可以参考粤港澳大湾区跨境理财通，初期额度可以设定为每人 100 万元人民币，采取"账户专设、闭环管理、原路进出"的方式；第三阶段，在总结经验的基础上，逐步扩大额度规模，最终对于境外个人来自境外的人民币资金取消额度限制，但是对于外汇资金仍然需要采取额度限制（因为人民币资金不涉及结售汇，不影响外汇储备，而外汇资金汇入需要结汇成人民币才可以进行境内投资）。

三、非居民购买海南自贸港房地产

（一）我国当前关于境外居民购买境内房地产的政策

当前，我国对于境外机构和个人购买境内房地产有着较为严格的限制，基本上不允许境外机构购买（如境外机构以直接投资方式在境内设立分公司或子公司，分公司或子公司作为中国境内法人，可以按照境内规定进行购买），境外个人购买仅限于实际需要和自住。因此，除了上海、广东等沿海发达地区有部分外销的房地产，面向境外个人的房地产销售很少。

2006年7月，住建部、商务部、发展改革委、工商总局、人民银行、外汇局等联合发布了《关于规范房地产市场外资准入和管理的意见》，其中第三条为"严格境外机构和个人购房管理"，包括三点内容。

第一，境外机构在境内设立的分支、代表机构（经批准从事经营房地产业的企业除外）和在境内工作、学习时间超过一年的境外个人可以购买符合实际需要的自用、自住商品房，不得购买非自用、非自住商品房。在境内没有设立分支、代表机构的境外机构和在境内工作、学习时间一年以下的境外个人，不得购买商品房。港澳台地区居民和华侨因生活需要，可在境内限购一定面积的自住商品房。

第二，符合规定的境外机构和个人购买自用、自住商品房必须采取实名制，并持有效证明到土地和房地产主管部门办理相应的土地使用权及房屋产权登记手续。房地产产权登记部门必须严格按照自用、自住原则办理境外机构和个人的产权登记，对不符合条件的不予登记。

第三，外汇管理部门要严格按照有关规定和本意见的要求审核外商投资企业、境外机构和个人购房的资金汇入和结汇，符合条件的允许汇入并结汇；相关房产转让所得人民币资金经合规性审核并确认按规定办理纳税等手续后，方允许购汇汇出。

2015年8月19日，住建部等六部门发布《关于调整房地产市场外资准入和管理有关政策的通知》，其中第三点规定：境外机构在境内设立的分支、代表机构和在境内工作、学习的境外个人可以购买符合实际需要的自用、自住商品房。对于实施住房限购政策的城市，境外个人购房应当符合当地政策规定。除上述政策调整外，2006年《关于规范房地产市场外资准入和管理的意见》继续有效。这次政策调整取消了在境内工作、学习的境外个人购房在境内居留时间的要求。

可以看出，虽然2015年的政策有所调整，但是我国对境外机构和个人购买房地产的管理仍然比较严格，还是基于实际需要的原则，仅限于自用、自住，还不允许境外机构和个人基于投资的目的来购买房地产。

（二）中国香港、新加坡和迪拜关于非居民购买房地产的政策

从中国香港、新加坡、迪拜等自贸港来看，房地产是重要支柱产业，均允许境外人士购买和投资房地产。比如，2021 年，房地产占到中国香港 GDP 的 10.96%，如果再加上地产服务（4.24%）和建筑业（3.58%），将占到 18.78%。

中国香港。购买居住性物业需要从价缴纳 15% 印花税（第 1 标准第 1 部税率），但是香港永久居民购买时存在多种情形可以适用第 2 标准税率（按照交易价格或市值分段计税，税率从 1.5% 到 4.25%）。购买非居住性物业（以及某些 2013 年 2 月 23 日至 2016 年 11 月 5 日取得的居住性物业）适用第 1 标准第 2 部税率（按照交易价格或市值分段计税，税率从 1.5% 到 8.5%）。

此外，为抑制住宅物业的投机炒卖活动，香港特区政府对在 2010 年 11 月 20 日及以后取得的住宅物业，并在取得后 24 个月内或 36 个月内将其转售，须从价印花税之上缴付额外印花税（Special Stamp Duty）（见表 6 - 2）。

表 6 - 2　　　　　　　　　中国香港额外印花税税率

不同的物业持有期	在 2010 年 11 月 20 日或之后至 2012 年 10 月 27 日前取得物业	在 2012 年 10 月 27 日或之后取得物业
在 6 个月内转售	15%	20%
在 6 ~ 12 个月内转售	10%	15%
在 12 ~ 24 个月内转售	5%	10%
在 24 个月以上转售	—	10%

资料来源：香港税务局网站。

新加坡。外国人可以自由购买所有类型的居住单位，除了带有土地的物业（landed property）和公屋。外国人不能购买和拥有公屋。外国人如果希望购买直接建在土地上的物业，需要取得新加坡土地管理局的批准。购买居住性物业适用额外买家印花税（Additional Buyer's Stamp Duty，ABSD）（见表 6 - 3）。外国人购买不带有土地的私人物业没有限制。但是，对于在购买后 4 年内出售的所有居住性物业和居住性地产，卖方需要支付印花税，根据 1 ~ 4 年内的不同持有期限分别为 16%、12%、8% 和 4%。外国人经批准购买的带有土地的私人物业需在 5 年后才能出售，如果购买时物业在建设中，需要在取得临时占有许可或者竣工证书 5 年后。

表6-3　　　　　　　　新加坡的额外买家印花税（ABSD）税率

购买者	规模情形	2018年7月6日之后的税率	2018年7月6日之前的税率
新加坡公民	购买第二套居住性物业	12%	7%
	第三套或后续购买	15%	10%
新加坡永久居民	购买第一套居住性物业	5%	—
	购买第二套和后续购买	15%	10%
外国个人	购买任何居住性物业	20%	15%
本地和外国的机构实体	购买任何居住性物业	25%	15%

资料来源：IMF AREAER 2019年报，新加坡部分，作者整理。

迪拜。迪拜酋长国关于房产登记的第2006-7号法律规定了迪拜酋长国的房屋登记和所有权制度。根据这个法律，阿联酋和海湾合作委员会国家的公民（以及由这些人士拥有的公司）可以在迪拜任何地方拥有房产，其他外籍人士可以在迪拜酋长国指定的外籍所有权区域之内拥有房地产的永久产权。迪拜对房地产的租金收益和资本收益不增税，也没有印花税。但是，迪拜对商业房产出租收10%的市政税，对住宅房产出租收5%的市政税。

可以看出，上述三个自贸港对于境外个人和机构购买房地产的政策是比较自由的，中国香港和新加坡的限制主要是针对住宅性房地产的，并且主要采取居民与非居民差异化的房地产税收政策来影响房地产交易的成本，以经济手段来进行调控。迪拜由于阿联酋是低税收国家没有采取税收差异化方式，而是采取限定区域的方式，在指定区域内允许外国人自由购买。

（三）借鉴国际经验逐步放开境外个人在海南购房政策

房地产是海南自贸港的重要产业，2021年占海南地区生产总值的9%，在海南经济中占有重要分量。并且，房地产与作为海南自贸港主导产业之首的旅游业关系密切，旅游房地产既是房地产业的重要组成部分，也是旅游业的重要内容。海南与东南亚国家地理位置相邻，在历史、文化上有着紧密的联系，有很多海南的华侨，海南自贸港日益开放的市场、经济增长的机遇、安定的社会环境以及故乡的情怀，对华人华侨有很大的吸引力，有实际存在的购房需求。允许境外个人在海南购买和投资房地产，是海南自贸港开放和国际化的体现，也是中国香港、新加坡、迪拜等自贸港的普遍做法。

2018年4月，海南实施房地产"全岛限购"政策，仅允许在海南有1年以上社保或缴纳个人所得税记录的岛外居民个人购买岛内房地产，这种"壮士断腕"的调控方式，对于抑制房价过快上涨起到立竿见影的作用。之后，海南大力发展保障性住房，在"十三五"期间新增各类保障功能住房29.7万套的基础上，2021年建设安居房3.9万套、公租房保障1.3万套，并计划在"十四五"期间建设25万套安居房、5万套保障性租赁住房和公共租赁住房，安居房供应量不低于新增住房供应总量的60%，从根本上解决岛内居民尤其是中低收入人群的住房问题。

目前，海南并无专门的对境外个人购房的具体政策。建议考虑在现有的全国性关于境外机构和境外个人购买境内房地产政策的基础上，借鉴国际自贸港的发展经验，区分对岛内常住居民的住房保障和市场化的房地产需求两种类型，研究境外个人购买和投资房地产的具体政策。第一步，可以先落实已有的按照实际需求购房的原则，基于现有政策，加大宣传，吸引已经在海南工作、学习的境外个人购房，先形成小规模的市场，在实践中把握境外个人购房需求特征；第二步，研究境外个人投资海南房地产的管理办法，参考新加坡、中国香港的经验，尽量采取经济手段，减少行政性的限制，比如根据持有时间长短采取差异性的所得税税率，允许境外个人投资商业性住宅特别是高端住宅；第三步，向市场推出允许境外机构和个人自由购买的房地产，包括住宅和办公楼宇，可以采取先限定一定区域，再逐步扩大的方式，甚至可以在开始阶段采取直接指定具体楼盘的方式，并从规划、审批的源头上做好总量控制，逐步有序放开。

四、海南居民个人用汇便利

（一）我国个人外汇管理的规定

目前，我国对于经常项目下旅游、留学、商务等个人用汇需求已经实行比较便利化的政策，每年5万美元及以下可以凭个人身份证直接到银行办理购汇，5万美元以上需要外汇局审批。但是，对于资本项目下的个人用汇，实行严格的管理，基本上不允许个人直接开展海外投资。

目前，境内可以以个人身份通过资本市场互联互通安排开展一些境外投资，具体的渠道包括：一是通过内地与香港基金互认安排，购买经过证监会认定的香港基金。二是粤港澳大湾区范围内广东9个城市的个人，符合条件的（具有完全民事行为能力；连续缴纳社保或个人所得税满5年；具有2年以上投资经历，且满足最近3个月家庭金融净资产月末余额不低于100万元人民币，或者最近3个月家庭金融资产月末余额不低于200万元人民币），可以通过"跨境理财通"安排，在100万元人民币的额度内，购买香港或澳门的投资产品（包括基金、债券和存款）。

（二）放宽个人资本项目管理的必要性

"十四五"时期，境内个人的资本项目管理需要逐步开放。一是随着居民的收入增长和财富积累，财富管理需求将快速上升，尤其是在金融资产国际化配置方面有待突破。二是推进资本项目开放是我国的金融开放目标，其中个人资本项目开放是重要内容。三是推进人民币国际化的需要，目前人民币在境外的使用基本上停留在机构层面，允许个人境外投资能够扩展到个人层面，丰富境外面向个人的离岸人民币产品，有助于推动人民币国际化，同时境内个人开展境外投资也有利于人民币输出，扩大离岸人民币市场规模。

（三）逐步放宽海南居民个人资本项目管理

相对于机构投资者而言，个人投资者的资金规模有限，专业能力偏低，信息掌握全面性和及时性不足，开展境外投资，除了要面临境内投资的风险，还需要克服境外的市场特点、交易规则、产品特征、投资者偏好等与国内市场不同的挑战，一般而言面临的风险比境内投资要大。

海南自贸港作为个人资本项目开放的探索试点，应坚持稳妥有序、风险可控、渐进推进的原则，在初始阶段，应当把握好几个方面：一是在境内投资者的范围上，要参照粤港澳大湾区跨境理财通"南向通"的标准，确保投资者具有一定的投资经验和风险承受能力，甚至可以参照大型商业银行财富级客户的标准，采取更高的客户准入门槛。二是规模上，采取额度制的方式，包括总额度和个人额度，控制资金跨境流动规模，可以参考大湾区跨境理财通总额度1500亿元、个人额度100亿元的标准。三是在市场的选择上，可以选择中国香港、新加坡等市场成熟度高、交易规则健全、监管水平高且严格的发达市场，并且与我国处于同一时区内，方便岛内个人参与交易。四是在产品上，选择基金、债券、存款等风险相对低的产品，不允许投资股票、衍生品、场外产品等高风险产品。五是在币种上，优先考虑人民币产品。六是在经营机构上，要采取让个人在海南自贸港内进行投资的方式，而不是允许个人通过境外金融机构开展投资，境内的投资经纪机构在初始阶段不能全面放开，要选择好试点机构，应该中资和外资机构并重，中资机构应该选择在中国香港、新加坡等指定市场上有证券经纪牌照的机构，通过其所在金融集团在海南的机构的联动，为个人投资者提供一站式服务，在出现投资纠纷时也能够境内外联动予以解决；外资机构应该选择国际知名并且已经进入中国有一定时间，在中国香港、新加坡等指定市场上具有证券经纪牌照的机构，应要求其在海南设立分公司或者控股子公司，以便联动协同提供服务。

第七章　海南自贸港金融服务开放

金融服务市场开放是金融开放的重要内容，在这方面，以负面清单方式进行开放承诺日益成为各国尤其是发达国家普遍采用的方式，采取负面清单方式进行市场开放承诺的《全面与进步跨太平洋伙伴关系协定》（*Comprehensive and Progressive Trans - Pacific Partnership Agreement*，CPTPP）成为高标准自由贸易协定的标杆，也成为有影响力的国际经贸规则样本。

负面清单指的是负面清单管理模式，也称特别管理措施，即以清单方式列出禁止或限制投资经营的领域，清单以外的领域各类市场主体皆可进入。与此相对应的是正面清单管理模式，即以清单方式列出允许市场主体开展投资经营的领域，清单以外的领域不允许市场主体进入。负面清单包括适用于境内外投资者（内外一致）的市场准入负面清单、适用于境外投资者或境外服务提供者的外商投资负面清单、跨境服务贸易负面清单。本书研究的金融服务开放负面清单仅包括后两者。

截至 2022 年 5 月，我国在所有签署的双边和多边自由贸易协定中，对于服务贸易均采取正面清单方式进行开放承诺。我国作为成员国的《区域经济伙伴关系协定》已经于 2022 年 1 月 1 日生效。根据 RCEP 的规定，在跨境贸易服务领域采取正面清单方式承诺的中国、新西兰、越南、菲律宾、泰国 5 个成员国，需要在 RCEP 生效后 3 年内提出负面清单方式承诺方案，6 年内转为负面清单方式承诺。另外，我国已经于 2021 年 9 月 16 日正式申请加入 CPTPP，也需要提交负面清单方式承诺的谈判方案。

作为"全面深化改革试验区"和开放前沿的海南自贸港，在负面清单探索方面具有先发优势，拥有全国最短的外商投资准入负面清单和全国首张跨境服务贸易负面清单，是进行负面清单试点的最佳压力测试区。

第一节 我国金融服务开放从正面清单到负面清单的演变

一、我国金融服务开放主要采取正面清单方式

（一）我国加入世界贸易组织的金融服务开放承诺

2000 年我国加入世界贸易组织（WTO）时，对金融服务业的开放采取的是正面清单的承诺方式，主要内容见表 7-1。

表 7-1 　　　我国加入 WTO 关于金融服务开放承诺的主要内容

项目		保险业	银行业	证券业
服务贸易	跨境交付	再保险；国际海运、空运和运输保险；大型商业险经纪、国际海运、空运和运输保险经纪及再保险经纪	提供和转让金融信息、金融数据处理以及相关软件；就各项银行和其他金融服务项目提供咨询、中介和其他附属金融服务，包括信用调查和分析、投资和证券组合的研究和咨询、收购咨询、公司重组和战略制定的建议	外国证券机构可不通过中国中介直接从事 B 股交易
投资准入	股东资质	30 年以上经营经验，在中国设立代表处超过 2 年，总资产超过 50 亿美元（经纪公司为 5 亿美元，加入 WTO 4 年内降为 2 亿美元）	设立独资银行、独资财务公司、合资银行、合资财务公司：总资产超过 100 亿美元；设立分行：总资产超过 200 亿美元	—
	外资股比（最高）	非寿险：加入 WTO 时 51%，2 年内可独资 寿险：50% 大型商业险经纪、再保险经纪、国际海运、空运、运输保险和再保险经纪：加入 WTO 时 50%，3 年内 51%，5 年内可独资	—	加入 WTO 时允许设立合资基金管理公司，外资最多 33%，3 年内增至 49%；3 年内允许设立合资证券公司，外资最多 33%

续表

项目		保险业	银行业	证券业
业务限制	地域范围	加入WTO时：上海、广州、大连、深圳和佛山； 2年内：北京、成都、重庆、福州、苏州、厦门、宁波、沈阳、武汉和天津 3年内：取消地域限制	外汇业务：取消限制 人民币业务：加入WTO时放开深圳、上海、大连、天津；1~4年内每年增加放开的城市，5年内取消地域限制	—
	客户/业务范围	非寿险：加入WTO时，允许提供无地域限制的"统括保单"大型商业保险，向境外企业提供保险，向在外资企业提供财产险、相关责任险和信用险；2年内，向所有客户提供全部非寿险服务 寿险：加入WTO时，个人险服务；3年内，健康险、团体险和养老金/年金险	外汇业务：加入WTO时取消客户范围限制 人民币业务：2年内允许办理中国企业的业务，5年内允许对所有中国客户提供服务	合资公司可直接从事A股的承销、B股和H股及政府和公司债券的承销和交易、基金的发起
	其他要求	1. 外国保险机构不得从事法定保险业务；2. 向指定的中国再保险公司进行20%的分保，加入WTO后1~4年，分保比例逐步下降为15%、10%、5%、0	从事本币业务的资格：在中国营业3年，且申请前连续2年盈利	—

资料来源：商务部网站. 中国入世承诺，作者整理。

（二）我国签署的双边自由贸易协定中的金融服务开放承诺

加入WTO后，截至2019年4月，在我国与新西兰、秘鲁、瑞士、韩国、澳大利亚、东盟、新加坡等国家和地区签署的自由贸易协定中，金融服务业的开放承诺均采用正面清单方式，绝大部分包含在服务贸易章节中或在服务贸易章节中以单独附件的形式出现，仅中韩自贸协定对金融业的规定为单独章节，中国—智利自贸协定中无金融业的规定。虽然加入WTO后我国金融市场开放不断扩大，但是在这些自贸协定中，我国金融开放的承诺基本上与加入 WTO 承诺的水平一致。

（三）2018 年以来我国大幅放宽金融市场准入

2018 年 4 月，习近平主席在博鳌亚洲论坛 2018 年年会上宣布"中国将大幅度放宽市场准入"，加大金融服务领域的开放力度。我国金融服务业开放步伐进一步加快。2018 年 4 月，人民银行行长易纲宣布 11 条金融开放的具体措施和时间表。2019 年 7 月，国务院金融稳定发展委员会办公室发布《关于进一步扩大金融业对外开放的有关举措》，推出 11 条金融业对外开放措施，大幅放宽银行、保险、证券等领域的外资市场准入和业务范围。2018 年到 2020 年 8 月，银保监会陆续出台 34 条银行业保险业对外开放措施①。上述金融业扩大开放的措施，远远超出了当时我国在自贸协议中的金融服务开放承诺，也将我国金融业开放程度提高到了超过部分发达国家的水平。

（四）我国金融服务准入门槛已经较低

根据经济合作与发展组织（OECD）发布的外国投资限制指数（该指数范围为 0 ~ 1，数值越低表示限制越少、准入门槛越低），2018 年以来我国金融业外资限制指数大幅下降（见图 7 - 1），2020 年我国金融业外资准入的限制已经低于加拿大、法国等发达国家（见图 7 - 2）。

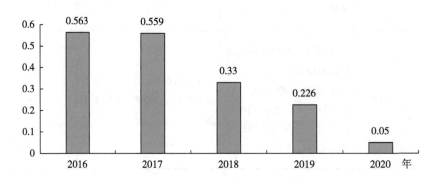

图 7 - 1　中国的金融业外国投资限制指数

（资料来源：OECD，作者整理）

（五）我国在 RCEP 中的金融服务开放承诺

2020 年签署的《区域全面经济伙伴关系协定》（RCEP）是我国参与的最高

---

① 银保监会：2018 年来新设外资银行保险机构近百家［OL］. 央视网，2020 - 08 - 23，http：// news. cctv. com/2020/08/23/ARTIo7penatAhRR8AV8IweqQ200823. shtml.

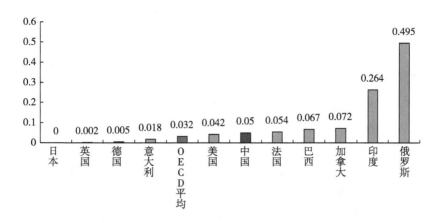

图 7 - 2 2020 年主要经济体金融业外国投资限制指数比较

（资料来源：OECD，作者整理）

水平的多边自贸协定，除了在制造业、农业、林业、渔业、采矿业 5 个非服务业领域投资首次采用负面清单方式，其余领域均采取正面清单方式。RCEP 中的金融服务开放代表了我国金融领域的最高承诺水平，虽然采取了正面清单方式，但是将 2018 年后出台的多项金融开放措施纳入协定，例如，在银行业方面，取消来华设立机构的外国银行总资产要求、取消人民币业务审批等；在保险业方面，放宽外资人身险公司外方股比限制、取消外资保险机构 30 年经营年限及设立前在华设立代表处 2 年以上等要求，并首次引入新金融服务、自律组织、金融信息转移和处理等规则，同时在金融监管透明度方面作出了高水平承诺。在 RCEP 中，关于服务贸易开放，我国承诺在协定生效后 3 年内提出负面清单方案，6 年内转为负面清单。

二、我国金融服务开放负面清单的演变

目前，我国尚未有在自贸协定中服务贸易开放的负面清单，但是已经自主公布了多份外商投资准入清单和跨境服务贸易负面清单，其中包括金融服务开放的内容。

（一）外商投资准入负面清单中的金融业限制措施

2013 年 9 月，上海自贸区率先引入负面清单管理模式，发布《中国（上海）自由贸易试验区外商投资准入特别管理措施（负面清单）（2013 年）》，对 18 个门类列出 190 条特别管理措施，其中金融业 5 条，涉及货币金融、资本市场和保险业等方面。2015 年 4 月，国务院印发《自由贸易试验区外商投资准入

特别管理措施（负面清单）》，对15个门类列出了122条特别管理措施，其中金融业14条，涉及银行业股东机构类型、资质、股比，证券、期货和保险市场外资股比要求等方面。从2018年开始，国家发展改革委、商务部每年发布全国版《外商投资准入特别管理措施（负面清单）》，金融领域的限制措施从2018年、2019年的3条，降至2020年和2021年均为零。

（二）上海自贸试验区金融服务业对外开放负面清单

2017年6月，上海市金融服务办公室、上海自贸试验区管委会制定《中国（上海）自由贸易试验区金融服务业对外开放负面清单指引（2017年版）》，对10个类别作出48项特别管理措施，包括外资投资设立金融机构管理（市场准入限制）和外资准入后业务管理（国民待遇限制）两大部分，涉及股东机构类型、资产规模、经营业绩、资本金、股权结构限制以及业务范围、运营指标、交易所资格限制等方面内容。与其他负面清单相比，该负面清单指引列明特别管理措施的效力层级和法律依据，在形式上更加接近自贸协定中的负面清单。

2018年9月，上海市政府印发《中国（上海）自由贸易试验区跨境服务贸易特别管理措施（负面清单）（2018年）》，其中金融业限制措施包括货币金融、资本市场、保险业和其他金融业四大类共31项，占整个清单的20%，涵盖股东资质、经营业务范围、法人任职要求等方面。

（三）海南自贸港两张负面清单中的金融业内容

2020年12月，国家发展改革委、商务部发布《海南自由贸易港外商投资准入特别管理措施（负面清单）》，共27条，其中金融业无限制措施。2021年7月，商务部发布《海南自由贸易港跨境服务贸易特别管理措施（负面清单）》，共70项，其中金融业17项占整个清单的24%。涉及银行、保险、证券、期货、支付、货币经纪、企业年金等领域，对跨境交付、境外消费和自然人移动等模式下的境外服务提供者向境内提供金融服务作出限制。

（四）跨境服务贸易负面清单的覆盖范围将扩大

2022年我国服务贸易开放负面清单的覆盖范围将进一步扩大。2月10日和3月1日，商务部先后表示将在2022年推动出台全国版跨境服务贸易负面清单、制定适用于21个自贸试验区的跨境服务贸易负面清单；3月12日，李克强总理在政府工作报告中提出"推进实施跨境服务贸易负面清单"。金融服务是跨境服务贸易的重要内容，上述全国版和自贸试验区版跨境服务贸易负面清单的出台，意味着金融服务负面清单开放的地域范围将进一步扩大。

（五）我国金融服务开放承诺方式的特点

从承诺方式来看，我国金融服务开放具有以下特点：一是协定开放与自主开放并行，既在双边或多边自由贸易协定中作出开放承诺，也单方面自主推出力度更大的开放措施。二是正面清单方式与负面清单方式并行，在协议开放中目前均采取正面清单方式，在自主开放中正面清单方式和负面清单方式均有采取。三是自主公布负面清单是我国金融开放的创新，从其他主要经济体的实践来看，除了在自贸协议中采取负面清单方式，没有单方面自主公布外商投资和跨境服务贸易负面清单。四是多张负面清单并行，从内容看，既有外商投资准入负面清单，又有跨境服务贸易负面清单，从适用地域范围看，既有全国版，又有自贸试验区版，还有海南自贸港版，此外还有境内外市场主体统一适用的《市场准入负面清单》。五是从正面清单方式转变为负面清单方式，既是大势所趋，也是严峻挑战。

三、我国自主公布的负面清单与自贸协定负面清单的差异

与国际经贸协定中的负面清单相比，我国自主公布的负面清单还存在较大差异，主要体现在以下几方面：

（一）格式上存在差异

我国已公布的负面清单仅列出适用部门和特别管理措施。RCEP 中的负面清单，每一条限制措施均采取表格的形式，列出该条限制措施适用的部门（Sector）、子部门（Subsector）、行业分类（Industry Classification）、政府层级（Level of Government）、义务种类（Type of Obligation）、措施的具体描述（Description）、依据的法律条款（Measures）等。CPTPP 中的负面清单，也是采取类似的格式。换句话说，我国自主公布的负面清单采取的是"条"的表述，RCEP 负面清单采取的是"表"的表述。表 7-2 的示例是 RCEP 中日本提出的金融服务负面清单的限制措施之一。

表 7-2　　　　　　RCEP 中日本金融服务负面清单的限制措施之一

部门	金融
子部门	保险和保险相关服务
行业分类	JSIC 672 非人寿保险机构 JSIC 6742 为小企业服务的金融机构
政府层级	中央政府

续表

义务种类	市场准入
描述	服务贸易和投资: 与下列项目和任何由此产生的责任相关的保险合同,原则上需要以商业存在的方式提供: (a) 在日本境内运输的货物; (b) 未用于国际海运的、在日本登记的船舶
措施来源	保险业务法 (1995 年第 5 号法律),第 185 条、第 186 条、第 275 ~ 277 条、第 286 条和第 287 条 关于保险业务法生效的内阁命令 (1995 年第 425 号内阁命令) 关于保险业务法生效的部门条例 (大藏省 1996 年第 5 号条例),第 116 条和第 212 ~ 216 条

资料来源:RCEP。

(二) 保留措施表述的方式存在差异

由于负面清单有可能无法覆盖不予开放或者暂时不予开放的,在自贸协定中的负面清单往往都有所谓的"兜底条款",即保留未来采取限制措施的权利,作为负面清单中的条款。比如,日本在 RCEP 和 CPTPP 中均保留采取或维持任何与跨境交付模式下的保险业务相关措施的权利;澳大利亚由于是联邦制国家,在 RCEP 和 CPTPP 中均保留地方政府层级的所有不符措施;新加坡在 CPTPP 中保留采取或维持任何涉及具有系统重要性的金融市场基础设施的任何金融服务的提供、进行补贴的权利。

我国则采取在负面清单之外进行说明的方式,全国版、自贸区版和海南自贸港版外商投资准入负面清单的"说明"中均有"未列出的文化、金融等领域与行政审批、资质条件、国家安全等相关措施,按照现行规定执行";海南自贸港跨境服务贸易负面清单的"说明"中也有"未列出的与国家安全、公共秩序、金融审慎、社会服务、人类遗传资源、人文社科研发、文化新业态、航空业务权、移民和就业措施以及政府行使职能等相关措施,按照现行规定执行"。

(三) 覆盖领域不同

一是负面清单覆盖范围不完整或者有范围有重合。全国版、自贸试验区版只有外商投资准入负面清单,没有覆盖跨境服务贸易。海南自贸港外商投资、跨境服务贸易两份负面清单虽然实现了全覆盖,但服务贸易中的商业存在模式与投资的内涵高度重合。在 CPTPP 等高水平自贸协定中,金融服务负面清单采取的是"服务 + 投资"的方式,实行一张负面清单。

二是我国负面清单涉及的范围还需要进一步扩大。在 RCEP 和 CPTPP 中，金融服务负面清单涉及的义务范围除了市场准入、国民待遇，还包括最惠国待遇、业绩要求、高级管理层和董事会等方面的义务，我国自主公布的负面清单还仅聚焦在市场准入、国民待遇等方面。

三是我国负面清单仅着眼于现有措施，没有对未来可能的限制作出规定。在 RCEP 和 CPTPP 中，负面清单不仅列出了现行不符措施内容（List A），而且对于未来可能采取的不符措施作出了明确的规定（List B）。我国自主公布的负面清单的限制措施都是当前措施，没有对未来可能采取的限制措施进行说明。从 2015 年以来的实践来看，我国自主公布负面清单的限制措施数量不断减少，有可能形成"措施越少意味着越开放"的舆论导向，不利于未来根据国际国内形势变化增加可能需要的限制措施。

（四）不符措施数量上的差异

对标国际高水平经贸规则，我国负面清单还相对比较长。在投资领域，全国版、自贸区版、海南自贸港外商投资准入负面清单中，金融业的限制措施均为零，与 RCEP 和 CPTPP 相比均少。但是在服务贸易领域，海南自贸港的全国首张跨境服务贸易负面清单中，金融业的限制措施为 17 项，多于日本、澳大利亚、新西兰等发达国家，但低于马来西亚、越南、新加坡等东南亚国家（见表 7 - 3）。

表 7 - 3 同为 RCEP①、CPTPP 成员的负面清单中
金融业限制措施数量与海南的比较

国家和地区	RCEP	CPTPP
日本	5	3
澳大利亚	9	6
新西兰	—	10
文莱	17	11
马来西亚	—	20
越南	—	21
新加坡	—	25
海南	0（海南自贸港外商投资负面清单） 17（海南自贸港跨境服务贸易负面清单）	

资料来源：作者整理。

---

① 在 RCEP 中，新西兰、越南采取正面清单，新加坡、马来西亚虽然采取负面清单，但在负面清单中又有正面清单，因此不具有可比性。

（五）约束力不同

我国自主公布的负面清单是我国的主动开放行为，虽然也是我国扩大开放、放宽市场准入的承诺，但属于国内政策的范畴，我国可以自主调整，不具有自贸协定中的负面清单的国际约束力。自贸协定中的负面清单是协定成员谈判达成的，具有国际法意义上的约束力，自贸协定中都有违反承诺的争端解决机制或约束机制的规定。

四、负面清单实践对接国际规则的迫切性

（一）负面清单是高水平自贸协定普遍采取的承诺方式

在高水平自由贸易协定中，负面清单承诺方式得到了越来越普遍的采用，比如在金融服务领域，《北美自由贸易协定》（NAFTA）、《美国—韩国自由贸易协定》对商业存在、境外消费、跨境交付和自然人移动四种模式均采用负面清单承诺方式；《美国—墨西哥—加拿大自由贸易协定》（USMCA）、《全面与进步跨太平洋伙伴关系协定》（CPTPP）对后三种模式采用负面清单承诺方式；在《区域全面经济伙伴关系协定》（RCEP）中，日本、韩国、澳大利亚、新加坡、文莱、马来西亚、印度尼西亚7个成员国采用负面清单方式承诺。

（二）我国开放承诺需要尽快从正面清单转为负面清单

顺应国际经贸规则发展趋势和高水平开放的需要，我国需要尽快从正面清单转变为负面清单，特别是以下三个因素，使得从正面清单转向负面清单具有紧迫性：一是2021年9月16日，我国正式申请加入CPTPP，需要提出负面清单承诺方式的谈判方案。二是RECP已于2022年1月1日正式生效，包括中国在内的5个采取正面清单方式承诺的成员，需要在协定生效后3年内提出负面清单方案，并在6年内转为负面清单。三是我国正在进行的新一轮自贸协定谈判或自贸协定升级谈判中，均致力于采用负面清单承诺方式开展服务贸易和投资自由化谈判。

五、从正面清单到负面清单是系统性改革

金融服务开放从正面清单方式转变为负面清单方式，是一项以高水平开放推动深层次改革的艰巨挑战，其难度主要体现在三个方面：一是在开放的范围上，正面清单方式只开放承诺的内容，即不开放是常态、开放是例外，负面清单则是除了清单上的不符措施外全部开放，即开放是常态，不开放是例外。二是在谈判的举证上，正面清单是外国提出要求东道国开放的方案，并论证要求

东道国开放这些领域的合理性，负面清单则是东道国提出对哪些领域不予开放，并且论证不开放的理由。三是在承诺与立法的关系上，正面清单承诺是边境前（准入前）承诺，负面清单承诺是边境后（准入后）承诺，后者涉及的国内法程度要高于前者。

20多年前，中国加入WTO，采取的是正面清单的承诺方式。为了落实承诺，我国对国内相关法律进行了大规模修订、重新立法及清理，从数量上看，共清理了2300多件中央法律、法规和部门规章，以及19万件地方法律规章①。

从正面清单转为负面清单，可能比加入WTO时的难度更大，因为加入WTO的正面清单承诺可以"先承诺再立法"，但是负面清单承诺需要"先立法后承诺"。正面清单承诺无须列出国内立法依据，无须在承诺前进行国内法律的修改或调整，只需要承诺后在规定时间内完成相关领域（不需要全面检视）的法规或政策调整，落实承诺即可；但是负面清单的承诺需要全面检视相关领域的立法，列出国内立法依据，因此在承诺前需要完成相关国内立法的修改或调整。因此，需要坚持以开放促改革的原则，推动系统性、深层次的改革，对现有的法律法规进行系统梳理，包括中央政府、地方政府各个层级的法律法规甚至内部政策，一方面，从"法无禁止皆可为"的角度，系统梳理允许和禁止的内容，列出限制措施，这也是推进"放管服"、优化营商环境的题中之义；另一方面，需要对一些因国家安全等因素不能开放或者需要给予保护的领域，完善相关立法，为负面清单提供依据。

第二节　海南自贸港金融服务开放负面清单

海南自贸港是负面清单实践对接国际标准的最佳试验田。从国际实践看，自贸港作为世界最高水平的开放形态之一，其本质是一个政策规则港，长期以来是最高水平国际经贸规则的策源地和实践基地。海南自贸港是我国唯一自贸港，拥有高度开放的市场环境，具有"全面深化改革开放试验区"的战略定位，承担着"制度集成创新"的任务，是最佳的高水平开放压力测试区。海南自贸港拥有全国最短的外商投资准入负面清单、全国首张跨境服务贸易负面清单，在政策上具有先行优势。《海南自由贸易港法》是我国唯一针对特殊经济区域制定的法律，在立法上拥有独特优势。

---

① 屠新泉，王禹. 中国入世20年：从"破茧"到"领飞"[J]. 中国外汇，2021（23）.

海南自贸港金融服务开放，在服务贸易的跨境交付、境外消费、商业存在、自然人移动四种模式中，以外商投资负面清单规定商业存在模式的开放，以跨境服务贸易负面清单规定跨境交付、境外消费、自然人移动三种模式的开放，率先实现了负面清单对服务贸易模式的全覆盖。

一、海南自贸港金融服务开放负面清单的内容

（一）海南自贸港外商投资负面清单中的金融业限制措施

2020 年 12 月，国家发展改革委、商务部发布《海南自由贸易港外商投资准入特别管理措施（负面清单）》，共 27 条，其中金融业无限制措施。但负面清单的"说明"第六条规定"负面清单中未列出的文化、金融等领域与行政审批、资质条件、国家安全等相关措施，按照现行规定执行"。

（二）海南自贸港跨境服务贸易负面清单中的金融业限制措施

2021 年 7 月，商务部发布《海南自由贸易港跨境服务贸易特别管理措施（负面清单）》，共 70 项，其中金融业 17 项，涉及银行、保险、证券、期货、支付、货币经纪、企业年金等领域，涉及跨境交付、当地存在、境外消费、自然人移动等模式（见表 7 - 4）。

表 7 - 4　　　　海南跨境服务贸易负面清单中的金融服务业限制措施

序号	部门	特别管理措施	模式
1	保险	仅在中国境内，依照中国法设立的保险公司以及法律、行政法规规定的其他保险组织可经营保险业务 以境外消费方式提供的除保险经纪外的保险服务及以跨境交付方式提供的下列保险服务，不受上述限制：再保险；国际海运、空运和运输保险；大型商业险经纪、国际海运、空运和运输保险经纪及再保险经纪	当地存在① 境外消费 跨境交付
2	银行	未经中国银行监督管理机构批准，境外服务提供者不得以跨境交付方式从事银行业金融机构、金融资产管理公司、信托公司、财务公司、金融租赁公司、消费金融公司、汽车金融公司以及经中国银行监督管理机构批准设立的其他金融机构的业务活动	当地存在

---

①　当地存在（Local Presence）是指在不符措施承诺表中作出承诺的一缔约方，不得要求另一缔约方的服务提供者在其境内建立或维持代表处、分支机构或其他任何形式的法人，或成为其领土内的居民，作为提供跨境交付、境外消费、自然人移动服务的条件。而商业存在（Commercial Presence）是服务贸易的一种模式，其含义是指通过组建、收购或维持一家法人；建立或维持一家分支机构或一家代表处，目的是在另一缔约方领土范围内提供服务。

续表

序号	部门	特别管理措施	模式
3		境外人民币业务清算行、境外央行类机构和符合一定条件的人民币购售业务境外参加行经申请可以成为中国银行间外汇市场的境外会员,参与银行间外汇市场交易	境外消费
4		仅依中国法在中国设立的证券公司经批准可经营下列证券业务:(1)证券经纪。(2)证券投资咨询。(3)与证券交易、证券投资活动有关的财务顾问。(4)证券承销与保荐。(5)证券融资融券。(6)证券做市交易。(7)证券自营。(8)其他证券业务	当地存在
5	证券	以下服务可采用境外消费和跨境交付方式提供:(1)经批准取得境内上市外资股(B 股)业务资格的境外证券经营机构可通过与境内证券经营机构签订代理协议,或者证券交易所规定的其他方式从事境内上市外资股经纪业务。(2)经批准取得境内上市外资股业务资格的境外证券经营机构担任境内上市外资股主承销商、副主承销商和国际事务协调人。(3)经批准的合格境内机构投资者开展境外证券投资业务,可以委托境外证券服务机构代理买卖证券。(4)经批准合格境内机构投资者可以委托符合条件的境外投资顾问进行境外证券投资。(5)受托管人委托负责境外资产托管业务的境外资产托管人须符合法定条件。(6)未经批准或登记,境内机构、个人不得从事境外有价证券发行、交易	跨境交付 境外消费
6		以下情形不得通过跨境交付方式提供:(1)仅依中国法设立的基金管理公司或者中国证券监督管理机构按照规定核准的其他机构可担任公开募集证券投资基金的管理人。(2)仅符合法定条件的在中国境内设立的公司或者合伙企业可申请登记为私募证券基金管理人。(3)仅依中国法设立并取得证券投资基金托管资格的商业银行或中国证券监督管理机构核准的其他金融机构可担任证券投资基金托管人。(4)经批准的合格境外机构投资者投资境内证券期货,应当委托符合要求的境内机构作为托管人托管资产。经批准的境内机构投资者开展境外证券投资业务,应当由境内商业银行负责资产托管业务。(5)仅依中国法设立并经中国证券监督管理机构及其派出机构注册取得公募基金销售业务资格的机构(含公募基金管理人)可以从事基金销售业务。(6)未经批准或登记,境内机构、个人不得从事境外有价证券发行、交易	跨境交付
7		依据中国法成立的证券经营机构、其他从事咨询业务的机构经批准可从事证券投资咨询业务	当地存在

序号	部门	特别管理措施	模式
8	证券/期货	境外企业或个人不得成为证券交易所的普通会员 境外企业或个人不得成为期货交易所会员 除在海南自贸港内就业的境外个人或国家另有规定外，境外企业或个人不得申请开立证券账户或期货账户 海南自贸港内设立的区域性股权市场运营机构不得超过1家，区域性股权市场不得为海南自贸港外的企业私募证券或股权的融资、转让提供服务	境外消费
9		仅在中国境内设立的商业银行可申请期货保证金存管银行资格	当地存在
10	期货	仅依据中国法在中国设立的期货公司可依据中国期货监督管理机构按照其商品期货、金融期货业务种类颁发的许可证，经营下列期货业务：境内期货经纪业务、境外期货经纪、期货投资咨询以及中国期货监督管理机构规定的其他期货业务 仅依据中国法在中国设立的期货公司可根据中国期货监督管理机构的要求，在依法登记备案后，从事资产管理业务	当地存在
11		仅依据中国法成立的期货公司、其他期货经营机构可以从事期货投资咨询业务	当地存在
		在海南自贸港居住的境外个人可以申请取得期货投资咨询从业资格	自然人移动
12		境外期货交易所及境外其他机构不得在境内指定或者设立商品期货交割仓库以及从事其他与商品期货交割业务相关的活动	跨境交付
13		除中国证券监督管理机构或其他相关部门另有规定，境内单位或个人不得从事境外期货及其他衍生品业务；境外单位或个人不得从事境内期货及其他衍生品业务	境外消费
14	支付	仅在中国境内设立的有限责任公司或股份有限公司，且为非金融机构法人可申请"支付业务许可证"，从事非金融机构支付服务	当地存在
15	货币经纪	仅经批准在中国境内设立的货币经纪公司可从事货币经纪业务	当地存在
16	企业年金	企业年金法人受托机构、托管人、投资管理人应当经中国金融监管部门批准，并为中国法人	当地存在
17		企业年金账户管理人应当经中国政府批准，并为中国法人	当地存在

资料来源：商务部《海南自由贸易港跨境服务贸易负面清单》，作者整理。

上述金融服务开放负面清单覆盖了服务贸易跨境交付的三种模式，其中，所有领域都有当地存在的要求，17 项限制措施中有 11 项涉及当地存在，即当地存在是金融服务开放的主要模式；17 项限制措施中涉及跨境交付和境外消费的均为 4 项，但禁止开展的业务覆盖范围很广，仅在个别领域开放；仅有 1 项措施涉及自然人移动模式。

二、海南自贸港金融服务负面清单的国际比较

海南自贸港金融服务开放，以外商投资负面清单规定商业存在模式的开放，以跨境服务贸易负面清单规定跨境交付、境外消费、自然人移动三种模式的开放，是国内唯一实现负面清单对服务贸易模式全覆盖的区域，具备进行国际比较的条件。

从负面清单限制措施的内容来看，可以分为投资准入限制、业务限制、高管层成员限制、对本国企业的特殊支持、兜底条款、其他六种类型。同为 RCEP 和 CPTPP 成员国的 7 个国家与海南自贸港负面清单中限制措施的分类见表 7 - 5。

表 7 - 5　　　　　　　　金融服务负面清单不符措施分类　　　　　　　单位：项

国家和地区	协定	投资准入限制	业务限制	高管层限制	本国企业特殊支持	兜底条款	其他	合计
日本	RCEP	—	1	—	—	3	1	5
	CPTPP	—	1	—	—	1	1	3
澳大利亚	RCEP	2	1	—	1	4	1	9
	CPTPP	—	2	1	1	1	1	6
新西兰	CPTPP	—	1	2	3	4	—	10
文莱	RCEP	—	11	1	2	3	—	17
	CPTPP	—	6	1	2	2	—	11
马来西亚	CPTPP	4	9	1	5	—	1	20
越南	CPTPP	8	5	1	4	2	1	21
新加坡	CPTPP	3	14	2	3	2	1	25
海南		—	17	—				17

资料来源：作者整理。

（一）投资准入限制

投资准入限制是指外资在本国投资金融机构的限制，可以划分为股东资质要求、外资持股比例、机构形式和数量三类（见表 7 - 6）。

表7-6　　　　　　　　　准入限制措施分类　　　　　　　　单位：项

国家	协定	股东资质要求	外资持股比例	机构形式和数量
澳大利亚	RCEP	—	—	2
马来西亚	CPTPP	—	3	1
越南	CPTPP	4	2	2
新加坡	CPTPP	—	2	1

资料来源：作者整理。

股东资质要求是一个国家对另一国家金融服务提供者的主体资格进行限制，一般包括股东机构类型、资产规模、从业年限等指标。越南在此方面的限制措施数量最多，例如，越南政府规定在越南设立外国商业银行分支机构的条件为其母行在申请前一年年末总资产超过200亿美元；设立合资银行或100%外资银行的条件为其母行在申请前一年年末总资产超过100亿美元。

新加坡、马来西亚、文莱在CPTPP中对外资持股比例也作出了限制，例如，新加坡规定，对于汇款店和兑换业务，除银行、商业银行和金融公司外，其余从事该项业务的企业必须由新加坡公民拥有超过50%的股份；马来西亚规定：任何自然人不得持有获得许可的商业银行、投资银行、伊斯兰教银行，获得许可的保险公司或伊斯兰教保险运营商超过10%的股份；文莱规定，若银行不少于50%已发股本及已缴股本由政府拥有或代表政府拥有，则对该银行不发放执照。

在机构形式和数量上，新加坡、马来西亚和文莱均有要求。例如，在CPTPP中，新加坡规定外国银行不得拥有一个以上的营业点；马来西亚规定外国银行在本地至多建立8家实体分行，并按1（市区）：2（城郊）：1（非城区）比例分配；文莱在CPTPP和RCEP中均规定，只允许文莱公民经营货币兑换及汇款业务，并且许可有数量限制。

（二）业务限制

业务限制分为当地存在要求、业务范围限制、互惠条款、审批或许可四类。除新西兰外各国对当地存在均有要求，东南亚国家的限制措施数量相比发达国家更多一些，其中以文莱和新加坡最多（见表7-7）。比如，新加坡规定所有保险经纪、专属自保保险人必须在新加坡本地设立公司；文莱规定所有金融公司均须在文莱境内设立为公司。

业务范围限制是比较集中的方面。例如，新加坡规定，批发银行不得接受低于25万新加坡元以下的定期存款、不得提供储蓄账户等；马来西亚规定，居民从境外金融机构购买金融服务时，需要满足《外汇管理规则通知》中的要求、限制及条件；澳大利亚在 RCEP 和 CPTPP 中均规定，被授权为接受存款的机构的国外银行分行，不得接受个人以及非法人机构少于 25 万澳大利亚元的开户存款。

互惠条款是指一缔约国向另一缔约国开放某个领域或授权某项权限时，以另一缔约国提供相同或对等待遇作为前提的条款。例如，马来西亚在 CPTPP 中规定：在马来西亚本地注册的外国银行可以设立新的 ATM，但获得许可的外国银行母国应提供至少相等的待遇；马来西亚境内持有许可的银行机构和保险公司或伊斯兰教保险公司任何运营服务外包，应满足申请者母国提供的互惠待遇。其余国家和海南在互惠条款方面均无任何限制措施。

审批/许可是指某些业务需要东道国授权通过或许可后方能开展。新加坡、马来西亚在 CPTPP 中均有较多限制措施。例如，新加坡规定：在证券和期货市场，作为获得批准的交易所、获得认可的市场运营商，其建立和运营应获得新加坡金融管理局或其继受机构的授权；马来西亚规定：任何希望从事资本市场活动的人，需要获得马来西亚证券委员会的授权。海南在审批/许可方面的限制措施多达 11 条，包括金融机构的设立和股权变更、金融机构营业场所和交易所的设立、特定金融业务的开展等均需获得许可后方能开展。

表 7－7　　　　　　　　业务限制措施的分类　　　　　　　单位：项

国家和地区	协定	当地存在要求	业务范围限制	互惠条款	审批/许可
日本	RCEP	1	—	—	—
	CPTPP	1	—	—	—
澳大利亚	RCEP	1	—	—	—
	CPTPP	1	1	—	—
新西兰	CPTPP	—	1	—	—
文莱	RCEP	10	—	—	1
	CPTPP	4	—	—	2
马来西亚	CPTPP	1	5	1	2
越南	CPTPP	2	2	—	1
新加坡	CPTPP	5	5	—	4
海南		11	6	—	—

资料来源：作者整理。

（三）高级管理层成员限制

高级管理层成员限制主要是指东道国对金融机构高级管理层和董事会人员

任职资格的限制。澳大利亚、新加坡、马来西亚在 CPTPP 中均有限制条款，例如，澳大利亚规定，上市公司中至少两名董事须为澳大利亚常住居民；新加坡规定，在新加坡设立的银行，其大多数董事必须是新加坡公民或新加坡永久居民；文莱在 RCEP 中规定，文莱对高管、董事长和董事会等金融机构主要负责人的任命，保留采取或维持任何措施的权力。海南自贸港现有负面清单则无此方面的限制措施。

（四）对本国企业的特殊支持

一些国家在自贸协定中保留针对本国的特殊支持政策，给予承担普惠性、基础性功能的金融机构以特殊的补贴或优惠，包括小微企业融资、金融基础设施等方面。例如，新加坡在 CPTPP 中规定，对于为发展中小企业，或对新加坡企业提供新加坡境内无提供的服务的金融服务提供商，新加坡政府保留对该提供商提供补贴或补助的权利；马来西亚在 CPTPP 中规定，马来西亚政府可以向一个或更多的发展金融机构提供优惠；对资本市场有序运行及发展所必需的金融机构，提供补助或授予优惠。文莱在 CPTPP 和 RCEP 中均规定，对本地设立的银行提供外国银行分行不享有的优惠；对政府所有或控制的实体提供补助或利益；对于中小型企业金融项目，文莱保留不向外国金融机构提供当地金融机构享有的优惠的权利。

（五）兜底条款

RCEP 和 CPTPP 大多数成员除了依据现有法律的限制措施，还保留了未来采取限制措施的权利，也就是所谓的"兜底条款"。比如，在 CPTPP 中，新加坡保留采取或维持对证券交易所交易证券、金融期货和银行间转账提供清算和结算服务的任何措施的权利，越南保留采取或维持任何与证券市场监管和关联基础设施的权利。海南自贸港负面清单则没有"兜底条款"，这一方面是由于海南自贸港负面清单是我国单方面发布的，可以随时调整，另一方面两张负面清单均说明"未列出的与行政审批、资质条件、国家安全等相关措施按照现行规定执行"。

（六）其他限制条款

澳大利亚在 CPTPP 现行不符措施中作出了过渡性安排的规定：过去由联邦政府所有的联邦银行的负债，由过渡性的担保安排承担。在 RCEP 中规定：澳大利亚根据法律保留对提供金融服务的法人的司法形式施加非歧视性限制采取任何措施的权利。马来西亚在 CPTPP 中规定政府对本国货币的非国际化保留采取或维持任何措施的权力。

三、加快海南金融服务负面清单探索的政策建议

在我国申请加入 CPTPP、在 RCEP 生效后 3 年内均需要提出金融开放负面清单方案的情况下，海南自贸港应当发挥已经出台外商投资、跨境服务贸易两张负面清单的先行优势，在金融开放负面清单方面加快先行探索，缩小与 RCEP 和 CPTPP 负面清单的差异，既为我国履行 RCEP 承诺和加入 CPTPP 的谈判积累实践经验，也推动海南自贸港向更高水平的金融开放。

（一）将现有的负面清单进行整合

当前，海南自贸港外商投资、跨境服务贸易两张负面清单并行，由于外商投资与服务贸易的商业存在模式重合度高，并且跨境交付模式下又有当地存在的相关措施，两张负面清单之间容易产生歧义或矛盾，建议借鉴 CPTPP 负面清单采取的"服务贸易＋投资"的模式，将海南自贸港的两张负面清单整合为一张，实现"统一视图"，提升负面清单的全面性和系统性。

（二）对未来限制措施采取国际通行方式表述

目前海南自贸港外商投资负面清单和跨境服务贸易负面清单的"说明"中，均有"未列出的金融领域与行政审批、资质条件、国家安全等相关措施按照现行规定执行"的表述。建议一方面对现行规定中的限制措施进行再梳理，将已有具体规定的限制措施显性化列入负面清单，另一方面按照 RCEP 和 CPTPP 中的方式，以"保留采取或维持相关措施的权利"的方式，作为一条限制措施纳入负面清单。

（三）调整优化限制措施

从上述国际比较可以看出，限制措施的数量不是越少越好，而是要与本国的经济发展水平、风险承受能力、经济发展需求等相适宜，在我国还是发展中国家，金融开放还需要循序渐进，尤其是海南的经济发展水平和金融发展程度还低于国内平均水平（更不要与发达经济体相比）的情况下，需要保留合理的限制措施。

相对于新加坡等东南亚国家，海南自贸港目前的两张负面清单中，一是在金融服务领域基本没有对外资持股比例、业务范围、高管人员、对本国企业特殊支持等方面的限制措施。二是现有的限制措施仅是基于现有的法律和政策，没有基于未来可能发生的法律或政策变化的限制措施，而 RCEP 和 CPTPP 各成员的负面清单中都有类似的限制措施，为未来国内的法律和政策调整预留了空间。因此，需要针对这两个问题，进一步研究是否有必要补充相关限制措施。

（四）平衡好自主公布和协定达成的负面清单的关系

随着我国迈向高水平开放，我国金融服务业开放的实际水平已经超出了加入 WTO 的承诺和在多份自贸协定中的承诺。目前，我国自主公布的负面清单，与 RCEP 和 CPTPP 采取负面清单的部分成员相比，已经达到比较高的开放水平。由于 RCEP 和 CPTPP 对于负面清单存在冻结条款①和棘轮条款②，针对未来的 RCEP 和 CPTPP 负面清单谈判，我们要平衡好自主公布的负面清单的"度"，既要鼓励提高开放水平，又要注意避免已自主公布的负面清单过高的开放水平给未来的谈判设定过高的基准，增加谈判的难度。

（五）抓紧完善配套金融立法

由于负面清单中的限制措施需要国内立法作为基础，开展 RCEP 和 CPTPP 负面清单谈判需要"先立法（修法）后承诺"，因此，推进与金融服务开放相关的金融配套立法（或修法）是海南自贸港落地两张负面清单的当务之急，也是海南自贸港对标国际实现营商环境法治化、推进规则制度型开放的重要内容。

虽然 2021 年 6 月出台的《海南自由贸易港法》对金融开放作出了原则性的规定，但是在金融属于中央事权、海南自贸港适用全国统一的金融法律法规的情况下，需要基于《总体方案》《海南自由贸易港法》和人民银行、银保监会、证监会、外汇局《关于金融支持海南全面深化改革开放的意见》的相关政策制度规定，对照海南自贸港两份负面清单中的金融服务内容，对部分法律法规在海南自贸港的适用进行必要的调整，或者制定适用于海南自贸港的金融法规。

（六）采取国际通用格式进行负面清单表述

海南自贸港两张负面清单的格式与 RCEP、CPTPP 等自贸协定存在较大差异，无论是基于自贸协定谈判的需要，还是出于方便外国投资者和金融机构理解等方面的考虑，都有必要采取国际上自贸协定普遍采用的格式进行表述。

---

① 冻结条款是指成员方在协定对其生效后，对现存不符措施的修改不能低于现有负面清单承诺水平。

② 棘轮条款是指成员方在协定对其生效后，对现存措施的任何修改，只能比修改前减少对外资的限制，而不能降低修改前外资已享受的待遇。

第八章　海南自贸港金融立法

　　自贸港金融的高度开放需要金融法律的基础保障。具有完备的金融法律体系是中国香港、新加坡、迪拜等主要自贸港的共同特点，并且其都属于普通法系。海南自贸港作为中国特色自贸港，实行的是属于大陆法系的中国特色社会主义法律体系，与普通法系存在较大的差异。海南自贸港的金融立法，既要遵循中国特色社会主义的原则，体现中国金融特点，又要能够对接国际金融市场，适应高度开放的需要，是一个很大的挑战，也是自贸港制度集成创新的重要内容。

第一节　主要自贸港的金融法律体系

　　作为经营信用和管理风险的行业，金融发展需要法律基础，完备的法律体系是主要自贸港金融发展的基石。

一、中国香港的金融法律体系

　　在中国香港现行的金融法律中，《汇票条例》最早的版本始于 1885 年、《法定货币纸币发行条例》最早的版本始于 1895 年。中国香港的金融法律覆盖面广，除了银行业、证券与期货、保险业等主流金融领域之外，还有强制性公积金计划、民间借贷（放债人）、典当行（当押商）等领域的法律，并且一些法律有多个规例、规则或公告作为附属法例，规定非常详尽。

　　（一）《中华人民共和国香港特别行政区基本法》（以下简称《香港特别行政区基本法》）中的金融条款

　　香港回归祖国后，《香港特别行政区基本法》以法律形式延续回归前的金融体系，保持金融的稳定，奠定了未来发展的基础。《香港特别行政区基本法》共160 条，第 5 章为"经济"共 31 条，其中关于金融的条款有 5 条，分别是：

第 109 条 香港特别行政区政府提供适当的经济和法律环境，以保持香港的国际金融中心地位。

第 110 条 香港特别行政区的货币金融制度由法律规定。香港特别行政区政府自行制定货币金融政策，保障金融企业和金融市场的经营自由，并依法进行管理和监督。

第 111 条 港元为香港特别行政区法定货币，继续流通。港元的发行权属于香港特别行政区政府。港元的发行须有百分之百的准备金。港元的发行制度和准备金制度，由法律规定。香港特别行政区政府，在确知港元的发行基础健全和发行安排符合保持港币稳定的目的的条件下，可授权指定银行根据法定权限发行或继续发行港币。

第 112 条 香港特别行政区不实行外汇管制政策。港币自由兑换。继续开放外汇、黄金、证券、期货等市场。香港特别行政区政府保障资金的流动和进出自由。

第 113 条 香港特别行政区的外汇基金，由香港特别行政区政府管理和支配，主要用于调节港元汇价。

《香港特别行政区基本法》中的上述条款主要是从法律上确认和延续香港回归前的金融体系的基本制度，并对中国香港作为国际金融中心的基本金融制度框架作了原则上的规定。

（二）银行业的法律

香港于 1948 年通过并施行了历史上第一个《银行业条例》。当时该条例只有 14 条，对银行的定义、申请银行牌照和对银行监管等事项作出规定。20 世纪 60 年代初期，香港发生了数起银行倒闭和被挤提事件。港英政府对 1948 年的《银行业条例》进行了三年的检讨，并于 1964 年通过了新的《银行业条例》。修订后的条例对银行最低资本金、最低流动资产比率、银行对个人或公司及对该行董事和职员的放款限制、银行对股票和地产的投资限制、银行向银监处呈报财务资料制度等作出了规定。

20 世纪 80 年代，香港又发生多起银行和财务公司挤兑事件，为此，港英政府于 1984 再次修订《银行业条例》，并于 1986 年获立法局通过，该条例沿用至今。1986 年《银行业条例》分为 22 部分 151 条，在保留 1964 年《银行业条例》主要监管条款的基础上，加入了资本充足比率、对银行所有权、管理审计、流动性比率、贷款的限制等规定。为适应银行业的发展，《银行业条例》几乎每年都进行修订。

2004 年，香港出台《存款保障计划条例》，2006 年生效。存保计划会由独立的存款保障委员会（存保委员会）管理，保障上限为每家银行每名存户 10 万港元。2010 年保障额上限由 10 万港元提高至 50 万港元，并将用作抵押的存款纳入保障范围。

（三）证券期货法律

在香港资本市场发展的历史上，曾经制定过多个条例，证券期货法律在条例的不断出台和修订中逐步完善。在 20 世纪 70 年代中期以前，香港的证券及商品市场基本上处于自由发展的状态，1973 年香港爆发股灾，香港政府意识到监管的重要性，1974 年制定《证券条例》，确定了证券市场的基本法律框架；1975 年制定《交易所（特别收费）条例》，对证券交易的收费标准进行了明确；1980 年出台《证券交易所合并条例》，为香港联合证券交易的注册成立提供了法律基础，促成 1986 年香港、远东、金银、九龙 4 家证券交易所的合并。

1987 年 10 月在华尔街的“黑色星期一”影响下港股崩盘后，香港政府成立证券业检讨委员会，研究香港的金融监管架构及机制、探讨有关的改善措施。1989 年 5 月，香港制定《证券及期货事务监察委员会条例》，证券及期货事务监察委员会（证监会）随之成立，负责监管香港证券及期货行业；1990 年出台《证券（内幕交易）条例》和《证券（信息披露）条例》，进一步加强证券市场监管；1992 年，出台《证券及期货（结算所）条例》。

1999 年，香港政府推动香港联合交易所有限公司（联交所）与香港期货交易所有限公司（期交所）实行股份化，并与香港中央结算有限公司（香港结算）合并。在此背景下，《交易所和结算所（合并）条例》于 2000 年出台，为三家机构合并成立香港交易及结算所有限公司提供法律基础。

2002 年，《证券与期货条例》出台，将之前所有证券与期货的相关条例的内容进行整合，并根据市场发展作了重大修改，成为相关资本市场发展新的核心法律基础。在此条例之下，截至 2021 年末，制定了 43 个规例、规则或公告，最晚的是 2018 年的《证券及期货（开放式基金型公司）规例》，不断完善资本市场法律体系。

（四）保险法律

20 世纪 50 年代以前，香港没有专门的保险法律。1951 年，香港出台《汽车保险（第三者风险）条例》，成为第一部保险业的法律。之后，1951 年出台的《第三者（向保险人索偿权利）条例》和 1961 年出台的《海上保险条例》，都是针对特定保险领域的，没有形成法律体系。

1983 年 6 月，香港颁布《保险公司条例》，共 61 条，涵盖保险公司最低资本额、董事和总裁的资格要求、账册和报表要求等，是第一部比较全面的保险法律，1984 年 1 月 1 日生效。随着时间的推移，这个条例进行了多次修改，2015 年 7 月《保险（修订）条例》发布，2017 年 6 月《保险公司条例》更名为《保险业条例》。截至 2021 年末，在《保险业条例》之下陆续制定了 16 个规例或规则，形成了比较完整的保险法律体系。

（五）其他金融领域的法律

在上述银行业、证券与期货、保险业的法律之外，香港还制定了一些金融法律，见表 8 - 1。

表 8 - 1　　　　　　　　　　香港其他金融领域的条例

领域	最早制定时间	条例名称
货币发行	1895 年	法定货币纸币发行条例
	1935 年	外汇基金条例
	1969 年	壹元纸币及辅助纸币发行条例
	1994 年	硬币条例
支付	1885 年	汇票条例
	2004 年	支付系统及储值支付工具条例
强制性公积金	1995 年	强制性公积金计划条例
信托	1934 年	受托人条例
	1934 年	信托基金管理条例
	1958 年	注册受托人法团条例
	1964 年	更改信托条例
	1989 年	信托承认条例
基金	2020 年	有限合伙基金条例
统计	1980 年	金融资料统计条例
风险处置	2011 年	打击洗钱及恐怖分子资金筹集条例
	2016 年	金融机构（处置机制）条例
其他	1968 年	储蓄互助社条例
	1973 年	商品交易所（禁止经营）条例
	1980 年	放债人条例
	1984 年	当押商条例
	1985 年	外币兑换商条例

资料来源：香港特区政府网站，作者整理。

此外，香港金融机构（主要是银行）的章程修订、发生业务收购或者机构并购，往往需要得到立法会以通过"条例"的方式批准，比如 1929 年《香港上海汇丰银行条例》（最早可以追溯到 1866 年）、1985 年《海外信托银行（接收）条例》、1988 年《美国国际商业银行（香港业务转让）条例》、2001 年《中国银行（香港）有限公司（合并）条例》等。

二、新加坡的金融法律体系

（一）建国初期——金融法律制度的初创

新加坡建国初期金融法律制度基本继承自殖民时期，金融业发展水平较低，从 20 世纪 70 年代开始逐步健全金融法律制度，建立宽松的金融环境，实行内外分离型离岸金融管理制度，到 70 年代末，对外金融业务发展迅速，国际金融中心雏形初具。

基础框架方面：1970 年制定《新加坡金融管理局法》《银行法》，成立新加坡金融管理局（Monetary Authority of Singapore，MAS），集中行使金融监管职责；1967 年制定《货币法》，之后进行了多次修订；1973 年新加坡元与马来西亚货币彻底分家，实现货币政策自主。

外汇管制方面：1971 年颁布《外汇管制法》后，实行有管理的浮动汇率制；1978 年撤销所有外汇管制，吸引外资银行到新加坡经营亚洲货币单元（Acu），并通过货币互换安排推广新加坡元。

金融市场方面：1973 年，新加坡设立股票交易所，颁布《证券业法》，取消非本地居民购买证券的限制；1978 年设立黄金期货交易所，促进黄金市场的发展；1975 年实行市场化利率定价机制。

离岸金融方面：1968 年 10 月，政府批准美国银行新加坡分行设立第一个亚洲货币单元（Asian Currency Unit，ACU），1970 年 MAS 成立后，ACU 的审批、发放由 MAS 负责，颁布附属法规明确从事离岸业务与国内业务分账管理。

（二）亚洲金融危机后——金融法律体系的完善和转型

1998 年亚洲金融危机后，新加坡政府不断完善金融法律体系，积极应对新形势下金融发展变化，推进金融业开放，加强消费者保护、强化监管的法律规定。

金融业开放方面：对《银行法》进行多版修改，在 2001 年颁布《银行业条例》，加大银行业开放，设立特准全面银行，扩大新加坡元业务范围；《证券期货法》取消外资机构处理交易的最低限额；不断完善《保险法》，2000 年全面放开直接保险业。

金融监管方面：1998 年末，修改银行资本充足率 12% 规定，不再要求全部是一级资本；2001 年整合《证券业法》《期货交易法》等多部法律为《证券期货法》，强化投资者保护及对于内幕交易的处罚；2005 年颁布《存款保险法》加强对存款人利益保障的监管（见图 8－1）。

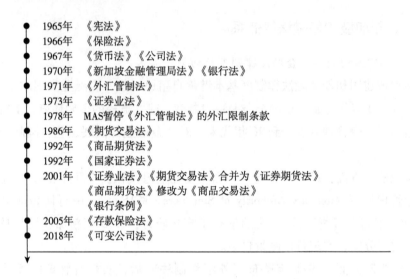

1965年	《宪法》	
1966年	《保险法》	
1967年	《货币法》《公司法》	
1970年	《新加坡金融管理局法》《银行法》	
1971年	《外汇管制法》	
1973年	《证券业法》	
1978年	MAS暂停《外汇管制法》的外汇限制条款	
1986年	《期货交易法》	
1992年	《商品期货法》	
1992年	《国家证券法》	
2001年	《证券业法》《期货交易法》合并为《证券期货法》	
	《商品期货法》修改为《商品交易法》	
	《银行条例》	
2005年	《存款保险法》	
2018年	《可变公司法》	

图 8－1　新加坡主要金融法律立法时间

（资料来源：作者整理）

（三）金融法律的体系

经过持续完善，新加坡的金融法律体系形成了完整的纵向和横向覆盖体系。

从纵向法律体系看：新加坡金融法律体系以《宪法》为基本法，所有金融活动必须遵循《宪法》规定；《宪法》之下，成文法对金融活动涉及的各个领域都有法律进行规范；法律之下，针对金融活动不断出现的新情况和细节问题，通过大量的附属法规进行规范；除成文法外承认遵循先例原则，法院在审理金融活动时会依据以往的司法判例。

从横向规范类型看：新加坡金融法律体系包括规范一般关系的《民法》《公司法》等基础民商事法律和附属法规；同时包括规范金融监管、防范金融风险的《新加坡金融管理局法》《外汇管制法》《货币法》等监管法律和附属法规；还有规范不同金融行业领域的《银行法》《证券期货法》《保险法》等具体法律、附属法规；还包括解决金融活动争议的《新加坡法庭规则》《新加坡仲裁法》《新加坡调解法》等。

三、迪拜金融自由区的法律体系

迪拜国际金融中心（DIFC）能在短短的 10 多年时间里从零开始建设成为中东首屈一指的国际金融中心，其完备的金融法律是非常重要的基础。DIFC 的金融法律体系以普通法原则为基础，基本上照搬了英国的金融法律体系，在 DIFC 内，所有民事、金融、商业领域的活动使用区内法律，DIFC 法院对金融中心内的所有民事和商业纠纷和/或与中心内注册机构和公司有关的纠纷具有专属管辖权，但在刑事领域仍适用阿联酋联邦法律。

（一）基础立法

2004 年 4 月 14 日，阿联酋在联邦层面颁布了《金融自由区法》。2004 年 9 月，根据《金融自由区法》，迪拜酋长国颁布了《迪拜国际金融中心法》，为金融自由区的设立奠定了法律基础。DIFC 设立后，2004 年 9 月 16 日颁布了《迪拜国际金融中心监管法》，作为区内各项经济活动的"基本法"。

上述三部法律构建起了 DIFC 运作的法律基础，这三部法律也随着时间的推移在不断地修订，比如，《迪拜国际金融中心监管法》分别于 2005 年 4 月 19 日、2007 年 2 月 15 日、2008 年 9 月 14 日、2010 年 5 月 2 日和 7 月 11 日、2012 年 12 月 23 日、2014 年 1 月 5 日和 8 月 21 日进行了修订，《迪拜国际金融中心法》则分别于 2005 年 4 月 19 日、2006 年 4 月 18 日、8 月 1 日和 11 月 29 日、2007 年 5 月 27 日、2011 年 4 月 28 日和 12 月 27 日、2012 年 7 月 5 日进行了修订。

（二）各领域的专门立法

在上述三部法律的基础上，DIFC 先后颁布了一系列法律，具体如下。

公司设立和运作方面有《公司法》（Companies Law）、《普通合伙法》（General Partnership Law）、《有限责任合伙法》（Limited Liability Partnership Law）、《有限合伙法》（Limited Partnership Law）、《非营利组织法》（Non Profit Incorporated Organizations Law）、《运营法》（Operating Law）、《清算法》（Insolvency Law）、《一般报告标准法》（Common Reporting Standard Law）等；

商业交易方面有《合同法》（Contract Law）、《电子交易法》（Electronic Transactions Law）、《责任法》（Law of Obligations）、《损害和赔偿法》（Law of Damage & Remedy）、《数据保护法》（Data Protection Law）等；

金融领域有《证券法》（Law of Security）、《基金法》（Foundations Law）、《信托法》（Trust Law）、《净额结算法》（Netting Law）、《支付系统最终结算法》

（*Payment System Settlement Finality Law*）等；

司法领域有《法院法》（*Court Law*）、《仲裁法》（*Arbitration Law*）等；

产权方面有《个人财产法》（*Personal Property Law*）、《不动产法》（*Real Property Law*）、《分层所有权法》（*Strata Title Law*）等；

雇佣方面有《劳工法》（*Employment Law*）等。

这些专业性的法律为 DIFC 的运作构建了完整的法律框架。绝大多数上述法律之下还有相对应的法规（Regulation），进一步细化执行的具体条款。通过构建以普通法系为基础的经济金融法律体系，再加上零所得税的税收优惠，DIFC 成为中东最富有吸引力的金融中心，吸引了多家全球一流的金融机构、专业服务机构和创新公司入驻。

第二节 主要自贸港金融立法的特点

一、全球主要自贸港金融法律以普通法系为基础

（一）自贸港的法律体系都是普通法系

法学上一般将全世界的法系渊源分为普通法系（Common Law System，也称英美法系或海洋法系）、民法系（Civil Law System，也称大陆法系），以及一些社会主义国家实行的社会主义法系三大类（法学界一般认为社会主义法系主要承接民法系特点）。

全球主要自贸港的法律体系都是普通法系，国际金融市场上也是以普通法系为主导，诸多的离岸金融交易、跨境金融交易在法律适用上，都选择英国伦敦法律或者美国纽约州法律。中国香港、新加坡采取的是普通法，迪拜作为后发的自贸港，其金融自由区——迪拜国际金融中心（DIFC）基本上复制了英国的金融法律体系，并且在区内设立了独立的金融法院和仲裁机构。

（二）历史沿革和现实需要

全球主要自贸港的金融法律均采用普通法系，既是历史的沿革，也是当今国际金融体系特点的体现。从历史上看，新加坡、阿联酋均曾经是英国的殖民地，中国香港曾长期受英国殖民统治，受英国的法律、文化影响很深，中国香港、新加坡法律的基础就是殖民地的法律，属于普通法系。从现实来看，当前国际金融市场是美元主导的，其相应的法律基础就是美国和英国国内的法律体系在国际市场上的延伸，作为小型开放经济体的自贸港，要融入国际金融市场，

不仅要在交易货币、市场体系上进行衔接，而且在作为制度基础的法律体系上也必须衔接，因此需要采取普通法系的金融法律。

（三）普通法系的优点

20 世纪 90 年代中后期，学者 La Porta、Lopez‐de‐Silanes、Shleifer 和 Vishny（简称 LLSV）以股票市值在 GDP 中占比等指标，综合运用法学、金融学、计量经济学等知识工具，分析 46 个国家情况，得出普通法系国家比民法系国家更能推动资本市场发展的结论，并开创"法与金融"（Law and Finance）学派，认为普通法国家比民法国家在促进资本市场繁荣、建设金融中心上更具优势。[1]

这一优势主要体现在以下三个方面：一是普通法系倾向形成市场主导型金融体系，而该体系更适应不断复杂化的国际金融中心建设。二是普通法系对投资者尤其是众多中小投资者保护更有力，因而更有利于拓展国际金融中心建设的广度与深度。三是国际金融中心建设离不开快速发展的金融创新，普通法系的判例法制度能够更好地服务金融业这一特性。

但是，上述观点也受到不少的质疑，主要来自两个方面：一是从时间维度上看，质疑者发现至少到第一次世界大战前夕，民法系的欧陆国家金融发展水平普遍高于美国，一些欧陆国家在相关金融指标上也超过英国，而中国香港更是到 20 世纪六七十年代才成为国际金融中心，因此不能以现在的成绩断言普通法系国际金融中心将一直占据鳌头。二是从空间维度上看，质疑者发现近几十年除了纽约和伦敦稳定保持第一和第二名位置外，在全球前 20 名的国际金融中心中，属于普通法系和其他法系的金融中心几乎各占一半。

但是，由于历史上英国曾经是全球第一强国、美国现在仍然是全球第一强国，在国际金融市场和国际金融规则的形成中起着主导作用，并且纽约和伦敦至今仍然是全球排名前两位的国际金融中心。因此，在当前包括金融业务在内的全球民商事业务中，普通法系规则的适用相对于其他法系仍然具有很强的优势。

二、中国香港金融立法的特点

作为国际金融中心，中国香港金融立法最主要的特点就是因时而变，注重结合金融市场的发展变化，及时立法、修法，努力使法律保障能够满足金融发展和创新的需要。

---

[1] La Porta, R., F. Lopez‐de‐Silane, A. Shleifer, and R. Vishny, Law and Finance, Journal of Political Economy, 1998, Vol. 106, 1113–1155.

（一）顺应市场发展制定新法

香港有上百年的开埠历史，金融活动开展得很早。但是长期在不干预经济的理念之下，港英政府制定的条例较少，并且相对简单，涉及的领域也比较零散。在 20 世纪 70 年代，随着经济全球化逐渐形成，香港作为一个开放经济体，金融市场一方面受到外部影响加大，另一方面也输入了新的业务，因此，一些新的条例陆续被制定出来，比如 1974 年的《证券条例》、1983 年的《保险公司条例》等。2004 年《存款保障计划条例》和 2016 年《金融机构（处置机制）条例》的制定，也是顺应市场发展的需要。

（二）根据形势变化对原有条例的持续更新

修法频率高是香港金融立法的另一个特点，体现出香港市场的开放性和法律对形势变化的适应性。银行、证券、保险等主要金融法律都经过了多次重大修订，甚至重新立法（条例名称和编号出现了改变）。银行业方面，《银行业条例》1948 年第一次颁布后，分别于 1964 年和 1986 年做了重大修订；证券业方面，在 1973 年股灾后 1974 年制定《证券条例》，在 1987 年股灾后 1989 年出台《证券与期货监察委员会条例》，2002 年将原有的证券和期货条例整合并更新后形成《证券与期货条例》；保险业方面，1983 年制定《保险公司条例》，2015 年制定《保险（修订）条例》，2017 年更名为《保险业条例》。

在条例制定后，局部的修订已经成为常态，一些重要的条例甚至每年修订。以《银行业条例》为例，1986 年颁布后，1987—1989 年就有分别有 6 次、8 次、10 次法律公告修订，近年的 2017—2019 年分别有 1 次、3 次和 1 次编辑修订记录。

（三）以附属法规的形式强化可执行性

为了增强条例的可执行性，香港在条例出台后，采取附属法规（包括规例、规则、令、公告等）的形式，对相关内容进一步细化或补充。比如，截至 2022 年 2 月底，主要金融法律《银行业条例》《证券与期货条例》《保险业条例》的附属法规数量分别为 18 个、44 个和 16 个。

三、新加坡金融立法的特点

（一）从法律架构及层次上看

新加坡具有完整的金融法律体系架构。不论从纵向法律体系层级来看，还是从横向规范领域来看，或是从单个法律的法条详尽程度来看，新加坡的金融法律体系都非常完备，保证了金融活动、金融监管的有效性、透明性。新加坡一级政府治理体系,保证了法律体系的高效性。新加坡没有地方立法和治理机构,全国适用一套成熟的金融法律体系,避免了地方或自贸区规则碎片化引发的规则冲突。

（二）从内外规则对接上看

一方面,新加坡金融立法注重国内立法与国际规则、国际标准的衔接。新加坡共签订了80项避免双重征税协定、40项投资保证协定和26项双边或多边自由贸易协定,国内法律的制定、修订注重与国际规则衔接;对金融国际组织最新标准进行追踪并及时调整相关条款,与国际最新监管理念、标准相衔接。另一方面,新加坡金融立法在鼓励金融开放的同时,重视本土金融机构的培育。通过分类牌照制度,支持之前6家本地银行集团合并成为目前3家主要本地银行,提高运营效率,扩大业务活动范围,改善业务和风险管理能力。

（三）从多元化纠纷解决机制上看

一是通过立法保障多元化纠纷解决机制。在纠纷解决方面有各类相关司法诉讼、国内国际仲裁、调解的法律法规进行规范,新加坡还加入《承认及执行外国仲裁裁决公约》,在新加坡作出的仲裁裁决在超过120个司法管辖主权中都有潜在执行力。二是司法机关支持非诉讼纠纷解决机制。替代性纠纷解决机制（Alternative Dispute Resolution,ADR）介入在时间、渠道选择上都有充足机会,允许在诉讼程序启动后介入,允许当事人既可以向法庭申请将事件提交至调解方式处理,也可以直接向新加坡调解中心申请。三是致力于建设国际商事争议解决中心。新加坡国际仲裁中心、国际商业法庭和国际调解中心面向区域性、国际性的商事纠纷当事人,在人员构成上组建国际化的法官、仲裁员和调解员团队,在制度设计上高度对接国际规则和国际惯例,从服务成本上的费用在世界商事争端解决的主要城市中几乎最低。

（四）从立法推动金融开放上看

一是金融立法推动各领域市场主体开放。外资银行可设立特准全面银行,将拥有完全业务牌照的离岸银行新加坡元贷款限额由3亿美元提高到10亿美元,取消外国投资者股权不得超过40%的限额;证券行业取消外资机构为新加坡投资者处理交易的最低限额;全面放开直接保险业,撤销外国投资者股权的限制,准许合格申请人进场职业保险经纪,开放再保险和特殊保险市场等。二是金融立法推动融资服务开放。外国企业可以在新加坡发行股票、债券,创业板对上市企业不设定任何财务指标限制。三是金融立法保障外汇自由开放。1978年开始实行完全自由的外汇制度,放开了对资金进出的管制,资金可自由流入流出,企业汇入汇出无限制、无特殊税费、可自由决定结算货币种类。

（五）从立法支持金融创新上看

一是支持离岸金融发展。1968 年豁免对亚洲美元存款征收的利息预扣税等，后续将豁免扩大到离岸借贷、亚元债券等，同年取消了亚洲美元市场的外汇管制，1972 年取消了亚洲美元市场存款 20% 流动准备的要求，鼓励进行欧洲货币市场的各种外汇交易，对离岸金融创新给予政策制度优惠保障，发展了亚洲美元市场。二是支持金融服务创新。建立具有单独的资产和负债组合的多个子基金组成的伞形结构 VCC 新型基金，增加在新加坡开展基金管理业务的吸引力；金融衍生品交易中不再区分内外资机构，实行统一的交易证制度，刺激了本国金融体制进步和金融交易技术的提高。三是支持金融监管创新。建立了金融科技监管沙盒制度，对具有预先确定的、标准化且可以合理控制风险的金融服务或产品允许金融科技创业务快速落地运营。

（六）从立法保障金融稳定上看

一是监管严格限制金融机构准入，强化对金融风险的控制。对银行业颁发不同类别执照限制外资银行经营国内银行业务，不同牌照的业务特点、范围、规模和风控水平设定不同的严格监管。二是金融立法及时适应监管更新的要求。新加坡金融领域主要单项法律都有超过几十次的完善修订，重视立法适应金融业持续变化的及时、动态调整修改。三是金融监管立法注重风险监测。如在反洗钱、反恐融资方面除颁布了一系列反洗钱法律法规外，还要求新加坡所有的金融机构采取足够有力的控制措施，以发现和制止此类非法活动。

四、迪拜国际金融自由区的立法特点

迪拜作为具有浓厚宗教信仰的伊斯兰国家——阿联酋的一个酋长国，通过设立了 40 多个自由区，近十余年来快速崛起成为全球知名自贸港，其中最主要自由区——迪拜国际金融中心（DIFC）在设立和发展的过程中，法律体系发挥了基础性的作用。其金融立法主要有以下几个特点，值得海南自贸港借鉴。

（一）以立法的形式确定国家授权

与中国香港、新加坡作为特别行政区或独立国家建设自贸港的情况不同，DIFC 是在阿联酋一个国家之内划出一小片区域来建设金融自由区，这与海南作为中国的一个省来建设自贸港有很大的相似之处。DIFC 采取阿联酋联邦、迪拜酋长国、DIFC 区内分层次立法的形式，明确了 DIFC 及区内各个管理机构的法律地位、职责权力、运作程序等，为 DIFC 的透明、规范、有效率的运作奠定了基础。并且通过立法明确了零税率、外籍人员雇用、赋予监管权力、设立法院等，全面向 DIFC 下放税收、劳工、监管、司法等权力，为推进开放创造必要的条件。

（二）以立法的形式保证相关管理机构的独立性

DIFC 通过立法设立了一套与阿联酋和迪拜不同的管理机构，并且通过立法明确其独立法人地位、预算的独立性（政府提供必需的资金），规定相关机构的职责、高级管理人员的资质和任命程序，设立相关委员会行使监督职责等，保证其运作的独立性。

（三）以立法形式明确区内的法律适用

DIFC 的法律体系以普通法原则为基础，效仿英国法律的模式，拥有自己的民事和商业法律，但在刑事领域仍适用阿联酋联邦法律。DIFC 法院对金融中心内的所有民事和商业纠纷和/或与中心内注册机构和公司有关的纠纷具有专属管辖权。这种法律实践适应了当前全球经贸投资领域和主要自贸区（港）更多地使用英美法系的现状，奠定了 DIFC 对接和融入国际金融市场的法律基础。

（四）以立法形式明确离岸金融的法律地位

DIFC 能够吸引众多金融机构入驻，在 10 多年的时间里发展成为国际金融中心，其最重要的就是建立离岸金融市场。《金融自由区法》既开放了金融和银行机构的设立和活动，给予了零税率等一系列发展离岸金融的必需条件，也明确规定在金融自由区内许可（设立）的公司不得从阿联酋市场上吸收存款和不得叙做阿联酋迪拉姆业务，国内股票交易的金融经纪不得在区内从事类似活动，任何阿联酋上市企业不允许在区内上市，将 DIFC 内的金融活动与国内金融市场严格分离。

（五）逐步构建覆盖完备、层次分明的法律法规体系

DIFC 通过十余年的时间，打造了一个覆盖公司设立、信息披露、合同交易、司法裁判、劳动雇佣、金融交易、财产权利等各个领域的完整法律体系，不但根据自由区建设和发展需要，持续地修订旧法或制定新法，而且绝大多数法律都制定了相应的法规，便于细化执行。

（六）提供英文版法律文本

DIFC 的法律和法规（包括各项法律的历次修改）都有完整的英文文本，能够便捷地在其官网上查阅，方便外国投资者了解。

第三节 《海南自由贸易港法》的金融条款

一、《海南自由贸易港法》的基本内容和主要特点

(一)《海南自由贸易港法》的基本内容

《海南自由贸易港法》是我国第一部针对某个特殊经济区域的专门法律,共8章57条,将《总体方案》的基本内容以法律形式予以了明确。根据《立法法》第八条关于立法权限的规定,税收、财政、海关、金融、外贸的基本制度只能制定法律,因此本法的条款主要集中在以上领域。

第一章"总则"共10条,明确了本法的适用范围、海南自贸港建设的范围和原则、领导机制和管理体制、国务院相关授权、地方法规制定等内容;第二章"贸易自由便利"共7条,明确了海关监管特殊区域制度、货物进出海南的监管制度、服务贸易管理制度、相关贸易管理办法的授权等内容;第三章"投资自由便利"共7条,明确了全面放开投资准入、实行准入前国民待遇加负面清单管理制度、市场准入和监管、投资者权益和知识产权保护、公平竞争等内容;第四章"财政税收制度"共7条,明确了中央财政支持、税收体系、关税减免、海南与内地的税收关系安排、所得税优惠、税收管理等内容;第五章"生态环境保护"共6条,明确了生态环保、国土规划、安全准入、生态补偿、考核评价、责任追究等内容;第六章"产业发展与人才支持"共10条,明确了产业体系、国际旅游消费中心建设、服务业开放、科技创新、数据跨境流动、运输自由便利、出入境管理和人才体制等内容;第七章"综合措施"共8条,明确了土地管理、金融开放、纠纷解决、风险防范等内容;第八章"附则"共2条,明确了全岛封关前过渡性办法的制定、生效日期等内容。

(二)《海南自由贸易港法》与其他自贸港(区)法律的差异

《海南自由贸易港法》与中国香港、新加坡等自贸港和美国、韩国等的自由贸易区的立法均有根本区别,具有鲜明的中国特色。

中国香港是通过立法来实现国家对回归后的香港特别行政区的管辖,在财政经济金融领域重在对已有的制度和法律的确认,而不是调整。迪拜虽然也像海南一样从境内划出一块区域来开办"自由区",但是其在经济领域是全盘照搬英美法系法律,在自由区内新建一套与原来完全不同的法律体系。新加坡作为一个城市国家,可以自主制定和调整法律。

从国际上看，很多国家的自由贸易区都有相应的法律作为基础，如美国的《对外贸易区法》、日本的《冲绳振兴开发特别措施法》、韩国的《经济自由区域之指定及营运相关特别法》、新加坡的《自由贸易园区法案》等，但其范围是货物贸易的海关特殊监管和零关税。海南自贸港是全面开放，包括贸易、投资、资金、人才、运输自由便利以及数据流动、社会治理、生态环保等多个领域，更加全面。

（三）《海南自由贸易港法》是一部授权法

海南自贸港是中国特色自贸港，既要坚持现行的中国法律体系，同时根据"大胆试、大胆闯、自主改"的原则，又需要对部分法律适用进行调整或创新，尤其是在属于中央事权的海关、税收、金融等领域。因此，海南自贸港高水平开放，尤其是进行制度集成创新，需要以《海南自由贸易港法》这样一部授权法为基础。《海南自由贸易港法》第二条"海南自由贸易港建设和管理活动适用本法，本法没有规定的，适用其他有关法律法规的规定"，充分体现了这一点。

《海南自由贸易港法》给予海南自贸港建设的授权是多领域、多层次的，不仅包括海关、贸易、投资、税收、金融等多个领域，而且包括国家法律、地方法规、行政授权等多个层面，给予海南更大的改革开放自主权。《海南自由贸易港法》不仅将《总体方案》的"四梁八柱"政策法制化，而且根据《总体方案》发布以来的实践，在某些方面进一步突破。比如，关于建立与海南自贸港建设相适应的行政管理体制、推进行政区划改革创新的规定，从内地进入海南自贸港的货物退还已征收的增值税、消费税的规定等，有利于推进海南自贸港高水平开放。

二、《海南自由贸易港法》的主要突破

（一）在法律上确定了国家对海南的多项授权

一是支持海南自贸港行使改革自主权。第七条规定，国务院及其有关部门根据海南自由贸易港建设实际需要，依法授权或者委托海南省人民政府及其有关部门行使相关管理职权。

二是授权海南进行自贸港法规地方立法。第十条规定，海南省人民代表大会及其常务委员会可以根据本法，结合海南自由贸易港建设的具体情况和实际需要，遵循宪法规定和法律、行政法规的基本原则，就贸易、投资及相关管理活动制定法规，在海南自由贸易港范围内实施。

三是明确贸易和投资管理的授权。第十三条规定，海南自贸港限制进出口

货物、物品清单由国务院商务主管部门会同国务院有关部门和海南省制定。第十四条规定，货物、物品及运输工具在海南自贸港和内地之间进出的具体办法由国务院有关部门会同海南省制定。第十七条规定，海南自贸港跨境服务贸易负面清单由国务院商务主管部门会同国务院有关部门和海南省制定。第十九条规定，海南自贸港外商投资准入负面清单由国务院有关部门会同海南省制定，报国务院批准后发布。第二十条规定，海南自贸港放宽市场准入特别清单由国务院有关部门会同海南省制定；投资便利具体办法由海南省会同国务院有关部门制定。第二十一条、第二十四条规定，海南自贸港市场主体管理、市场竞争的具体办法由海南省人民代表大会及其常委会制定。

四是明确税收管理的授权。第二十七条规定，简化税制具体方案由国务院财政部门会同国务院有关部门和海南省提出。第二十八条规定，海南自贸港进口征税商品目录由国务院财政部门会同国务院有关部门和海南省制定。第二十九条规定，海南与内地之间的货物、物品税收管理办法由国务院有关部门会同海南省制定。

五是明确土地管理授权。第四十八条规定，国务院可以根据海南自贸港建设需要，授权海南省政府审批由国务院审批的农用地转为建设用地和土地征收事项，授权海南省政府在不突破生态保护红线、永久基本农田面积、耕地林地保有量、建设用地总规模的前提下，按照国家规定的条件，对全省耕地、永久基本农田、林地、建设用地布局调整进行审批。

这些授权均是对现有的贸易、投资、税收、土地管理等法律中有关规定的突破性调整。

（二）在立法中提出了多项新的突破

除了上述授权，《海南自由贸易港法》在《总体方案》及相关支持政策的基础上，以法律的方式明确了在以下方面的新突破，体现了高水平开放的导向。

一是明确了货物由内地进入海南按照有关规定退还已征收的增值税、消费税。这更具体地体现了海南"境内关外"的特点，提升了内地商品进入海南市场的吸引力和竞争力，也平衡了内地货物与进口货物的税负，体现了公平竞争原则。

二是建立与海南自贸港建设相适应的行政管理体制，推进行政区划改革创新，优化行政区划设置和行政区划结构体系。

三是为海南产品进入内地免关税预留了更大空间。《总体方案》提出海南鼓励类企业生产的含进口料件在海南加工增值超过30%（含）的货物进入内地免征关税,《海南自由贸易港法》则提出"加工增值达到一定比例",为未来可能的调整留下了空间。

四是首次将"离岸金融业务"写入法律。离岸金融在国家层面的政策中,仅有天津、广东、福建等地自贸试验区总体方案允许区内开展外币离岸业务,江苏、安徽等地自贸试验区允许开展离岸保险业务。目前最高层次的法规是人民银行 1997 年发布的《离岸银行业务管理办法》,仅允许开展外币离岸银行业务。此次直接在法律层面明确海南开展离岸金融业务,并且没有限制币种,是含金量很大的突破。

五是明确了国家支持海南探索实施区域性国际数据跨境流动制度安排,为数据安全有序开放、智慧海南建设提供了法律依据。

三、海南自贸港法的金融条款

《海南自由贸易港法》中,涉及金融的主要是第七章"综合措施"中的 3 条。

第五十条规定,海南自由贸易港坚持金融服务实体经济,推进金融改革创新,率先落实金融业开放政策。

第五十一条规定,海南自由贸易港建立适应高水平贸易投资自由化便利化需要的跨境资金流动管理制度,分阶段放开资本项目,逐步推进非金融企业外债项下完全可兑换,推动跨境贸易结算便利化,有序推进海南自由贸易港与境外资金自由便利流动。

第五十二条规定,海南自由贸易港内经批准的金融机构可以通过指定账户或者在特定区域经营离岸金融业务。

此外,在第二章"贸易自由便利"中,第十七条规定,海南自由贸易港对跨境服务贸易实行负面清单管理制度,并实施相配套的资金支付和转移制度。这意味着为了推进跨境服务贸易自由便利,需要配套落地更加自由便利的服务贸易结算制度。

上述条款将《总体方案》中的内容上升到法律层面,奠定了海南自贸港金融开放和制度创新的法律基础,其中,第五十条对金融开放的方向和原则作出了规定,明确了金融开放服务实体经济的导向;第五十一条明确了海南自贸港金融开放中最为重要的跨境资金流动自由便利的开放任务,也是资本项目开放相关内容第一次写入法律,为海南自贸港后续的外汇管理和跨境交易管理制度的改革创新奠定了法律基础;第五十三条第一次将"离岸金融业务"写入了法律层面，为海南自贸港对标中国香港、新加坡等开展离岸金融业务，尤其是以离岸人民币业务助力人民币国际化奠定了法律基础。

第四节　加快海南自贸港金融配套立法

一、加快海南自贸港金融立法的迫切性

（一）《海南自由贸易港法》落地实施的需要

虽然《海南自由贸易港法》明确了金融开放的原则、任务，并且在资本项目开放、开展离岸金融业务等方面有法律层面的授权和突破，但是这些原则性的规定和授权，并不具备可执行性。在该法第二条"本法没有规定的，适用其他有关法律法规的规定"之下，如果不能够根据第五十条至第五十二条制定配套金融法规，在金融领域就只能沿用国内现有的法律规定，无法落实第五十条至第五十二条的内容，就难以为金融开放和制度创新提供必需的法律基础。

（二）海南金融开放创新的需要

一是在当前全球经贸摩擦加剧、国际金融市场波动加大的情况下，海南自贸港的金融开放，必须做到"管得住才能放得开"，在制度创新和法治环境上，必须"先立后破"。只有制定出与海南自贸港配套的金融法规，才能使国内相关的金融法律法规不再在海南自贸港适用，从而在法治的基础上更大力度、更高水平地扩大开放。

二是在欧美国家对我国法律制度体系的认知和接受程度尚待提高[1]的情况下，我国高水平开放，尤其是推动规则制度型开放，在对接国际规则的同时，还要让其他国家尤其是发达国家理解我国的经济金融法律制度。在法治化的当今时代，只有提高外国投资者理解和接受我们的制度尤其是法律制度的程度，才能为高水平开放奠定更坚实的基础。

三是普通法系和大陆法系一直处于融合的过程中[2]，海南应当立足高度开放的政策环境，争做融合的交汇点，并且以此实现"制度集成创新"的任务。

在这个意义上，海南自贸港金融开放的进展，在很大程度上取决于配套金

---

[1] "上海国际金融中心建设前瞻研究"课题组．迈向新时代全球金融中心——上海国际金融中心建设前瞻研究［M］．北京：中国金融出版社，2022：13.

[2] "上海国际金融中心建设前瞻研究"课题组．迈向新时代全球金融中心——上海国际金融中心建设前瞻研究［M］．北京：中国金融出版社，2022：251.

融立法的进程。

（三）开展金融开放负面清单压力测试的需要

RCEP 已于 2022 年 1 月 1 日正式生效，我国包括金融服务在内的服务贸易需要在 3 年内提交负面清单方案开展谈判，6 年内从正面清单转为负面清单。同时，我们已经于 2021 年 9 月 16 日正式申请加入 CPTPP，也需要提交金融服务开放负面清单谈判方案。海南自贸港已经出台了外商投资、跨境服务贸易两张负面清单，覆盖了服务贸易四种模式，是最佳的压力测试区。

从正面清单到负面清单是一个很大的挑战。正面清单既可以依据现有的法律法规进行承诺，也可以先承诺后立法。但是，负面清单需要国内法律法规的配套，所列出的不符措施均需要有法律依据，也就是必须先立法后承诺。如果不在负面清单范围之内，就意味着必须给予国民待遇、最惠国待遇等，并且负面清单的设置趋势是尽可能缩短，因此对国内相关配套法律法规的要求很高。

海南自贸港的战略定位是"全面深化改革开放试验区"，在高水平开放中的任务就是制度型开放，作为对接国际规则进行制度集成创新的试验田。开展负面清单压力测试，需要加快金融配套立法。

二、海南自贸港金融立法需要解决的问题

海南自贸港金融立法既不是国内金融法律法规的简单延伸，也不是国际金融市场相关规则的简单复制，而是要在无先例可循的情况下，边试点探索，边总结立法，既要基于国内法律、突出中国特色，又要体现高水平开放、对接国际规则，因此面临很大的挑战，需要解决好以下五个方面的问题。

（一）需要解决立法内容的问题

《海南自由贸易港法》第二条规定，海南自由贸易港建设和管理活动适用本法。本法没有规定的，适用其他有关法律法规的规定。同时第五十条至第五十二条对推进金融改革开放、跨境资金流动自由便利、开展离岸金融业务等又作出了原则性规定，为构建自贸港金融法律体系奠定了基础。因此，海南自贸港适用我国现行金融法律法规，但是在金融改革开放、跨境资金流动管理、离岸金融业务等方面需要制定海南自贸港内适用的金融法规。

当前，海南自贸港亟待明确配套金融立法的具体方向，即需要在哪些方面制定《海南自由贸易港法》的配套金融法规。建议围绕《总体方案》和人民银行、银保监会、证监会、外汇局《关于金融支持海南全面深化改革开放的意见》，就其中涉及高水平开放重大制度创新的内容进行立法，重点包括多功能自

由贸易账户、全岛封关之后的贸易结算安排、跨境资产管理试点、在海南就业的境外个人开展境内投资、离岸金融业务、外汇管理制度改革等方面。

（二）需要解决立法授权的问题

《海南自由贸易港法》对贸易、投资、税收等领域的条款内容授权非常具体明确，但是金融领域仅就率先落实金融业开放政策、建立跨境资金流动管理制度、经营离岸金融业务等作出原则性规定，并没有像贸易、投资领域那样明确给予海南相关授权。根据《立法法》第八条，金融方面立法属于全国人大的权限。但是，在《海南自由贸易港法》覆盖的相关领域亟须配套立法的要求下，海南应基于金融开放创新的需要，主动提出相关金融立法的建议草案，与相关中央金融监管部门沟通一致后，根据《海南自由贸易港法》第十条，报全国人大常委会批准后生效。

（三）需要解决立法方式的问题

海南自贸港金融开放，需要"大胆试，大胆改"，突破现有的诸多制度规定，但是我国属于大陆法系，与普通法系相比，在沿用以往判例、立法及时性上有一定差距，往往需要实践先行。因此，一方面，金融制度创新可坚持问题导向，小切口、短立法，先采取由金融监管部门制定"管理办法""实施细则"，经过实践再总结上升为法律法规；另一方面，在国内外经济金融形势变化速度加快、自贸港金融开放水平不断提高的情况下，借鉴新加坡金融法律持续修订的做法，根据海南自贸港金融业发展形势，及时对有关金融法律法规在海南自贸港的适用进行必要调整。

（四）需要解决立法时机的问题

海南自贸港金融立法应区分轻重缓急，分步推进。当前，面对全岛封关运作准备工作的要求，应抓紧推进多功能自由贸易账户、跨境资金流动管理等方面的立法，提高跨境资金流动自由便利程度，满足封关运作需要。同时，对现有政策已经明确提出的跨境资产管理试点、离岸金融业务等开展立法前期研究。在全岛封关之后，应对标中国香港、新加坡等成熟自贸港，研究推进金融监管制度、金融市场建设等方面的立法，为自贸港建设资本市场、发挥金融辐射力提供法律基础。

（五）需要解决规则对接的问题

我国已经申请加入 CPTPP、DEPA 等高水平自由贸易协定，海南自贸港是对接国际规则的压力测试区。海南自贸港在金融立法过程中，一方面，要厘清目前最新国际规则中对金融业开放的共性要求，包括"负面清单"承诺方式、国民待遇原则、竞争中立原则、金融投资者保护等，在海南自贸港金融立法中予以充分考虑。另一方面，要关注以国内法律影响国际规则问题。一国金融市场开放程度、金融法规的完备程度，决定了国内规则被国际接受的广泛程度；同时金融开放过程中负面清单的管理、对特定金融机构或项目的特殊支持等都需要依据国内金融立法予以明确。

三、借鉴国际经验加快海南自贸港金融立法

（一）借鉴自贸港金融法律体系，做好金融立法的顶层设计

作为国际金融中心，中国香港、新加坡的金融法律体系较为完善，不仅法律层次清晰，各金融细分领域都有法律覆盖，单部法律均有详尽的法律条文和大量细节性规定的附属法规。海南应结合《总体方案》《金融支持海南全面深化改革开放的意见》中的金融政策制度尤其是其中的创新突破点，借鉴中国香港、新加坡、迪拜等地的金融法律，分析金融相关领域现有法律法规的覆盖情况、效力层级差异、法条完备程度，明确海南自贸港金融立法内容的框架思路，做好顶层设计。

（二）梳理法律出台次序，确定金融立法的轻重缓急

中国香港、新加坡等自贸港完善的金融法律体系，不是一蹴而就构建的，而是长期持续建设的结果。海南金融市场规模小、发展水平落后，金融立法更需要循序渐进。应分析中国香港、新加坡各项金融法律的出台次序、先后关系以及重要法律出台时的国内国际经济金融形势，尤其是重点分析后发建设的迪拜 DIFC 在刚起步时的金融法律体系状况，为海南自贸港金融立法具体内容安排的先后次序提供参考。

（三）分析金融法律的动态修订，借鉴立法推动开放的经验

中国香港、新加坡的高度开放是在不断建设中逐步扩大开放，并且持续修改金融法律来支撑和扩大对外开放。应分析新加坡《金融管理局法》《外汇管制法》《银行法》《证券期货法》等主要金融法律的修订情况及其背景，了解法律的演变如何推动开放，从而提出我国现有的金融法律在海南自贸港内的适用需要进行哪些修订，以更好地支持推动自贸港高水平开放。

（四）学习规则对接经验，在金融立法中融入高水平开放标准

新加坡在立法理念上注重与国际规则衔接，立法动态管理持续追踪国际组织的最新标准和相关自由贸易协定的最新进展。对外开放承诺方式从正面清单转为负面清单是当前我国推进高水平开放的关键挑战，已经生效的 RCEP 和申请

加入的 CPTPP 均有此项要求。海南自贸港作为高水平开放压力测试区，其重要任务之一就是将外商投资负面清单和跨境服务贸易负面清单的不符措施体现到法律中，进行先行试点，积累实践经验。海南自贸港跨境服务贸易负面清单中，金融领域有 17 条不符措施需要金融立法予以体现。

（五）借鉴金融司法判例，在金融立法中融入国际前沿成果

判例是包括中国香港、新加坡在内的英美法系国家的重要法律组成部分，能够及时反映经济社会发展的最新变化和前沿立法需求。海南自贸港金融要高水平开放，对接国际金融市场，在立法上需要紧盯国际前沿，吸收最新成果。

（六）以高效执行提高海南自贸港金融法律的国际影响力

高效的法律执行机制是中国香港、新加坡成为国际金融中心的重要基础，一方面体现为处罚规定的具体化，新加坡金融领域法律几乎每一主要条款后都有禁止性的规定内容和监管处罚措施，提高了法律的可执行性；另一方面体现为多元化、国际化的纠纷解决机制。海南自贸港金融法律要提高国际影响力，既要在立法上细化禁止性规定，又要引入多元化纠纷解决机制，在目前内地与香港司法互助相关协议的基础上，拓展当事人选择适用法律的范围，逐步扩大在海南自贸港对境外的判决、仲裁、调解等法律文书的适用国家（地区）的范围，扩大自贸港金融法律的国际影响力。

第九章 海南自贸港的金融
风险防控和监管

第一节 海南自贸港金融开放的风险

金融开放，在对接和融入国际金融市场、提高资金要素配置效率的同时，不可避免地要面对新的金融风险，尤其是在当今国际地缘政治和经贸摩擦加剧、全球治理体系出现重大调整、国际金融市场波动加剧的情况下。"加强金融风险防控体系建设"是海南自贸港金融开放的总体原则之一。作为高水平开放的压力测试区，海南需要在推进金融开放的同时，借鉴中国香港、新加坡等自贸港的监管经验，完善中国特色的自贸港金融监管体系，牢牢守住不发生系统性金融风险的底线。

一、关于金融开放风险的研究

普遍的共识是，金融开放能够促进经济发展，也有利于优化资本要素的配置。但是，金融开放也伴随着风险。现有关于金融开放风险的研究首先集中于宏观层面，聚焦在资金流动的冲击，其次是金融服务市场开放的风险。

（一）跨境资金流动的风险

国外的研究文献中，Stiglitz（2000）[1] 认为对于新兴市场国家，金融开放可能出现资金流入突然逆转和资本外逃问题，从而增加经济波动。Buch 等（2005）[2] 认为，金融开放不利于宏观经济稳定，因为金融开放会增加消费波动

---

[1] Stiglitz J E. Capital Market Liberalization, Economic Growth and Instability [J]. World Development. 2000, 28（6）: 1075–1086.

[2] Buch C M, Doepke J, Pierdzioch C. Financial Openness and Business Cycle Volatility [J]. Journal of International Money and Finance, 2005, 24（5）: 744–765.

性，使资金流入和金融冲击跨国传递更容易。Goldstein（1999）[1] 基于对 1997 年亚洲金融危机的研究表明，资本账户的开放可能使金融体系脆弱的国家更容易遭受投机性攻击，从而影响金融稳定。Mishkin（2006）[2] 认为，金融开放可能会使资本流动变得更容易，导致金融机构承担过多风险，使金融冲击更为迅速地在各国之间传导开来。

但是，也有部分学者持不同的观点。Kalemli‐Ozcan 等（2003）[3] 和 Devereux 与 Sutherland（2008）[4] 认为，金融开放有利于宏观经济稳定，因为金融开放可以分散投资风险、平滑消费、促使金融体系更加稳定、降低生产风险、减缓外部冲击的影响。Glic 和 Hutchison（2005）[5] 认为，在控制了样本选择偏差之后，资本账户开放程度高的国家发生货币危机的可能性反而更低。

国内的研究文献中，王国静、田国强（2014）[6] 认为，金融开放效应受开放国制度质量、金融发展程度、经济中冲击类型、金融体系等特定条件的影响。马勇、王芳（2018）[7] 认为，金融波动会随着金融开放度的提高而出现明显上升。刘兰凤、袁申国（2021）[8] 认为，中国在扩大金融开放的同时如果不提高金融效率，有可能引起宏观经济波动性加大。

（二）金融服务业开放的风险

金融服务业开放的风险主要来自外资金融机构进入后可能会占据本国金融市场（或者某些重要领域）的优势地位，从而影响到一国的金融安全，其蕴含的逻辑是外资金融机构的竞争力强于本国金融机构。

张明（2014）[9] 认为，在所有制的"委托—代理"框架与激励相容机制的影响下，外资金融机构无论在创新性还是在竞争力方面，都可能比国内金融机

① Goldstein. M. The Asian Financial Crisis: Causes, Cures, and Systemic Implications [J]. Thunderbird International Business Review, 1999, 41（6）: 721—728.

② Mishkin. F. The Next Great Globalization: How Disadvantaged Nations Can Harness Their Financial Systems to Get Rich [M]. Princeton: Princeton University Press, 2006: 156—158.

③ Kalemli‐Ozcan S, Preston B, Yosha O. Risk Sharing and Industrial Specialization: Regional and International Evidence [J]. American Economic Review, 2003, 93（3）: 903‐918.

④ Devereux M B, Sutherland A. Financial Globalization and Monetary Policy [J]. Journal of Monetary Economics, 2008, 55（8）: 1363‐1375.

⑤ Glick. R. and Hutchison, M. Capital Controls and Exchange Rate Instability in Developing Economies [J]. Journal of International Money and Finance, 2005, 24（3）: 387—412.

⑥ 王国静，田国强. 金融冲击和中国经济波动 [J]. 经济研究，2014（3）: 20‐34.

⑦ 马勇，王芳. 金融开放、经济波动和金融波动 [J]. 世界经济，2018（2）: 20‐44.

⑧ 刘兰凤，袁申国. 金融开放、金融效率与中国宏观经济波动 [J]. 国际经贸探索，2021（11）: 68‐84.

⑨ 张明. 金融开放中的潜在风险 [J]. 中国金融，2014（14）: 55‐56.

构存在更多优势。进一步地，张明等（2021）① 认为，金融市场开放存在金融市场重要领域被外资金融机构控制的风险。一些拉美与东欧国家的教训表明，当一国开放金融市场后，尤其是又遭遇金融危机后，本国金融机构纷纷倒下，为外国金融机构廉价兼并收购提供了良机。最终，外国金融机构将控制本国银行业与资本市场。

二、海南自贸港金融开放带来的新风险

在海南金融市场上，金融开放带来的新风险主要是宏观层面的跨境资金流动冲击风险，以及微观层面的金融机构和金融产品风险的跨境传导、反洗钱风险、境外投资者权益保护纠纷等。其中，跨境传导的微观金融风险的防范化解是当前关注和研究较少的领域，却是海南自贸港需要防控的主要风险。

（一）跨境资金流动冲击

跨境资金流动自由便利隐含着资金大进大出的风险。主要发达经济体在2008 年国际金融危机之后长期实行"量化宽松"的货币政策，货币超发导致国际短期资本规模大幅增长，金融科技发展导致资金流动速度加快，使跨境资本冲击的风险概率上升。我国资本项目存在的诸多管理措施，客观上防止了国际短期资本的大进大出，成功地抵御了 1997 年亚洲金融危机和 2008 年国际金融危机的冲击。海南自贸港要分阶段开放资本项目，实现跨境资金流动自由便利，如何防控大规模跨境资金流动的冲击是首先需要解决的问题，尤其是在海南当前金融市场规模小，对跨境资金流动冲击承受能力弱的情况下。

（二）金融机构经营风险的跨境传导

金融机构经营风险跨境传导，指的是外资金融机构的母公司或者其集团内的机构出现经营问题，影响到其正常经营所产生的风险。其中最典型的例子是1991 年香港国际商业信贷银行事件。随着金融服务业开放的不断扩大，机构风险跨境传导的挑战也会逐步增加，主要体现在两个方面：一是金融服务负面清单有可能逐渐缩短，准入门槛不断降低，一些金融监管水平相对比较低的国家的金融机构进入，母行风险增加。二是随着全球金融监管标准的不断提高，金融机构的监管成本在上升，并且随着业务扩展需要持续的资本金投入来保持其资本充足率等监管指标达到要求，对于一些实力较弱的金融机构是很大的挑战。

---

① 张明，孔大鹏，潘松，等. 中国金融开放的维度、次序与风险防范 [J]. 新金融，2021（4）：4 – 10.

（三）金融产品风险的跨境传导

一是境外产品在本地销售产生的风险传导。这指的是在本地销售的、境外发行的金融产品，由于其相关资产、发行人、管理人等均在境外，如果出现违约，风险处置的难度会很大。典型的例子是，2008 年雷曼兄弟公司破产后，雷曼兄弟公司下属子公司在中国香港、澳门地区发行的"雷曼迷你债券"出现违约无法兑付。由于"雷曼迷你债券"是基于信用违约掉期（CDS）等场外衍生品的产品，涉及多重衍生品嵌套，设计复杂，杠杆率高，在金融危机下在境外的发行人、担保人等多个相关主体又出现破产，香港、澳门的金融机构仅仅是代销人，难以追索。另外，"雷曼迷你债券"是面向个人投资者发行的，并且门槛很低，很多个人投资者难以理解，出现了多起个人投资者投诉代销银行、引起金管局和相关机构介入的情况。

二是新金融产品进入带来的风险。RCEP 和 CPTPP 的金融服务条款均允许成员的新金融服务（指在一个缔约方境内没有但在其他缔约方境内已有的金融服务或产品）进入其他成员，由于新金融产品的前沿性，往往是在金融市场比较发达、金融监管比较完善的国家先出现，东道国在新金融产品进入后监管有可能难以跟上，导致潜在风险不能得到及时的识别和防范。

（四）反洗钱

伴随着跨境资金流动自由，反洗钱风险也随之上升。因为所谓的"黑钱"或者"灰钱"，总是倾向于流向管制少、流动方便的地方。随着国际资金划转流动的日益频密，以及各国对于洗钱、逃税、恐怖融资等活动打击力度的持续加大，对金融机构反洗钱工作的要求日益提高。在目前我国仅允许境外机构和个人开立离岸账户（OSA）、非居民境内账户（NRA）和自由贸易账户（FT），并且这些账户与境内账户相隔离、客户规模有限的情况下，涉及境外的反洗钱工作主要聚焦于对汇入资金的审核。在随着金融开放的扩大，尤其是离岸金融业务的开展，对境外机构和个人的开户前尽职调查和资金划转时的交易背景审核将日益重要。这对反洗钱的能力建设提出了更高要求。

（五）境外金融投资者权益保护纠纷

目前我国资本市场基本上没有对境外投资者开放（通过 QFII、RQFII 方式和银行间债券市场进入的只是数量有限的机构投资者并且专业性较高，规模较大；通过沪港通、深港通、债券通等互联互通方式投资境内市场的投资者，如果发生交易纠纷，是在境外的投资行为发生地解决，不在境内解决），基本上没有涉及境外金融投资者的权益保护纠纷。由于采取跨境交付、境外消费模式的金融服务开放的领域比较有限，因此，这类金融消费权益纠纷也不多。未来，随着海南自贸港逐步开放资本项目（包括允许境外投资者购买海南自贸港内机构发行的金融投资产品）、金融服务业开放程度的提高，境外金融投资者权益保护的纠纷有可能成为新的风险来源。

三、海南自贸港金融风险防控的要求

（一）《总体方案》

"坚持底线思维"是《总体方案》的指导思想之一，要求加强重大风险识别和系统性风险防范，建立健全风险防控配套措施。在风险防控体系的制度设计中，《总体方案》专门针对金融风险防控作出部署，包括四个方面的内容：一是在风险防控基础建设方面，优化金融基础设施和金融法治环境，依托资金流信息监测管理系统，建立健全资金流动监测和风险防控体系。二是在宏观风险防控方面，建立自由贸易港跨境资本流动宏观审慎管理体系，加强对重大风险的识别和系统性金融风险的防范。三是在微观风险防控方面，加强反洗钱、反恐怖融资和反逃税审查，研究建立洗钱风险评估机制，定期评估洗钱和恐怖融资风险。四是在监管体系建设方面，构建适应海南自由贸易港建设的金融监管协调机制。

（二）金融支持海南全面深化改革开放的意见

在《总体方案》的基础上，人民银行、银保监会、证监会、外汇局《关于金融支持海南全面深化改革开放的意见》将加强金融风险防控体系建设作为海南金融深化改革开放的指导原则之一，强调坚持底线思维，稳扎稳打、步步为营，完善与金融开放创新相适应的跨境资金流动风险防控体系，在确保有效监管和风险可控的前提下，稳妥有序推进各项金融开放创新举措，统筹安排好开放节奏和进度，成熟一项推进一项，牢牢守住不发生系统性金融风险的底线。

该文件在加强金融监管、防范化解金融风险方面，除了强调《总体方案》中关于基础层面和宏观层面的政策，在微观金融风险的防范化解上，提出了两点新措施：一是支持海南设立金融与破产专业审判机构，集中审理海南金融与破产案件，提升金融与破产案件专业化审理水平，为当事人提供更加优质高效的司法保障。二是在金融消费者权益保护方面，在上述的司法保障之外，作出两点具体部署：首先是建立和发挥调解机制的作用，支持海南银行、证券、保险领域消费纠纷调解组织充分发挥作用，建立公正、高效、便民的金融纠纷非诉第三方解决机制；加强与当地人民法院和司法行政部门的沟通合作，落实银

行、证券、保险领域矛盾纠纷诉调对接机制，发挥金融行业调解组织专业化优势，探索建立金融行业纠纷调解协议司法确认制度。其次是开展金融知识教育，包括开展集中性金融知识普及活动，在海南建立金融知识普及教育示范基地，进一步发挥证券期货投资者教育基地作用。

第二节　主要自贸港的金融监管体系

自贸港作为高度开放的金融市场，资金进出自由、金融机构众多、金融体系多元、金融交易规模巨大，必然会面临来自内部和外部的各种金融风险，有效的金融监管对于防范化解金融风险、维护金融市场稳定至关重要。作为国际金融中心的中国香港、新加坡、迪拜等自贸港，在其金融发展历程中，不断提高的金融监管水平是成功的基础之一。

如何在高度开放的环境下构建金融风险防控体系，提高金融监管水平，海南自贸港需要借鉴中国香港、新加坡、迪拜等自贸港的成功经验。

一、中国香港的金融监管体系

香港实行分业监管的制度安排，主要金融监管机构包括香港金融管理局（金管局）、证券及期货事务监察委员会（证监会）、保险业监管局（保监局），分别负责监管银行业、证券和期货业、保险业。此外，还有强制性公积金计划管理局（积金局），负责公积金的管理。

香港金管局成立于1993年，由外汇基金办事处及银行业监理处合并而成，既行使中央银行的职能，负责外汇基金投资管理，也负责银行业的监管。金管局的目标包括四个方面：在联系汇率制度的架构内维持货币稳定；促进金融体系，包括银行体系的稳定与健全；协助巩固香港的国际金融中心地位，包括维持与发展香港的金融基建；管理外汇基金。根据《存款保障计划条例》和《金融机构（处置机制）条例》，金管局还负责执行存款保障计划委员会和处置机制委员会的决定。

在20世纪70年代中期以前，香港的证券及商品市场监管非常宽松。1973年香港爆发股灾后，于1974年制定《证券条例》，由两个非全职的监察委员会（分别负责证券及商品交易事宜），以及属于政府部门的证券及商品交易监理专员掌管的证券及商品交易监理专员办事处来负责执行。1987年10月的股灾，导致香港股市及股票指数期货市场停市4日，而且明显地暴露出当时的监管架构的弊端。因此，1989 年《证券与期货监察委员会条例》制定后，证监会成立，作为独立的法定组织，负责执行监管香港证券期货市场的法例，监管和监察香港交易及结算所有限公司及其附属机构，包括联交所、期交所及四家认可的结算公司。证监会董事局的所有董事均由香港特别行政区行政长官按固定任期委任，由香港证监会主席负责领导，负责制定香港证监会的整体方向、政策及策略，行政总裁则对香港证监会的日常运作负有行政职责，推行经董事会议定的目标、政策及策略，促进董事局的有效运作。

香港保险业监管局的前身是成立于 1990 年 6 月 8 日的保险业监理处，其主要职责是根据《保险业条例》对保险公司实行审慎的监管，主管官员是保险业监理专员。监理处下设三个部门，分别负责财产保险、长期保险和退休保险业务，负责审批保险公司的注册申请。2015 年 12 月，保监局成立，作为独立的保险监管机构，2017 年 6 月接替前保险业监理处的职能，监管保险公司，自 2019 年 9 月起直接规管保险中介人。香港保监局由一名主席（属于保监局的非执行董事）、一名行政总监（属于保监局的执行董事）及不少于六名保监局的其他执行或非执行董事组成，所有成员均须由行政长官委任。

二、新加坡的金融监管体系

1970 年颁布的《新加坡金融管理局法》是新加坡金融监管基础法律，截至 2022 年已经过 40 次修订，包括六个部分，其中第一部分是前言；第二部分管理局的设立、资本和管理的规定，明确 MAS 设立的主要目标和职能，明确 MAS 设立的资本要求，管理层的任命、权责、要求；第三部是关于 MAS 工作人员等的规定；第四部分是关于 MAS 权力、职责和职能的规定，是该法律的核心部分；第五部分是关于金融部门发展基金的规定，向参与金融服务的公司和个人提供资金支持；第六部分是关于统计、预算、审计、财报等杂项的规定。《新加坡金融管理局法》搭建起新加坡金融监管法律的框架，而且随着其他金融法规、商事法规的出台、修订而不断更新。

在《新加坡金融管理局法》的基础上，1970 年新加坡金融监管局成立，集中央银行职能和监管职能于一身。一是中央银行金融调控职能，通过利率政策、公开市场业务操作、存款准备金等工具，运用利率、货币供应、外汇储备等工具，保持汇率和物价稳定，以调控整个国民经济。二是金融监管职能，负有对所有的金融部门，包括银行、保险和资本市场中介机构进行监管的职责。MAS 是新加坡金融监管体系的核心，具有较强的独立性，实行混业经营和合业监管的体制。

MAS 对金融机构实行机构和业务牌照制，严格限制金融机构的市场准入，对于信誉不佳的金融机构一概不予受理；各机构业务范围也有明确界定，不能超业务范围经营；金融机构的市场退出按市场原则进行，政府不干预机构的设立与撤并，不存在中央银行救助和行政关闭。MAS 充分信任准入后的金融机构，让金融机构参与间接合规性管理，金融机构既是重要的管理对象，又是监管政策的一线执行者。

除 MAS 外，新加坡于 1967 年设立货币发行局，主要负责新加坡元的发行与管理；于 1981 年成立政府投资局，主要负责管理 MAS、货币发行局以及政府各部门聚集的资产；在新加坡证券交易市场上的投资交易行为，也需要受新加坡证券交易所监管；除金融期货和能源期货外的其他期货交易投资，由新加坡国际企业委员会作为监管机关。

除了政府机构的监管，新加坡民间有许多行业自律组织，如商业事务局和专门分管银行业的自律组织新加坡银行公会。政府监管和行业自律监管相结合的监管结构，有力地促进了金融业的风险控制和金融活动的有序发展。

三、迪拜的金融监管体系

作为与境内市场相隔离的离岸金融中心，迪拜国际金融中心（DIFC）从无到有建立起了一套高水平的金融监管体系。

2004 年 9 月 16 日，DIFC 颁布了 2004 年第 1 号法律《监管法》，共 10 部分 118 条，对迪拜金融服务管理局（Dubai Financial Service Administration，DFSA）的职责、架构、运作程序等进行了详细的规定，奠定了 DIFC 金融监管的基础。

DFSA 虽然是迪拜酋长国政府的一个代理机构，但是有自己的章程，独立运作，权力和职能来源于《监管法》以及酋长颁布的其他法律，目标是促进和维护 DIFC 的公平、透明、效率、信心、稳定，防止和消除损害 DIFC 信誉的因素，保护直接、间接和潜在的金融服务使用者，促进公众对金融监管规定的理解等。

DFSA 的架构包括主席、董事会、金融市场裁决庭（Financial Markets Tribunal，FMT）、首席执行官及其职员，临时任命的各种委员会。该法对上述人员或委员会的职能和权利进行了具体规定。DFSA 董事会主席和成员由 DIFC 主席指定，可以连任一次。首席执行官应为董事，但是不得担任董事会主席，DFSA 的职员不得担任董事。经董事会三分之二多数同意可以任命或免职首席执行官，但是需要事先与 DIFC 主席商量。

金融市场裁决庭有权听证和确定关于 DFSA 管理的立法规定或 DIFC 法律规定可提交 FMT 审查的任何事项，可以对 DFSA 的决定作出支持、改变或另行决定，以及对 DFAS 或利益相关人提交的诉求进行审理，并作出处理决定。FMT 的主席和成员由董事会任命具有金融服务领域相关资质、经验和资历的人员担任，DFSA 的主席、首席执行官和 DIFC 各机构的董事会成员、官员和雇员不得担任 FMT 的成员。

该法对区内金融活动的许可、授权和注册进行了规定，包括制定规则，授权机构、授权金融市场和金融服务，许可证的申请、适用条件和限制，以及许可证撤销，授权公司注册及相关信息的注册登记和披露，实际控制人的定义及相关规定，反洗钱合规等。

该法赋予了 DFSA 监督和调查的权力，包括获取信息的权力、报告提供要求、实施商业禁止或限制、为审慎目的发布指示的权力、对财产处置的限制与进行调查的权力、调查所获得信息的使用等，也对违规和罚款进行了规定，并就执法的具体事项（如执行人、可执行的承诺、制裁方式、禁令要求、强制清盘、民事诉讼、干预诉讼等）进行了具体规定。

该法还规定了会计和审计事项，包括财务报告和审计标准的采用、财务报表和记录的规则、审计师或主审计人的注册、暂停和撤销、任命和罢免审计师、审计报告、审计师的职责、审计师的披露义务等。

四、在危机中提升风险处置能力

一方面，自贸港作为高度开放的小型经济体，金融市场非常容易受到外来冲击，这需要强化金融监管能力，金融监管包括宏观监管和微观监管两个方面，前者着眼于保持整个金融市场、金融体系的稳定，为经济发展提供健康的环境，后者则注重对单个金融机构的监管和风险处置。从另一方面来看，中国香港、新加坡等自贸港在多次金融危机中都经受住了冲击和考验，并且在危机处理和事后的检讨中不断提升金融监管能力。其中，中国香港的例子非常典型。

从宏观层面来看，由于中国香港采取货币局（Currency Board）性质的联系汇率制，港元盯住美元，在资本项目高度开放的情况下，政府不干预金融市场，虽然这有利于吸引资本，但是也将本地金融市场与国际金融市场高度绑定，在经济金融出现问题时，很容易受到国际资本的冲击。在 1973 年股灾、1987 年股灾、1997 年亚洲金融危机、2001 年互联网泡沫破灭、2008 年国际金融危机中，香港都经受住了考验，虽然在危机期间承受了很大的压力，但是在危机之后比较短的时间内金融市场就得到了恢复。

从微观层面来看,在第二次世界大战后现代银行体系形成以来,香港曾经发生多次银行危机。第一次银行危机发生在 20 世纪 60 年代,1961 年廖创兴银行出现挤兑风潮;1965 年多家华人创办的银行遭到挤兑,其中广东信托商业银行被港英政府接管、恒生银行被迫出让 51% 股权给作为发钞行的汇丰银行才得以幸免,广安、道亨和永隆银行也因挤兑受到很大损失。第二次银行危机发生在 20 世纪 80 年代,1982 年 9 月,恒隆银行出现挤兑并被政府接管;1985 年 6 月海外信托银行突然宣布面临倒闭,迫使政府动用 30 亿外汇基金接管,但仍波及新鸿基银行、嘉华银行、永安银行、友联银行和康年银行等中小银行,相继陷入财务困境而纷纷易手。在这两次银行危机之后,香港政府都对监管体系进行了深入检讨,并对《银行业条例》进行了修订,分别于 1964 年和 1986 年通过,完善和加强了对银行业的监管。第三次银行危机发生在 20 世纪 90 年代,1991 年 7 月由巴基斯坦银行家设立、注册在卢森堡的国际商业信贷银行(BICC)涉嫌参与非法交易,被英国、美国、法国等十几个国家的中央银行同时采取行动,冻结其在世界各地的财产,其在香港的子公司——香港国际商业信贷银行(以下简称国商)受到影响。在政府委派的副银行监督专员和汇丰银行代表进驻后,国商仍保持正常营业,但在寻求注资失败后,银监处宣布其暂停营业,冻结存款、贷款和其他资产。17 日财政司在寻找买家失败后,宣布向高等法院申请清盘,由港府垫支 20 亿港元向国商存户发放 25% 的存款,但最高不超过 50 万港元。消息传出激起国商存户示威抗议,同时引发了与国商有关系的银行相继出现挤兑风潮。7 月 17 日,两家具有中东背景的道亨银行和港基银行发生挤提,外汇基金向市场注资,局面得到控制。8 月 7 日和 9 日,香港万国宝通银行和渣打银行受市场谣言的影响,分别发生挤提,但在政府和同业的帮助下很快得到平息。9 月 3 日,香港华人银行宣布收购国商,国商事件才宣告结束。这一事件反映了当时香港没有存款保险制度的漏洞,将设立存款保险制度提上了研究日程,但由于各方意见不一,直到 2004 年《存款保障计划条例》才获得通过。

第三节　主要自贸港的金融牌照制度

中国香港、新加坡和迪拜金融监管的一个共同点是都实现牌照制度,采取颁发不同类型牌照的方式对金融机构的业务进行分类管理。

一、中国香港的金融牌照制度

（一）银行牌照

香港银行业实行认可制度，除根据《银行业条例》获认可的银行外，禁止任何人经营银行业务（指经营往来及储蓄账户、并接受公众任何金额及期限的存款，以及支付或接受客户签发或存入的支票）；除认可机构外，一律禁止任何人经营接受存款业务。香港实行认可机构三级制，分为银行、有限制牌照银行和接受存款公司。

银行可以经营全面的零售及批发银行业务。有限制牌照银行一般从事商人银行及资本市场活动等业务，不得经营往来及储蓄账户，不得支付或接受客户签发或存入的支票，但可以接受公众50万港元或以上的短期通知、通知或定期存款，存款期限不受任何限制。香港只接受在本港成立为法团的附属机构注册为接受存款公司。接受存款公司一般从事私人消费信贷、贸易融资或证券等多种专门业务，只可接受10万港元或以上的存款，其最初存款期或短期通知或通知期限最少为3个月。根据香港金管局的认可准则，最低资本要求为：持牌银行3亿港元、有限制牌照银行1亿港元、接受存款公司2500万港元。截至2022年2月底，香港有159家持牌银行、15家有限制牌照银行和12家接受存款公司，此外还有38家外国（外地）银行代表处。

此外，香港金管局还对虚拟银行、货币经纪和储值支付工具（除了单用途和某些特定目的的储值支付工具）实行牌照制度，并指定零售支付系统。截至2022年2月底，已经发出8张虚拟银行牌照、32家货币经纪牌照和14张储值支付工具牌照（不含持牌银行，其被视为储值支付工具的持牌人），并指定Visa、Mastercard、银联国际、美国运通、银联通宝有限公司（银通）及易办事（香港）有限公司（易办事）6家公司营运用于处理涉及香港参与者的支付交易的零售支付系统。

（二）证券期货牌照

香港证券与期货业务的牌照分为10类：（1）证券交易；（2）期货合约交易；（3）杠杆式外汇交易；（4）就证券提供意见；（5）就期货合约提供意见；（6）就机构融资提供意见；（7）提供自动化交易服务；（8）提供证券保证金融资；（9）提供资产管理；（10）提供信贷评级服务。此外，关于场外衍生工具交易的两类牌照尚未实施，包括第11类场外衍生工具产品交易或就场外衍生工具产品提供意见、第12类为场外衍生工具交易提供客户结算服务。

（三）保险业牌照

香港保险业牌照分为：（1）获授权保险人，即获得保监局发牌，在香港经营一个或多个保险业务的保险公司，又分为长期业务（指人寿及年金、婚姻及出生、相连长期、永久健康、养老保险、退休计划管理等）、一般业务（不属于长期业务或特定目的业务的保险业务）、综合业务（同时经营长期业务和一般业务）三种不同经营类型；（2）持牌保险代理机构，由获授权保险人委任；（3）持牌保险经纪公司；（4）保险中介牌照，又分为个人保险代理牌照（由获授权保险人委任）、业务代表（代理人）牌照（由持牌保险代理机构委任）、持牌业务代表（经纪人）牌照（由持牌保险经纪公司委任）。近年来，随着互联网保险业务的兴起，保监局陆续发出线上保险牌照，设立纯线上的保险公司。截至 2020 年 9 月末，香港共有 165 家获授权保险公司，其中 91 家经营一般业务，53 家经营长期业务，其余 21 家则经营综合业务；共有 2365 家持牌保险代理机构，86351 名持牌个人保险代理，以及 26777 名持牌业务代表（代理）；共有832 家持牌保险经纪公司和 10780 名持牌业务代表（经纪）。

二、新加坡的金融牌照制度

（一）银行类牌照

新加坡的银行类牌照也称为吸收存款机构（Deposit‑Taking Institutions）牌照，分为四类：一是全面银行（Full Banks），可以从事吸收存款、支票服务和贷款，以及其他金管局监管或授权的业务（包括金融咨询服务、保险经纪和资本市场服务），但不得从事非金融活动，其又分为本地全面银行、特许全面银行（Qualified Full Bank，QFB）①（外国银行分行）和全面银行（外国银行分行）②。二是批发银行（Wholesale Banks），可以从事除了新加坡元零售银行业务的其他全面银行业务。三是商人银行（Merchant Banks），从事经金管局批准的业务。四是金融公司（Finance Companies），可以吸收存款和向个人或公司（包括中小企业）发放贷款。

截至 2022 年 3 月，新加坡有 4 家本地银行、10 家特许全面银行、20 家全面银行（外国银行分行）、97 家批发银行、27 家商人银行、3 家金融公司。此外，

---

① 特许全面银行可以最多拥有 25 个营业机构，可以在其内部共享 ATM 网络，使用其贷记卡在当地银行的 ATM 网络提现或透支，通过 EFTPOS 网络提供借记服务，提供补充退休金计划和 CPF 投资计划账户，以及吸收在 CPF 投资计划和 CPF 退休金计划下的定期存款。

② 外资全面银行外资分行只能拥有 1 个营业网点，不能有 ATM 网络。

金管局于 2020 年 12 月发出首批 4 张数字银行牌照，包括 2 张全面数字银行牌照和 2 张批发数字银行牌照。

（二）资本市场业务牌照

新加坡的资本市场牌照分为资本市场服务持牌人（Capital Market Services Licensee）、集合投资计划受托人〔Approved CIS（Collective Investment Scheme）trustee〕、持牌信托公司（Licensed trust companies）、注册基金管理公司（Registered Fund Manangement Company）、交易所（Approved Exchange）、注册财务顾问（Licensed Financial Advisor）等。截至 2022 年 3 月，上述牌照的机构数量分别为 1043 家、17 家、295 家、62 家、4 家和 61 家。此外，还有 124 家经豁免资本市场服务实体（Exempt Capital Market Services Entities），114 家经豁免公司财务顾问（Exempt Corporate Financial Adviser），27 家经豁免信托公司（Exempt Traust Company），4 家经豁免个人信托服务提供商（Exempt Person Providing Trust Services），497 家经豁免财务顾问。

（三）保险业牌照

新加坡保险业牌照分为 9 种，截至 2022 年 3 月，各类保险牌照及持牌家数如下：在寿险方面，直接保险公司 17 家，再保险公司 4 家，自保公司 7 家；在一般险（财产险）方面，直接保险公司 57 家，再保险公司 37 家，自保公司 78 家；在综合业务方面，直接保险公司 9 家，再保险公司 9 家，自保公司 5 家。

（四）支付牌照

新加坡的支付牌照分为 8 种，截至 2022 年 3 月，各类支付牌照及持牌家数如下：贷记卡和借记卡持牌人（Credit and Charge Card Licensee）4 家，货币兑换持牌人（Money – changing Licensee）233 家，标准支付机构（Standard Payment Institution）13 家，主要支付机构（Major Payment Institution）169 家，指定支付系统运营商（Designated Payment System Operator）6 家，指定支付系统结算机构（Designated Payment System Settlement Institution）6 家，持牌信用局（Licensed Credit Bureau）2 家。

三、迪拜 DIFC 的金融牌照制度

（一）DIFC 区内的金融业务范围

根据 DIFC《监管法》第 9 条，在区内建立的持牌机构（Licensed Center Establishments）可以开展金融与银行业务（包括伊斯兰金融与银行业务）及其他持牌与注册的业务，包括：金融与银行服务包括投资银行、商业银行、财务公

司、批发银行与电子银行；保险、再保险与保险中介服务包括财产与健康保险，以及其他保险服务；证券、商品与衍生品等其他金融服务的交易；资金管理、投资服务、投资基金服务与开展各领域投资；养老保险基金、投资基金与信托服务；中介、结算、清算与保管服务；本中心内的各种商业与活动的投资服务；法律、审计、会计与其他金融与银行业关联服务；支持、协助服务，分级服务，各种金融与银行业的信息服务。

（二）DIFC 的金融牌照类型

迪拜金融服务监管局（Dubai Financial Service Administration，DFSA）将 DIFC 区内的金融服务分为 5 类牌照，每种类型的牌照具有不同的业务范围和资本金要求（见表 9 - 1）。

表 9 - 1 　　　　　　　　　　　　DIFC 的金融牌照类型

类型	业务范围	基础资本要求（万美元）
类型 1	• 接受存款 • 管理一个利润分享投资账户（unrestricted Profit Sharing Investment Account，PSIAu）	1000
类型 2	• 作为委托人进行投资交易 • 提供信贷	200
类型 3A	• 作为委托人进行投资交易 • 作为代理人	50
类型 3B	• 提供托管服务（仅向基金） • 作为基金的受托人	400
类型 3C	• 管理集合投资基金 • 管理资产、提供信托服务（作为明示信托 Express Trust 的受托人） • 管理一个 PSIA • 提供托管服务（不限于向基金） • 提供货币服务［包括货币兑换、资金汇划、提供支付账户（无利息）、执行支付交易、发行支付工具、发行储值工具］	50
类型 3D	• 提供或运营支付账户（无利息） • 提供支付交易，基于其他方提供或运营的支付账户 • 发行支付工具	20

续表

类型	业务范围	基础资本要求（万美元）
类型4	• 安排信贷或投资交易 • 提供金融产品或信贷的咨询 • 安排托管 • 保险中介 • 保险管理 • 运营一个替代的交易系统	1 （如运营众筹平台， 则为14万美元）
	• 提供基金管理 • 提供信托服务，不限于作为明示信托的受托人 • 提供货币服务（仅限于资金汇划） • 运营众筹（Crowdfunding）平台 • 货币服务的咨询和安排	
类型5	• 管理有限制的利润分享投资账户（restricted Profit Sharing Investment Account，PSIAr）的伊斯兰金融机构	1000
代表处	• 转介业务给本集团其他公司 • 开展投资研究（不能提供咨询） • 发送充分披露的宣传资料 • 募资宣传 • 邮件服务	无

资料来源：迪拜金融服务监管局（DFSA）官网，作者整理。

注：由于伊斯兰教教义不允许收取存款利息，因此，采取了投资利润分享账户的方式，根据资金用途有无限制又分为有限制和无限制两种账户。

第四节　主要自贸港的反洗钱制度

自贸港没有外汇管制、资金自由流动的特点，在吸引资金集聚的同时，也带来了反洗钱风险，尤其是在当前全球地缘冲突加剧、恐怖主义尚存、金融科技加速资金流动、洗钱方式更为隐蔽的情况下，自贸港金融市场的高度开放，使其成为各路"黑钱""灰钱"的首选之地，对于金融监管而言，反洗钱、反恐怖融资、反逃税是必须守住的风险底线。

反洗钱领域，世界上最有影响力的国际组织是反洗钱金融行动特别工作组（Financial Action Task Force on Money Laundering，FATF），其1989年在巴黎成立，截至2022年3月有包括中国在内的39个成员国和1个观察员国，其制定的反洗钱 40 项建议（FATF 40）和反恐怖融资 8 项特别建议是全球反洗钱和反恐怖融资最权威的指引。在实务上，反洗钱有关键的两个环节：一是客户开立账户时开展尽职调查；二是资金汇划时进行的交易背景审核。

一、中国香港关于反洗钱的规定

2011 年 7 月，中国香港制定《打击洗钱及恐怖分子资金筹集条例》，对金融机构开展客户尽职调查、金管局对银行反洗钱工作的检查以及采取的行动、处罚、成立相关机构（打击洗钱及恐怖分子资金筹集复核审裁处）等方面明确了法律要求。在此条例的基础上，香港金管局发布了多个关于金融机构反洗钱及反恐怖融资防控指引，作出具体规定，并根据 FATF 等的建议，持续完善反洗钱及反恐怖融资工作。

企业到香港银行申请开户，银行会根据香港金管局《打击洗钱及恐怖分子资金筹集指引》要求对申请人先进行"了解您的客户"和"客户尽职审查"，包括身份查证、行业、资金和财富来源、开户用途、公司注册地、最终拥有人、是否涉及制裁、政治人物等，通过风险为本进行审批后方可开户。

企业开户部分因涉及较多文件收集，也涉及向独立第三方索取资料（如公司查册），并需对公司架构、营运模式、董事以及背后最终实益拥有人等作相关尽职审查，因此一般开户时间较长，也受公司架构的复杂程度所影响。一般而言，对结构简单不涉及任何高危因素的企业，相关资料齐备的情况下，约 2 周内可完成企业开户。

资金汇划方面，银行会根据香港金管局《打击洗钱及恐怖分子资金筹集指引》对交易电文内容进行制裁及防洗钱检测，汇款银行另须确保对交易金额超过 8000 港元以上的汇款交易于电文内提供以下资料：汇款人的姓名或名称；汇款人在汇款机构开立的户口，或由汇款机构编配予该电传转账的独特参考编号；汇款人的地址、汇款人的客户识别号码或识别文件号码，或如汇款人为个人，则该汇款人的出生日期及地址；收款人的姓名或名称；该收款人在有关收款机构开立的户口的号码，或由该收款机构编配予该电传转账的独特参考编号。

对较高风险的交易，银行会基于风险为本的原则，要求客户补充交易资料以供进一步交易尽职审查。

二、新加坡关于反洗钱的规定

新加坡重视反洗钱监管法律制度完善。除在《新加坡金融管理局法》第 27

条、第 152 条至第 163 条对反洗钱和资助恐怖主义作出规定外，还颁布了《贪污、毒品交易和其他严重犯罪（没收犯罪收益）法》《打击恐怖融资法》等法律法规，要求在新加坡注册的银行及商业银行要严格控制、识别和了解其客户（包括受益所有人），进行定期账户审查，并监测和报告任何可疑交易以发现和制止非法资金通过新加坡金融系统的流动，还规定了风险评估和风险缓解、客户尽职调查、第三方依赖、可疑交易报告、内部政策等内容。

为了更加有效地落实反洗钱法律，新加坡金管局陆续颁布了资本市场中介服务、交易监控、人寿保险、数字支付、私人银行等领域的反洗钱指引，持续加强前沿领域的反洗钱工作。

三、迪拜 DIFC 关于反洗钱的规定

位于中东地区的迪拜，在周边国家战乱频繁、极端主义和恐怖组织不少的情况下，面临非常巨大的洗钱、恐怖融资的风险压力。迪拜金融服务管理局（DFSA）颁布了《反洗钱、反恐怖融资和制裁指引》，分为 16 个部分，采取以风险为基础的方式（Risk - Based Approach），对业务风险评估、客户风险评估、客户尽职调查、可靠性和外包、代理行管理、电子转账、可疑行为报告、专业培训等进行了详细的规定。

根据 DFSA 关于反洗钱的监管要求，DIFC 内各家银行按照"了解你的客户"的原则，在客户开户尽职调查和交易中的业务调查方面非常严格。开户的尽职调查要穿透了解客户的股东的每一层架构，一直到最后的个人，或者是政府部门。对控制人、每一层的管理人员都要调查。企业必须提供相关资料，这些资料必须要能够从公共渠道查到，或者是经过有影响力的律师事务所或公证机构的证明。客户还要提供其上下游主要客户的和交易量的资料，如果银行发现资料有问题或者在业务中出现不在开户企业提供的上下游名单内的交易对手，要"加强尽调"。开户过程需要一两个月，前端进入非常严格。

资金汇划方面，迪拜没有外汇管制，经常和资本项目均可自由兑换，在不涉及反洗钱、制裁、合规等前提下，有正常商业背景的资金可自由进出。在资金汇划时，虽然无外汇管制，但是客户还是需要向银行提供证明交易背景的资料，银行要进行"交易尽调"。

四、海南自贸港目前的反洗钱制度规定

目前，海南自贸港适用的是全国统一的反洗钱制度规定。2006 年 10 月，

《反洗钱法》颁布，对反洗钱监督管理、金融机构反洗钱义务、反洗钱调查、反洗钱国际合作、法律责任等作出了规定，奠定了我国开展反洗钱工作的法律基础。之后，人民银行陆续颁布了《金融机构反洗钱规定》《中国人民银行反洗钱调查实施细则》《金融机构大额交易和可疑交易报告管理办法》《支付机构反洗钱和反恐怖融资管理办法》《金融机构反洗钱监督管理办法（试行）》等。2018年8月，国务院办公厅发布《关于完善反洗钱、反恐怖融资、反逃税监管体制机制的意见》。2018年10月，人民银行、银保监会、证监会发布《互联网金融从业机构反洗钱和反恐怖融资管理办法（试行）》，对互联网金融机构反洗钱管理作出了基本规定，尤其是中国人民银行设立互联网金融反洗钱和反恐怖融资网络监测平台（以下简称网络监测平台），使用网络监测平台完善线上反洗钱监管机制、加强信息共享。2021年4月，在总结反洗钱工作经验的基础上，人民银行发布《金融机构反洗钱和反恐怖融资监督管理办法》，对金融机构反洗钱和反恐怖融资内部控制和风险管理、人民银行开展反洗钱和反恐怖融资监督管理、相关法律责任等进行了明确。

在具体操作层面，2007年6月，人民银行、银监会、证监会、保监会发布《金融机构客户身份识别和客户身份资料及交易记录保存管理办法》，规定了开展客户身份识别的要求、办法和资料保存。2022年1月，人民银行、银保监会、证监会又发布新的《金融机构客户尽职调查和客户身份资料及交易记录保存管理办法》，规定了金融机构在开展各类业务活动中需要进行客户身份识别的情形，以及核实客户身份的途径，分别明确了对于风险较高的情形和高风险客户需要采取的强化调查措施以及可以简化尽职调查措施的情形，明确了金融机构履行调查义务的责任、向人民银行报告的要求、客户身份资料和交易记录保存的要求以及相关的法律责任。

2019年，FATF完成了中国反洗钱和反恐怖融资评估报告，在对40项指标的技术性合规评级中，达到"合规"的有7项，"大致合规"的有15项，"部分合规"的有12项，"不合规"的有6项。① 在中国推进评估后持续整改工作取得成效后，2020年9月，金融行动特别工作组（FATF）讨论通过中国反洗钱和反恐怖融资第一次后续评估报告，将中国"对金融机构的监管""新技术""指引与反馈"3项技术合规性指标提升为"大致合规"评级，维持"国家层面的合作与协调"指标"合规"评级。中国在FATF 40项建议中达标的合规性指标从

---

① FATF. 中国反洗钱和反恐怖融资互评估报告（2019）［OL］. https：//www. fatf - gafi. org/media/fatf/content/images/MER - China. 2019 - Executive - Summary. pdf.

22 项提升为 25 项。①

　　根据 FATF 对各个成员国（地区）的评估报告，我国的反洗钱工作与部分发达国家和自贸港相比仍存在一定差距（见表 9-2）。在海南自贸港金融开放持续扩大，尤其是在未来构建多功能自由贸易账户、开展离岸金融业务等情况下，迫切需要提高反洗钱、反恐怖融资的能力，才能守牢金融风险底线。

表 9-2　　　　　FATF 对部分国家（地区）的反洗钱工作评价　　　　　单位：项

国家	有效性评价等级				技术性合规评价等级			
（地区）	H	S	M	L	C	LC	PC	NC
中国香港	0	6	5	0	11	25	4	0
新加坡	0	4	6	1	18	16	6	—
阿联酋	—	—	—	—	5	12	16	17
爱尔兰	0	5	6	0	10	16	13	1
美国	4	4	2	1	9	21	6	4
英国	4	4	3	0	23	15	2	0
中国	0	3	4	4	7	15	12	6

资料来源：FATF 官网，FATF 对上述国家的评估报告，作者整理。

注：1. 有效性评价共对 11 个方面进行评价，每个方面结果分为高（High）、实质性（Substantial）、一般（Moderate）、低（Low）4 个等级，分别以 H、S、M、L 表示；

2. 技术性合规评价是对 FATF 反洗钱 40 项建议的落实情况进行评价，每项结果分为合规（Compliance）、大致合规（Largely Compliance）、部分合规（Partly Compliance）、不合规（No Compliance），分别以 C、LC、PC、NC 表示；

3. 各个国家（地区）评估报告的时间：中国香港 2019 年、新加坡 2016 年、阿联酋 2008 年、爱尔兰 2017 年、美国 2016 年、英国 2018 年、中国 2019 年；

4. 迪拜所在的阿联酋至今仍不是 FATF 的成员，由于阿联酋于 2008 年评估，当时没有有效性评价。2022 年 3 月阿联酋被 FATF 列入需要加强监控的司法辖区（Jurisdictions under Increasing Monitoring）名单（"灰名单"）。

第五节　加强海南自贸港金融监管

一、海南自贸港跨境金融风险防控的有利条件和不足之处

（一）有利条件

一是海南金融以间接融资为主，金融业态相对单一，以银行业务为主，在

---

① 中国人民银行. 中国反洗钱报告 2020 ［OL］. http：//www. pbc. gov. cn/fanxiqianju/resource/cms/2021/12/20211122309125230038. pdf.

银行领域国有大型银行和全国性股份制银行在海南的分支机构的存贷款业务占主导性市场份额，规模实力较强，管理也比较规范，经营风险较小。

二是在资本市场领域，海南没有证券、期货类交易所，只有现货交易性质的交易场所，并且规模相对较小，风险相对可控。

三是海南外资金融机构少，境外客户少，涉外金融风险小。海南的外资银行仅有南洋商业银行和汇丰银行两家，业务规模都很小，没有外资证券公司和外资保险公司。各家金融机构的境外客户极少，除了国有大型银行和部分股份制银行，跨境业务少。

四是海南积累了金融风险处置的经验。近年来，海南出现了海航集团流动性风险、凤凰金融非法集资风险等。此外，总部在上海的华信集团出现的风险也涉及其在海南的机构，形成了很大的风险化解压力。截至2021年末，海南均已实质性化解了上述风险，积累了金融风险化解处置的经验。

（二）不足之处

一是金融机构跨境金融、离岸金融的展业能力还需要提升。由于这方面的业务少，部分机构甚至没有开展跨境业务，缺乏这方面的人才和经验，相关的业务流程、管理制度也有待完善。

二是外资金融机构的监管经验还较少。由于仅有2家外资银行，并且业务规模小、人数少，积累的监管经验还不够丰富。

三是对交易场所的监管水平有待提高。海南已有9家交易场所开业运营，按照目前的规定，均由海南省地方金融监督管理局审批和监管。由于各个交易场所的交易品种不一，市场行情不同，价格波动规律不同，需要的专业监管能力也不同。海南尚未制定地方金融监督管理条例，需要完善制度，加强监管力量。

四是区域监管能力需要与时俱进。随着海南自贸港建设的推进，海南作为改革开放前沿的特殊性将逐渐凸显，金融开放"自主试、自主改、大胆闯"的要求将更加突出。海南的金融监管部门需要在当前执行全国统一的金融监管制度规定的基础上，既要提高根据海南开放需要开展自主制度创新和监管创新的能力，也要提高在开放水平不断提高的情况下应对和化解新的金融风险的能力。

二、海南自贸港跨境金融风险防控的措施

在"管得住才能放得开"的原则下，自2018年以来，海南已经着手研究制定金融开放的风险防控措施，截至2022年末，主要出台了针对资金流动风险的

防范措施。

（一）进出岛资金监控系统

2019 年，在海南省委、省政府的部署下，海南建立了进出岛人流、物流、资金流监控系统，奠定了风险防控的基础。其中，进出岛资金监控系统在人民银行海口中心支行的牵头统筹下建立，整合各家银行的资金流数据，为监控进出岛资金流提供了平台。

（二）跨境资金流动"电子围网"

构建资金流动的"电子围网"是实现境外资金与境内资金隔离的基础，也是海南自贸港跨境资金流动自由便利的基础。《总体方案》明确提出以构建多功能 FT 账户体系来实现这一要求。相关研究工作已经深入展开，并且截至本书出版时已经达成了以账户体系作为"电子围网"进行资金隔离的共识，相关实施方案的研究制定工作正在进行中。

（三）外汇管理改革的"白名单"试点

海南开展的新型离岸贸易结算便利化、洋浦开发区贸易投资高水平开放试点等，采取了"白名单"试点方式，即先行选取一部分贸易结算量比较大、监管评价属于 A 类的企业开展试点，待取得经验并加以总结后再行推广。

三、加强海南自贸港金融监管的思考

随着海南自贸港金融开放的推进，加强金融监管的重要性日益突出，需要加快以制度创新落实《总体方案》和 84 号文中关于加强金融监管、防范金融风险的政策要求。在具体落地方案的研究制订中，需要重点研究以下几个问题。

（一）海南区域金融监管权限的界定

金融是中央事权，无论是货币发行、货币政策制定、宏观审慎监管、外汇管理，还是对银行、证券、期货、基金、保险、信托等主要金融领域的监管，都是由人民银行、银保监会、证监会、外汇局等中央金融监管部门实行统一监管，其在各地的分支机构是在既定政策范围内执行监管规定。地方政府只有"7 +4"①领域内的金融监管权限。

近年来，随着自贸试验区等开放平台的扩大，中央金融监管机构也陆续给予部分区域更大的开放政策，但是均是采取先给政策，再由当地的分支机构制

---

① 即地方金融监督管理局主要负责对小额贷款公司、融资担保公司、区域性股权市场、典当行、融资租赁公司、商业保理公司、地方资产管理公司等金融机构实施监管，强化对投资公司、农民专业合作社、社会众筹机构、地方各类交易所等的监管。

订政策落地方案，上报总部审批同意后执行的方式。虽然这种方式从整体上能够较好统筹整体开放和局部开放的关系，比较审慎，但是也存在方案制订落地过程中需要反复沟通的问题。海南作为自贸港，能否在未来的开放政策的制定、落地和执行中给予中央金融监管单位在海南的分支机构以更大的权限，给到什么程度，是需要研究的重要问题。当然，也许不能"一刀切"地给予权限，可以采取因事而异、一事一议的方式。

（二）如何加强功能监管

从国际上看，实行功能监管已经成为趋势，英国等多个发达国家多年前已经整合监管机构，实行功能监管。中国香港、新加坡、迪拜等自贸港实行的金融牌照制度，实际上是功能监管的一种有效方式。

我国的金融监管目前是以机构监管为主。在这种模式下，对于一些新的金融产品和服务，监管机构很可能缺乏必要的专业监管力量，也比较难以判断相关的金融机构是否具备足够的开展业务的专业人才和资源投入。未来随着海南自贸港金融服务开放的扩大，尤其是 RCEP 生效后市场准入门槛的降低，对于新的金融业态和服务的监管将是挑战。

对此，海南自贸港是否可以借鉴中国香港、新加坡的监管经验探索牌照制度，是一项值得研究的课题。即使不对现有的监管模式进行大的调整、对所有的金融业务改为牌照制度，是否可以对一些新的金融业态和产品采取牌照制度，在探索中进行比较，积累实践经验。

（三）监管协调机制如何强化

2020 年初，经国务院同意，国务院金融稳定发展委员会办公室下发了《关于建立地方协调机制的意见》，陆续在各省（自治区、直辖市）和深圳市建立起了协调机制。地方协调机制不改变各部门职责划分、不改变中央与地方事权安排，接受金融稳定发展委员会的指导和管理，由当地人民银行担任召集人，当地的银保监局、证监局、外汇局和发展改革委、财政厅等参加。与此同时，各地也陆续建立了省级政府牵头的金融工作议事协调机制，由省级领导担任召集人，地方金融监督管理局承担具体工作。这两个机制相互配合，前者定位于指导和协调，主要负责加强金融监管协助，促进区域金融改革发展和稳定；后者则聚焦于属地金融监管和风险处置。

《总体方案》和 84 号文均提出建立金融监管协调机制，应该是着眼于金融开放，要求进一步提升金融监管的合力，而不是仅仅停留于现有协调机制的现状。应当借鉴国外经验，研究在现有协调机制的会议化形式的基础上，是否可以往实体化方向走，是否可以对监管机构或者部分职能进行整合，或者是否可以对在岸金融市场和离岸金融市场采取不同整合程度的监管模式。这些都是我国金融监管改革的重要问题，海南自贸港可以也应当在这个方面先行先试。当然，金融监管协调在国际上也没有所谓的最佳模式，从发达经济体来看，既有美国的多个监管机构分业监管模式，也有英国的一个机构统一监管模式；从自贸港来看，新加坡、迪拜是一个机构统一监管，而中国香港则是金融管理局、证监会、保监局等多个机构分业监管。正因为如此，海南自贸港才更需要利用开放环境探索金融监管改革，为中国特色的自贸港建设和国家金融监管体系改革提供经验借鉴。

（四）金融监管与金融立法

金融监管需要依据法律法规。虽然《海南自由贸易港法》有相关的金融条款，但是在具有操作性、可执行的配套法规或管理办法出台之前，海南还需要执行现有的金融监管规定。换句话说，在现有的金融监管法律和制度没有明确调整在海南自贸港内的适用之前，海南的金融监管不可能进行调整。也就是说，金融监管改革必须坚持"先立后破"的原则，不能在时间衔接上留有监管空白。

因此，有必要将海南的金融监管改革与金融立法相结合，在研究构建适合海南自贸港金融开放的金融监管体系时，注重将新的监管措施转化为法律法规。由于绝大部分金融业务是中央统一监管，并且先行金融监管法律的层级普遍较高，因此在监管改革方案研究设计中，取得各家中央金融监管机构的支持非常关键。

第十章 海南自贸港金融开放展望

《总体方案》和《海南自由贸易港法》颁布以来，海南金融开放和发展取得了一定进展，但是与发展目标相比可以说还是"万里长征第一步"，需要以"时不我待"的状态加快推进，尤其是在海南自贸港全岛封关运作准备工作已经启动并持续推进、2025 年前全岛封关运作的目标只有提前不能推后的形势下，金融开放作为重要内容和贸易投资自由的重要支撑，需要进一步加快推进。

第一节 "十四五"海南自贸港金融发展规划

2021 年，国家"十四五"规划纲要、海南省"十四五"规划纲要等陆续出台。这些规划在《总体方案》和《海南自由贸易港法》的基础上，明确了"十四五"期间海南自贸港金融开放的目标和措施，为"十四五"期间的海南自贸港金融开放描绘了路线图。

一、国家"十四五"规划中的海南金融开放

（一）"十四五"规划中的金融开放

在国家"十四五"规划第四十章"建设更高水平开放型经济新体制"中，强调"加快推进制度型开放"，提出了四个方面的措施：一是在金融服务业开放方面，"稳妥推进银行、证券、保险、基金、期货等金融领域开放"。二是在资本项目开放方面，"深化境内外资本市场互联互通，健全合格境外投资者制度"。三是在人民国际化方面，"稳慎推进人民币国际化，坚持市场驱动和企业自主选择，营造以人民币自由使用为基础的新型互利合作关系"。四是在外汇管理方面，"完善出入境、海关、外汇、税收等环节管理服务"。

海南自贸港的金融开放与这些领域高度一致，其"四梁八柱"的政策制度体系正是基于上述四个方面开展的，很多政策带有试点性质甚至具有突破性，

体现了海南自贸港作为金融开放试验田的地位。

（二）"十四五"规划中的海南自贸港开放

国家"十四五"规划提出"提升对外开放平台功能"，明确了自贸试验区、开发区、综合保税区、开发开放试验区等各类园区的开放要求。其中，以这一节的大部分篇幅对海南自贸港的开放进行了重点部署："稳步推进海南自由贸易港建设，以货物贸易'零关税'、服务贸易'既准入又准营'为方向推进贸易自由化便利化，大幅放宽市场准入，全面推行'极简审批'投资制度，开展跨境证券投融资改革试点和数据跨境传输安全管理试点，实施更加开放的人才、出入境、运输等政策，制定出台海南自由贸易港法，初步建立中国特色自由贸易港政策和制度体系。"

上述部署均是《总体方案》中的制度设计，也是 2025 年前全岛封关的重点工作。开展跨境证券投融资改革试点，包括资本项目开放、人民币国际化等内涵，体现了这一领域在海南自贸港金融开放中的重要性和迫切性。

2021 年 4 月出台的《金融支持海南全面深化改革开放的意见》，对这方面进行了政策拓展，给予了跨境资产管理试点、允许在海南自贸港内就业的境外个人开展包括证券投资在内的各种境内投资、允许海南市场主体在境外发行人民币计价的债券等产品引入境外人民币资金、持符合条件的保险机构在海南设立保险资产管理公司并在账户独立和风险隔离的前提下向境外发行人民币计价的资产管理产品、支持海南保险机构开展境外投资业务等政策，其中部分政策是全国独有的突破性政策。

二、海南省"十四五"规划中的金融开放

2021 年 1 月出台的海南"十四五"规划纲要，在制定海南自贸港发展阶段性路线图中，对金融开放发展也作出了具体部署，主要体现在五个方面：一是促进跨境资金流动便利，二是扩大金融服务开放，三是加快金融改革创新，四是推进金融服务实体经济，五是加强金融风险防范。

（一）促进跨境资金流动便利

初步建立自贸港政策制度体系是海南"十四五"的重要目标，也放在海南"十四五"规划各项工作之首。在其第二节"有序推进要素自由流动"中，促进跨境资金流动便利被放在首位，强调以服务贸易投资自由为目的，促进跨境资金自由流动。

其内容主要有五点：一是健全多功能 FT 账户体系，构建金融对外开放基础

平台。二是进一步推动进出口货物贸易、服务贸易和离岸新型国际贸易结算便利化。三是逐步提高非金融企业跨境融资杠杆率，建立满足市场主体自主融资需求的新外债管理体制。四是在跨境直接投资交易环节和跨境证券投融资领域，提高汇兑便利性。五是加快推进合格境外有限合伙人（QFLP）和合格境内有限合伙人（QDLP）发展，促进双向投融资便利化。

上述部署覆盖了账户体系、经常项目、资本项目等领域，虽然均是已经明确的政策措施，但均是当前面临的亟待破解的基础性问题，需要集中力量加快推进，为资金跨境流动便利提供新的基础和渠道。

（二）扩大金融服务开放

金融业是海南自贸港现代服务业的重要组成部分。海南"十四五"规划提出"加快构建现代产业体系""发展壮大现代服务业"是重要内容。在金融服务业发展方面，提出了科学谋划全省金融业空间布局，实现海口、三亚等市县、重点园区金融业差异化发展，推动形成"两头带多点"的金融业发展格局，并且明确到2025年金融业增加值占地区生产总值比重达到10%以上的发展目标。相对于海南金融业增加值占GDP比重从2020年的7.1%下降到2021年的6.5%的状况而言，10%的目标非常具有挑战性。虽然这是基于海南自贸港高度开放的目标和突破力度大的政策，但需要加快推进政策落地，发挥政策效应。

在金融服务开放发展上，海南"十四五"规划分层次作出部署：一是在市场体系上，积极吸引境内外银行、证券、保险等金融机构在琼落地，推动形成牌照齐全、结构合理、功能互补的现代金融机构体系，发展金融中介服务，支持依法设立金融租赁等非银机构。二是在业务创新上，推动发展贸易金融、消费金融、绿色金融、科技金融等特色金融业务，做大做强离岸新型国际贸易。稳步探索离岸金融业务，逐步在海南培育离岸人民币市场。三是在交易场所建设上，加快建设海南国际清算所，打造我国大宗商品场外市场集中统一交易和清结算的金融基础设施。推进国际能源、航运、产权、股权和大宗商品等交易场所国际化发展。建设海南国际知识产权交易所，规范探索知识产权证券化。四是在产品创新上，创新开展房地产投资信托基金（REITs）。五是在金融科技应用上，推动法定数字货币应用试点，培育打造"区块链＋金融"产业集群。六是在金融监管上，争取开展"监管沙盒"试点，完善法治和监管，构建适应开放创新的金融监管体制。

（三）加快金融改革创新

金融改革创新主要包括三个方面：一是投融资体制机制改革，二是地方金融机构改革，三是金融领域"放管服"改革。

在投融资体制机制改革方面，海南"十四五"规划提出，一是充分发挥开发性、政策性金融、商业金融机构的作用，建立多层次融资渠道。二是积极探索更多市场化融资模式，降低整体融资成本，有效缓解投资项目融资难、融资贵问题。三是稳妥推进基础设施不动产投资信托基金（REITS）试点，盘活优质存量资产。四是发挥海南自贸港建设投资基金引导杠杆作用，吸引社会资本投向海南。五是规范推广政府和社会资本合作（PPP）等模式，引导社会资本参与投资基础设施和民生事业。

在地方金融机构改革方面，海南"十四五"规划提出，一是加快培育构建地方金融组织体系，整合省内相关金融资源，推动设立省级金融控股公司。二是推动海南银行实现国际化、综合化、专业化经营。三是深化省农信社体制机制改革。四是稳妥有序推进"7＋4"类地方金融组织健康发展。五是支持重点券商设立全牌照综合型证券期货金融子公司，探索跨境创新业务先行先试。

（四）推进金融服务实体经济

坚持金融服务实体经济是《总体方案》和《海南自由贸易港法》提出的原则。在海南"十四五"规划中，除了在推动要素自由流动和加快构建现代产业体系中对金融开放发展有集中部署，在诸多章节中也提到了金融。

比如，在现代产业体系构建方面，合理引导资金流向并降低资金成本；在推动与"一带一路"沿线国家和地区开展双向合作方面，重点深化包括金融在内的多个领域合作；在加快发展数字经济方面，推动金融数字化转型，将智慧金融综合服务平台列入优势产业数字化转型工程，以及试点数字资产交易所，试行数字资产确权、登记和交易；在重点园区建设方面，将金融服务列入海口江东新区、三亚中央商务区的重点产业，明确海南生态软件园要打造基于区块链的数字贸易策源地、数字金融创新地，重点发展数字文体、数字金融、数字健康等数字经济，提出海口复兴城互联网信息产业园要打造金融科技等四大产业集群；在创新科技投入机制方面，综合运用创业投资、风险补偿、贷款贴息、以奖代补、后补助等多种方式，引导金融资金和民间资本进入创新领域；在建设特色现代海洋产业体系方面，积极发展涉海金融等服务业。

（五）加强金融风险防范

创新自贸港风险防控体系，坚持底线思维和忧患意识，提升防范和化解各种风险的治理能力，确保不发生系统性风险。其中金融风险防控是重要内容，主要包括：完善进出岛资金监控系统，加强互联网金融监管，建立健全资金流动监测和风险防控体系，增强反洗钱、反恐怖融资和反逃税审查，建立健全省、市县和园区属地金融风险管理体系。

第二节　海南自贸港金融开放进展

从 2020 年 6 月 1 日《总体方案》公布到 2021 年末，随着海南自贸港建设顺利开局，蓬勃展开，金融改革开放也取得了良好的成绩。

一、跨境资金流动便利不断提高

（一）配套政策陆续出台实施

2020 年 2 月 7 日，海南外汇管理局下发《关于支持海南自由贸易港外汇创新业务政策的通知》；2020 年 4 月，海南成为国家外汇局跨境金融区块链服务平台第三批试点；2020 年 6 月 19 日，海南外汇管理局下发《关于开展贸易外汇收支便利化试点工作的通知》，实施全国首单外商直接投资外汇登记创新业务，全国首次试点取消辖区内非金融企业外债逐笔登记；2020 年 11 月 26 日，海南外汇管理局下发《海南自由贸易港内公司境外上市登记试点管理办法》；2020 年 11 月 27 日，海南外汇管理局下发《关于支持海南开展新型离岸贸易外汇管理的通知》。2020 年，海南在全国率先启动入境游客便利化支付试点，开展全国首批境内信贷资产对外转让业务。2022 年 1 月 27 日，海南外汇管理局印发《洋浦经济开发区开展跨境贸易投资高水平开放外汇管理改革试点实施细则》。

（二）跨境交易快速增长

2020 年，海南涉外收支总额 187.9 亿美元，同比增长 23.6%，全省银行结售汇总额 117 亿美元，同比增长 16.7%。[①] 2021 年，全省涉外收支规模累计 381 亿美元，同比增长 102.8%。FT 账户收支 1557.6 亿元，是 2020 年的 3.1 倍。外汇收支便利化试点银行和企业分别由 1 家和 5 家增加到 3 家和 16 家，累计办理试点业务 521 笔，合计 1.5 亿美元。外国来华直接投资大幅流入。2021 年，全省外国来华直接投资流入 48.4 亿美元，同比增长 68.1%。FT 账户业务规模大幅增长。[②]

（三）离岸贸易结算成为发展亮点

在中央和地方对新型离岸贸易的政策支持下，2020 年以来海南新型离岸国

---

① 数据来自 2021 年 2 月 20 日人民银行海口中心支行新闻发布会。

② 数据来自 2022 年 2 月 10 日"贯彻新发展理念，构建新发展格局，推动海南自贸港金融高质量发展"新闻发布会。

际贸易规模突飞猛进。2019 年海南离岸贸易结算量仅为 1.8 亿美元，2020 年超过 18 亿美元，同比增长了 10 倍；2021 年，继续呈倍数增长，新型离岸国际贸易收支 74.8 亿美元，同比增长 4.15 倍。

二、金融市场建设逐步推进

在交易场所建设方面，2019 年 7 月，海南国际能源交易中心成立；2019 年 12 月，海南国际知识产权交易中心成立；2021 年 1 月，海南省地方金融监督管理局印发《非居民参与海南自由贸易港交易场所特定品种交易管理试行规定》；2021 年 5 月，海南国际能源交易中心完成首单非居民企业之间的交易；2021 年 6 月，海南国际文化艺术品交易中心上线运行；2021 年 12 月，海南国际清算所正式揭牌；2022 年 2 月 7 日，海南国际碳排放权交易中心获批，拟注册在三亚，相关筹建工作正在进行中（见表 10 - 1）。

表 10 - 1　　　　　　　　　2021 年末海南各类交易场所

序号	名称	成立时间	开业时间
1	海南产权交易所	2004 年 11 月 16 日	2004 年 12 月
2	海南大宗商品交易中心	2012 年 11 月 13 日	2013 年 12 月
3	海南股权交易中心	2014 年 9 月 23 日	2014 年 12 月
4	海南国际商品交易中心	2014 年 11 月 3 日	2015 年 10 月
5	亚联盟金融资产交易中心（海南）	2016 年 12 月 15 日	2017 年 5 月
6	海南国际热带农产品交易中心	2001 年 2 月 13 日 （2018 年 12 月 18 日更名）	2018 年 12 月
7	海南国际能源交易中心	2019 年 7 月 5 日	2019 年 10 月
8	海南国际知识产权交易中心	2019 年 8 月 5 日	2019 年 12 月
9	海南国际清算所	2020 年 4 月	尚未开业
10	海南国际文化艺术品交易中心	2021 年 4 月 22 日	2021 年 6 月 19 日

资料来源：作者整理。

在离岸金融市场建设上，一方面，截至 2021 年末，交通银行、浦发银行、招商银行、平安银行 4 家具有外币离岸银行业务经营资质的银行总行均已经授权其在海南的分行办理外币离岸银行业务；另一方面，中国银行、工商银行、交通银行等 10 家已经上线 FT 账户的银行，利用 FT 账户体系中的 FTN 账户（非居民机构账户）开展非居民之间的业务，具有类似离岸业务的性质，以人民币为主。2020 年 12 月 24 日，交通银行海南省分行为境内某企业的境外 SPV 公司成功发放 9113 万欧元（折合人民币约 6.5 亿元）FTN 固定资产贷款，是海南市场上 FT 项下单笔最大金额的贷款。

三、金融机构数量有所增加

2020 年 6 月《总体方案》发布后，在自贸港政策的吸引下，多家金融机构陆续进驻海南。2021 年 6 月 30 日，广发银行海口分行成立，11 月 25 日正式开业。2021 年 12 月 6 日，汇丰银行海口分行开业，这是海南自贸港建设启动以来设立的首家外资银行。在保险业，3 家保险公司进驻海南，2021 年全省各保险公司实现原保险保费收入 198 亿元，同比增长 5.5%。在证券期货基金业，9 家证券期货公司分公司，1 家公募基金管理公司分公司进驻海南，2021 年全省证券公司累计营业收入 17.45 亿元，同比增长 35.9%。在私募基金领域，新增私募基金管理人 47 家，备案私募基金 214 只，管理规模 375 亿元，分别比《总体方案》发布前增长 85%、180% 和 158%。

与此同时，海南地方金融也实现平稳发展。2021 年，全省在统计范围内的地方金融组织总资产约为 519 亿元，体量为全省金融机构总资产的 3.5%。小贷公司、融资担保公司、典当行合计提供融资 305 亿元，体量为全省各项贷款余额的 2.9%。①

四、金融产品创新持续涌现

2020 年 9 月，海南自贸港首只合格境外有限合伙人（QFLP）基金成立。2020 年 10 月 10 日，海南省地方金融监管局、省市场监管局、人民银行海口中支、海南证监局联合下发《海南省关于开展合格境外合伙人（QFLP）境内股权投资暂行办法》。2021 年 3 月 9 日，金盘智能在上交所科创板上市。2021 年 4 月 8 日，海南省地方金融监管局、海南外管局、省市场监管局、海南证监局联合下发《海南省开展合格境内有限合伙人（QDLP）境外投资试点工作暂行办法》。QFLP、QDLP 政策吸引力持续增强。2021 年，全省共引入 QFLP 基金管理企业 16 家，注册资本 4.4 亿美元，设立 QFLP 基金 45 只，注册资本共计 51.1 亿美元，累计跨境流入 7.7 亿美元；37 家基金管理企业获得海南省 QDLP 试点资格，设立 QDLP 基金 5 只，累计跨境流出 1.3 亿美元。②

---

① 2022 年 2 月 10 日"贯彻新发展理念，构建新发展格局，推动海南自贸港金融高质量发展"新闻发布会。

② 同注①。

第三节 加快海南自贸港金融开放

一、加快海南金融开放需要形成共识

随着《总体方案》《海南自由贸易港法》《关于金融支持海南全面深化改革开放的意见》和海南自贸港外商投资准入、跨境服务贸易两张负面清单的陆续发布，海南自贸港金融政策制度体系的"四梁八柱"已经确立，当前的任务是尽快推动政策落地见效。在2025年前全岛封关准备工作已经全面启动、贸易和投资自由便利需要金融制度创新提供强力支撑的情况下，需要在一些金融开放重大问题上加快形成共识，以便抓紧推进政策落地，尽早实现政策效应。

（一）如何理解"金融服务实体经济"

服务实体经济、避免脱实向虚，是金融发展的基本原则。需要讨论的是，自贸港金融是仅仅服务本地经济，还是要辐射周边区域的经济？从全球来看，自贸港地域都不大，发挥的是门户的作用，作为国际市场进入某一更大规模的经济腹地的跳板，比如，新加坡对于东盟、迪拜对于中东、鹿特丹对于欧洲，自贸港的经济具有很强的延伸性，连接着境内境外、周边区域，需要金融服务相应延伸。从海南自贸港"重要对外开放门户"的战略定位来看，海南自贸港金融发展应顺着海南与境外、海南与内地之间的双向的贸易流和投资流适当延伸，覆盖相关的贸易和投资环节，服务更大地域范围的实体经济，而不能仅仅限于海南本地经济，也只有这样，才能吸引更多的金融机构，尤其是境外金融机构进入海南，提升海南的金融服务和金融发展水平。

（二）海南是否要打造金融中心

虽然一些金融中心的形成过程中有政府政策引导和强力推动的因素，但是更多的是市场力量的结果。在迪拜金融中心的形成中，政府发挥了强有力的推动作用，特别是在复制英国的金融制度方面，当然税收优惠也很重要（阿联酋本身就是一个低税国家）。新加坡的金融发展中，政府的政策引导也起到非常重要的作用，相比之下，中国香港金融中心的形成主要是市场驱动。在自贸港政策制度的研究讨论中，不乏将海南打造成为离岸金融中心的观点，但是在相当长一段时间内，并没有这种可行性，一是海南金融发展水平落后，没有打造金融中心的基础。二是成为金融中心，要有金融机构之间相互交易的金融要素市场、金融交易平台，在相当程度上有虚拟经济的成分，而海南金融首先要服务实体经济。但是，定位于打造金融中心与对标最高水平开放形态进行金融制度创新是两回事，作为自贸港，资金要自由流动，金融要在经济中占有相当分量的比重，需要有适应高水平贸易投资自由便利的金融制度。在海南金融发展水平落后的情况下，需要更大力度的金融开放和制度创新。

（三）海南金融是在岸金融还是离岸金融

国际上很多自贸港同时都是离岸金融中心，尤其是后发建设的自贸港，政府通过政策引导，设立的内外隔离的离岸金融市场，比如新加坡和迪拜。不少观点认为，海南自贸港在全岛封关之后就变成了"境内关外"，金融就具有离岸金融的性质，就成为离岸金融岛。但是，海南自贸港的贸易安排与其他自贸港和国内的保税区不同，海南属于"海关监管特殊区域"，有别于保税区的"海关特殊监管区域"：货物从境外进入海南免关税，从海南进入内地才算进口；货物从内地进入海南视同国内流通，从海南到境外才算出口；岛内货物流通自由。在这样的贸易安排下，海南同时具有"关内"和"关外"的特点，同时具有国内市场和国际市场双重性质，是国内市场和国际市场的融合点，是国内国际"双循环"重要交汇点。这是海南自贸港的中国特色之一。中国人民银行海口中心支行课题组（2019）[①] 也认为，中国特色自由贸易港的离岸金融属性主要体现在金融开放双轨制特征：一是自贸港与境内金融体系将保持紧密的联系，实行同一法定货币、相对统一的央行管理制度和金融监管制度。二是对标国际规则扩大对外开放，探索利率和汇率市场化、资本项目可兑换、金融混业经营、金融综合监管和属地监管、资金跨境流动宏观审慎管理等。因此，海南岛内同时存在在岸资金和离岸资金。如何使在岸资金和离岸资金的流动都自由便利，满足对内对外贸易投资自由便利的需要，是海南金融的特色和需要解决的基础问题。

（四）金融发展是跟随经济发展，还是金融开放可以适当先行

当前，海南无论是经济还是金融的发展水平均处于相对落后的状况。《总体方案》发布以来，2020 年和 2021 年海南经济增速均大幅高于全国平均水平，两年平均增长率均位居全国第一，市场主体迅猛增长，但新的产业增长点尚未形成。抢抓全球新一轮科技革命和产业变革重要机遇，聚焦发展旅游业、现代服务业和高新技术产业，增强产业竞争力，是《总体方案》的要求。这需要投资带动，只有让资金进来，有资金进来，经过市场主体的创新和试错，才能产生

---

① 中国人民银行海口中支课题组．中国自由贸易港金融体制机制研究 [J]．海南金融，2019（5）．

成功的项目，融入全球产业链，形成增长点。经济全球化，产业链的全球化，依靠的是跨国公司的全球直接投资，这在很大程度上与金融开放程度相关。资本的嗅觉是最灵敏的，资本也是最愿意而且能够承担风险的。在海南产业亟待培育国际竞争力的情况下，金融应当对标先进水平，以扩大金融开放吸引资本进入，探索新的产业发展方向。

（五）金融监管上如何处理好中央事权与地方主动创新的关系

有观点认为，海南自贸港金融应按照中国香港、新加坡、迪拜的监管模式，设立相对独立的监管机构，以更好地适应海南与内地不同的金融开放环境。也有观点认为，目前海南市场规模没有独立监管的必要，现有的监管能力无法满足独立监管的需要，独立监管也不利于海南与内地金融市场的对接，有可能形成海南与内地金融市场的割裂。鉴于海南自贸港内同时存在在岸资金和离岸资金，两者需要以账户隔离，因此未来海南自贸港金融监管改革的方向，不应该是监管机构的调整（增强海南监管机构的独立性），而应该是基于不同账户体系采取不同的监管制度，即对于在岸账户采取现行的监管制度，对于离岸账户对标中国香港、新加坡建立新的监管制度，在离岸账户内按照国际市场规则推动更大的开放和创新。

二、加快海南自贸港金融开放的政策建议

海南自贸港金融安排的中国特色决定了必须以制度创新深化改革开放。当前的迫切问题是要加快已经出台的各项金融政策的落地，在落地中实现制度创新。

（一）升级自由贸易账户作为金融开放基础

跨境资金流动自由是自贸港的特色和基础。已经上线的 FT 账户体系是一个外向型的在岸账户体系，其开户主体包括海南的居民和境外非居民，目前已经开展非居民之间的离岸交易，应该作为未来承载离岸资金的账户。建议尽快将现有的 FT 账户升级为离岸账户，以此为基础构建多功能自由贸易账户体系，在跨境资金流动管理上不再适用现有的在岸账户管理规定，实现与中国香港、新加坡等基本相同水平的自由便利。这样，海南就形成了一个双重账户体系，以现有的境内账户承载在岸资金，实现海南与内地资金流动的自由便利；以 FT 账户升级后的离岸账户承载离岸资金，实现海南与境外资金流动的自由便利；两个账户之间的资金往来按照现有的跨境交易规定进行管理。这符合海南同时具有"关内"和"关外"双重性质的实体经济特点。

（二）改革外汇管理制度服务全岛封关运作

在上述双重账户体系下，存在一个在岸账户与离岸账户资金往来便利化的问题。建议在两个账户之间的资金往来按照现有跨境交易规定进行管理的基础上，加快推动《总体方案》中提出的跨境贸易结算、跨境直接投资、跨境融资、跨境证券投融资等领域的外汇管理改革，尤其是本外币一体化跨境资金池试点，建立在岸账户和离岸账户连通的特殊通道，为全岛封关运作后海南成为内外循环的支点提供支撑。

（三）加快试点政策落地丰富金融市场业态

金融业态少是海南金融的短板。跨境资产管理试点政策允许境外投资者投资海南自贸港内金融机构发行的理财产品、公募基金、私募资管和保险资管产品，在境外投资者范围和可投资产品方面均超过粤港澳大湾区跨境理财通，并且是我国首次对境外投资者开放上述产品，有利于吸引境外投资者将海南作为进入中国资本市场的重要通道（对于某些投资产品是唯一通道，比如理财产品、非上市公募证券投资基金等），有利于吸引金融机构进入海南，丰富海南的金融业态，提升海南金融市场的规模。此外，还允许在海南就业的境外个人开展包括证券投资在内的各类境内投资、第一次写入法律层面的允许在海南开展离岸金融业务等政策均应加快落地进程。

（四）创新交易场所功能提升要素集聚能力

金融交易平台是海南自贸港吸引资本、服务实体经济的重要抓手。建议创造性地推动《总体方案》中交易场所建设和开放的政策，对标国际规则和实践，基于离岸账户推出交易产品，将参与主体的范围扩大到境外投资者（第一步可以先扩大到港澳台地区和东南亚国家的投资者）。尤其是要抓紧推动海南国际碳排放权交易所的建设。在当前全球气候风险日益上升、经济绿色转型成为主流共识的情况下，碳排放权交易作为碳价格发现的主要机制，地位日渐重要。目前全球仅有 21 个碳排放权交易市场，覆盖范围和行业不一，交易机制不同配额分配方式不同，价格存在很大差异，并且没有互联互通。海南在全球率先设立面向国际的碳排放权交易市场，是重要探索，挑战很大，但前景和潜力也很大，是海南绿色发展弯道超车的重要机遇。

（五）建立跨境金融税收制度完善配套支持

在 130 多个国家和地区支持全球最低税率、国际税收体系改革加速的形势下，在海南自贸港建立跨境金融税收制度，既是发展自贸港金融的必要配套安排，也是我国建立跨境金融税收制度的先行探索，还是对接国际税收规则的重要手段。建议在海南自贸港税收制度改革中，纳入跨境金融税收内容。

（六）深化金融监管改革适应高度开放要求

金融是一个强监管的行业。海南自贸港金融开放对标最高水平开放形态，具有先行先试探索和制度创新性质，需要深化金融监管改革。建议采取基于不同账户体系差异化推进监管改革的方式，对于在岸账户主要按照全国统一的改革措施，争取在部分领域走在全国前列或者有更大突破；对于离岸账户则可以考虑对标中国香港、新加坡，充分借鉴国际上功能监管、监管沙盒的经验，研究实行金融牌照制度的可行性，抓紧建立起适应高水平开放环境的金融监管基础框架。

（七）推进地方金融立法探索对接两种体系

《海南自由贸易港法》对于金融领域的开放有原则性的规定，具体授权仅有开展离岸金融业务。建议根据《海南自由贸易港法》关于金融的原则授权，一方面细致研究中国香港、新加坡、迪拜的金融立法和监管制度；另一方面具体梳理现行金融法律法规乃至内部规定中不适应海南金融开放的内容，运用海南特区立法权和自贸港法授权，采取小切口、广覆盖、再融合的方式，可以基于不同的账户体系，针对具体问题提出不同领域的具体立法方案，有破有立，逐步建立起海南自贸港独特的金融法律体系，奠定对接国内和国际两个金融市场的法治基础。

（八）研究为基试点先行加快推动金融发展

海南自贸港金融制度创新，既要走在我国改革开放的前沿，又要体现与国际上主要自贸港相比的中国特色，还要服务人民币国际化、金融高水平开放等国家战略，更处于百年未有之大变局、国际经贸金融规则大调整的背景下，面临的问题、挑战、约束很多，既无先例可循，又要稳妥推进，避免出现重大风险。这需要深入的研究作为基础，从理论与实践、国际与国内、政策与技术等多维度提出高质量的建议方案，并且在实施过程中，应该尽可能试点先行，在实践中探索和总结经验教训，稳妥推进。

参考文献

［1］习近平．在庆祝海南建省办经济特区30周年大会上的讲话［OL］．海南省政府网，http：//www. gov. cn/xinwen/2018－04/13/content_5282321. htm，2018－4－13．

［2］毕马威．2018年香港银行业报告［R］. http：//www. waitong. com/report/22713. html．

［3］周小川．人民币资本项目可兑换的前景和路径［J］．金融研究，2021（1）：1－19．

［4］汪洋．推动形成全面开放新格局［N］．人民日报，2017－11－10（4）．

［5］陈世金，王爱萍，胡海峰．金融开放与产业结构变化：国际经验比较［J］．国际金融研究，2021（7）．

［6］陈卫东，曹鸿宇．海南自贸港离岸贸易发展及支持措施研究［J］．海南金融，2022（3）．

［7］陈卫东，赵雪情．人民币国际化发展路径研究［J］．国际经济评论，2020（4）．

［8］陈雨露，罗煜．金融开放与经济增长：一个述评［J］．管理世界，2007（4）．

［9］郭树清．中国资本市场开放和人民币资本项目可兑换［J］．金融监管研究，2016（6）：1－17．

［10］华秀萍，熊爱宗，张斌．金融开放的测度［J］．金融评论，2012（5）．

［11］霍励颖．进一步提升资本项目可兑换的程度［N］.21世纪经济报道，2019－08－05．

［12］刘健，马丽靖．自由贸易账户体系发展现状、问题及未来展望［J］.

清华金融评论，2020（1）.

［13］刘兰凤，袁申国. 金融开放、金融效率与中国宏观经济波动［J］. 国际经贸探索，2021（11）.

［14］刘毅，曹锐刚. 金融开放与经济增长效应研究的文献综述［J］. 新金融，2006（12）.

［15］卢受采，卢冬青. 香港经济史［M］. 北京：人民出版社，2004.

［16］罗国强. 离岸金融税收征管法制及其在中国的构建［J］. 经济与管理，2010（9）.

［17］马勇，王芳. 金融开放、经济波动和金融波动［J］. 世界经济，2018（2）.

［18］潘功胜. 稳妥有序推进资本项目开放［OL］. 第一财经网，2019 - 03 - 25. https：//finance. ifeng. com/c/7lK8Z69nRAW.

［19］上海国际金融中心建设前瞻研究课题组. 迈向新时代全球金融中心——上海国际金融中心建设前瞻研究［M］. 北京：中国金融出版社，2022.

［20］商务部解读《区域全面经济伙伴关系协定》［OL］. http：//fta. mofcom. gov. cn/article/rcep/rcepjd/202011/43619_ 1. html.

［21］沈克华，彭羽. 离岸贸易与香港国际贸易中心地位的演变［J］. 亚太经济，2013（3）.

［22］施俐娅. 分账核算试验［J］. 中国外汇，2014（14）.

［23］屠新泉，王禹. 中国入世 20 年：从"破茧"到"领飞"［J］. 中国外汇，2021（23）.

［24］王方宏. 人民币离岸市场与海南自贸区建设［J］. 海南金融，2018（11）.

［25］王方宏，杨海龙. 国际自贸港金融发展特点及海南自贸区（港）金融发展研究［J］. 海南金融，2019（7）.

［26］王方宏. 我国自贸区金融创新的特点、主要任务、成效和展望［J］. 海南金融，2020（2）.

［27］王方宏. 海南自贸港金融开放展望［J］. 中国金融，2020（12）.

［28］王方宏. 我国自贸试验区"十三五"发展和"十四五"展望［J］. 海南金融，2020（9）.

［29］王方宏. 海南自贸港建设背景下加快双向直接投资［N］. 海南日报，2020 - 10 - 14.

［30］王方宏．构建适应金融高水平开放的规则［J］．国际金融，2021（2）．

［31］王方宏．关于我国离岸金融市场发展的思考［J］．海南金融，2021（3）．

［32］王方宏．海南自贸港跨境资产管理试点政策分析［J］．海南金融，2021（9）．

［33］王方宏．以制度创新加快海南自贸港金融开放［J］．中国外汇，2021（10）．

［34］王方宏．海南自由贸易港银行账户体系研究［J］．中国外汇，2022（1）．

［35］王方宏．离岸金融税收安排的国际经验和海南探索［J］．海南金融，2022（2）．

［36］王方宏，钱智烽．以境内离岸市场推动人民币国际化——兼论香港、上海、海南三地离岸金融业务的差异化定位［R］．中国银行研究院，人民币国际化观察，2022（3）．

［37］王方宏．新发展格局下的海南自贸港建设［N］．海南日报，2020－12－24（A07）．

［38］王方宏．自由贸易港金融安排的国际比较和海南探索［J］．国际金融，2022（4）．

［39］王国静，田国强．金融冲击和中国经济波动［J］．经济研究，2014（3）．

［40］谢裕华，张剑涛．探索自由贸易账户体系创新应用［J］．中国外汇，2019（17）．

［41］杨德勇．稳定与效率．我国金融开放风险的宏观和微观分析［J］．北京工商大学学报（社会科学版），2002（9）．

［42］张金清，管华雨，连端清，等．金融开放程度评价指标体系及其在我国的应用研究［J］．产业经济研究，2008（3）：50－56．

［43］张明，孔大鹏，潘松，等．中国金融开放的维度、次序与风险防范［J］．新金融，2021（4）．

［44］张明．金融开放中的潜在风险［J］．中国金融，2014（14）．

［45］马曼．自贸区资本账户开放路径及其对国内宏观经济稳定的挑战［R］．中国银行国际金融研究所，全球经济金融问题研究，2016（21）．

［46］周诚君. 关于我国银行账户体系的若干思考——兼论 FT 账户和海南自贸区（港）账户体系选择问题［J］. 上海金融，2018（11）.

［47］周诚君. 自由贸易港需要什么样的金融服务？——再论 FT 账户和海南自由贸易港的账户选择问题［J］. 金融研究，2020（12）.

［48］中国人民银行课题组. 我国加快资本项目可兑换的条件基本成熟［J］. 中国金融，2012（5）.

［49］中国人民银行. 2020 年人民币国际化报告［R］. 中国人民银行官网，http：//www. pbc. gov. cn.

［50］中国人民银行海口中心支行课题组. 中国自由贸易港金融体制机制研究［J］. 海南金融，2019（5）.

［51］朱隽，等. 新形势下国际贸易规则的重塑［M］. 北京：中国金融出版社，2020.

［52］左娜：为什么是自由贸易账户？［J］. 上海金融，2018（12）.

［53］ Bekaert, Geert, Campbell Harvey and Christian Lundblad. Growth volatility and financial liberalization［J］. Journal of International Money and Finance，2006（25）.

［54］Buch C M, Doepke J, Pierdzioch C. Financial Openness and Business Cycle Volatility［J］. Journal of International Money and Finance，2005，24（5）.

［55］Devereux M B, Sutherland A. Financial Globalization and Monetary Policy［J］. Journal of Monetary Economics，2008，55（8）.

［56］Dong He and Robert N McCauley. Offshore Market for the Domestic Currency：Monetary and Financial Stability Issues. IMF Working Paper［R］. No. 320, 2010 – 09.

［57］Eswar S. Prasad. 中国资本项目开放的程度［OL］. 搜狐网，https：//www. sohu. com/a/114154419_ 481741，2016 – 09 – 12.

［58］ Galindo, Arturo, Alejandro Micco and Guillermo Ordonezl. Financial Liberalization and Growth：Empirical Evidence. Inter – American Development Bank. May 2002.

［59］Glick. R. and Hutchison，M. Capital Controls and Exchange Rate Instability in Developing Economies［J］. Journal of International Money and Finance，2005，24（3）.

［60］ Goldstein. M. The Asian Financial Crisis：Causes，Cures，and Systemic

Implications [J]. Thunderbird International Business Review, 1999, 41 (6).

[61] Haihong Gao, Yongding Yu. Internationalisation of the Renminbi, Currency Internationalisation: Lessons from the Global Financial Crisis and Prospects for the Future in Asia and the Pacific [J]. BIS Working Paper, 2011 (61).

[62] Kaminsky, Graciela and Carmen M. Reinhart. The Twin Crises: The Causes of Banking and Balance of Payments Problems [J]. American Economic Review. Vol. 89, No. 3, 1999 (June).

[63] Kaminsky, Graciela and Sergio Schmukler. Short – run Pain, Long – run Gain: The Effects of Financial. Liberalization [J]. World Bank Working Paper 2912, 2002.

[64] Kalemli – Ozcan S, Preston B, Yosha O. Risk Sharing and Industrial Specialization: Regional and International Evidence [J]. American Economic Review, 2003, 93 (3).

[65] La Porta, R., F. Lopez – de – Silane, A. Shleifer, and R. Vishny, Law and Finance [J]. Journal of Political Economy, 1998, Vol. 106.

[66] Mishkin. F. The Next Great Globalization: How Disadvantaged Nations Can Harness Their Financial Systems to Get Rich [M]. Princeton: Princeton University Press, 2006.

[67] Peter B Kenen, Currency Internationalisation: an Overview, Currency Internationalisation [J]. BIS Working Paper, 2011 (61).

[68] Stiglitz J E. Capital Market Liberalization, Economic Growth and Instability [J]. World Development, 2000, 28 (6).

后　记

作为土生土长的海南人，我能够遇上海南自贸港建设的战略机遇，亲历海南新一轮更高水平开放，是时代的际遇。更为幸运的是，中国银行总行 2019 年专门设立了海南金融研究院，研究海南自贸港的政策体系、金融开放、产业发展等重大课题，为海南自贸港建设建言献策提供"融智"支持，由此，我从一名银行实务工作者转变为一名全职金融研究人员，投入到中国特色自贸港金融开放的理论和政策探索中。

在海南自贸港"建设具有世界影响力的中国特色自由贸易港"的要求和"境内关外"的特殊制度安排下，海南的金融开放需要以制度集成创新来服务贸易投资自由便利和实现高水平开放的目标，这是全方位的、全新的探索和突破，涉及资本项目开放、金融服务业开放、人民币国际化等诸多重大领域，涉及理论和实践、政策和市场、监管和经营、中央和地方、境内和境外、短期和长期等多个方面，没有国内国际的成功先例可循，很多基础性问题需要达成共识，更有待于在实践探索的基础上逐步形成中国特色自由贸易港金融开放理论。

本书是我两年多来关于海南自贸港金融开放研究思考的一个阶段性总结，虽然覆盖的领域比较广泛，包括跨境资金流动、金融市场开放、人民币国际化等方面的背景和理论分析，中国香港、新加坡、迪拜的经验借鉴与比较，多功能自由贸易账户体系、外汇管理改革、金融开放负面清单、金融立法、金融监管等实务问题，但是很多方面的分析还有待深入，一些观点可能还存在有待商榷之处，希望以此抛砖引玉，引起更多研究人员和实务工作者关注与研究相关课题，产生更多更高质量的研究成果，为海南自贸港金融开放提供有价值的决策参考，共同推动海南自贸港金融开放。

两年多的时间一路走来，我既有面对新领域新课题挑战的压力，也有完成一份份研究报告后的释然，既有与各界人士交流探讨的收获，也有建议方案偶获首肯的喜悦。在研究工作中，中国银行总行、海南省分行和海南各家金融监管机构、政府部门、智库机构的多位前辈、领导和同志给了我很多关心、指导、支持和鼓励，在此我深表感谢！同时也感谢中国金融出版社黄海清老师在本书出版过程中给予的支持与指导！

本书是作者作为一名金融研究人员的个人观点，文责自负，不代表所在单位的意见。由于水平和时间有限，书中的不足和疏漏在所难免，欢迎广大读者批评指正。

王方宏

2022 年 6 月 16 日